Reiner Neumann
Alexander Ross

Der Macht-Code

Reiner Neumann
Alexander Ross

Der Macht-Code

Spielregeln der Manipulation

2., erweiterte Auflage

HANSER

Mix
Produktgruppe aus vorbildlich bewirtschafteten Wäldern und anderen kontrollierten Herkünften
Zert.-Nr. GFA-COC-001262
www.fsc.org
© 1996 Forest Stewardship Council

Das für dieses Buch verwendete FSC-zertifizierte Papier liefert Salzer, St. Pölten

Bibliografische Information der Deutschen Nationalbibliothek
Die Deutsche Nationalbibliothek verzeichnet diese Publikation in der Deutschen Nationalbibliografie; detaillierte bibliografische Daten sind im Internet über http://dnb.d-nb.de abrufbar.

1 2 3 4 5 13 12 11 10 09

Internet: http://www.hanser.de
Lektorat: Martin Janik
Herstellung: Ursula Barche
Umschlaggestaltung: Büro plan.it, München, unter Verwendung einer Fotografie von Hartmut Keitel
Satz: Manuela Treindl, Laaber
Druck und Bindung: Friedrich Pustet, Regensburg
Printed in Germany

ISBN 978-3-446-41786-1

VORWORT ZUR ZWEITEN AUFLAGE

Als der *Macht-Code* im Herbst 2007 erschien, war Bernard L. Madoff nur relativ wenigen ausgewählten Menschen ein Begriff. Seit Dezember 2008 kennt ihn die ganze Welt. 50 Milliarden Dollar – um diese unvorstellbare Summe Geld soll der US-Vermögensverwalter Madoff seine Anleger über viele Jahre hin betrogen haben. Gerade hatten wir den *Macht-Code* für die zweite Auflage überarbeitet, aktualisiert und um zwei neue Kapitel ergänzt, da wurden dank Madoff gleich mehrere der von uns beschriebenen Wirkfaktoren der Manipulation in der Wirklichkeit sichtbar.

Zum Beispiel die *Tue-Gutes-Nummer* und das psychologische Prinzip der Reziprozität: Wenn du von anderen etwas willst, gib zuerst selbst etwas. Madoff spendete gut 20 Millionen Dollar und lernte bei den vielen Charity-Events immer wieder reiche Menschen kennen. Mit ihrem frischen Geld lief seine Betrugsmaschine weiter. Madoff musste doch einfach ein Ass der Geldvermehrung sein, wenn so viele ihm Geld gaben – tatsächlich wirkte hier der *Lemming-Faktor* bei jedem neuen Kunden. Denn er war wie sie: erfolgreich, bestens vernetzt und gesellschaftlich etabliert – kurz: ein Gewinner. Und er zeigte seinen *Gewinner-Bonus* mit drei Villen in den USA und Frankreich und der Mitgliedschaft in sechs exklusiven Golfklubs.

Ein weiterer Grund für Madoffs fatalen Erfolg dürfte im *Komplexitäts-Argwohn* seiner Kunden liegen. Sie akzeptierten einfache, beständig steigende Erträge wie bei Staatsanleihen – statt zu erkennen, dass Aktienanlagen nur schwankende Ergebnisse liefern können. Selbst den Gegenbeweis – angetreten durch den Fondsmanager Harry Markopolos, der seit 1999 vor Madoff warnte – konnte weder die Anleger noch die Börsenaufsicht SEC zum Handeln bewegen. Noch im November 2008, nach der Lehman-Pleite, vertrauten sie auf Madoffs *Zahlen-Schwurbel*, der ihnen wie bisher acht Prozent Rendite versprach. Er konnte die *Experten-Masche* immer wieder abziehen, weil er als Pionier des elektronischen Aktienhandels und als ehemaliger Vorsitzender der Börse Nasdaq für einen besonderen Kenner der Aktienmärkte gehalten wurde. Die Ermittlungen dürften noch weitere unserer Manipulationsbeispiele bestätigen.

In den beiden neuen Kapiteln betrachten wir vor allem die psychologischen Aspekte von Aufmerksamkeit und Wahrnehmung sowie die Rolle von Öffentlichkeit und Medien. Welche Mittel setzen wir ein, um bei Menschen einen von uns oder anderen gewünschten Eindruck zu hinterlassen? Genau hinsehen heißt es, sobald es Menschen in die Öffentlichkeit treibt. Authentisch bleiben, sich nicht verbiegen lassen wollen – das kann eher Probleme schaffen, wie uns das Beispiel von Kurt Beck zeigte. Gute Wirkung ist selten Zufall, aber oft das Ergebnis von zutreffender Selbsteinschätzung und guter Vorbereitung.

In diesem Sinne: Bleiben Sie kritisch – bei anderen und bei sich selbst!

Berlin, im Januar 2009

Reiner Neumann
Alexander Ross

INHALT

1

ZUM START

Das Leben ist kein Ponyhof. Oder: Warum haben wir dieses Buch geschrieben?

Der amerikanische Psychologe Paco Underhill schlug einer amerikanischen Drogeriekette vor, dass die Mitarbeiter all jenen Kunden ungefragt einen Einkaufskorb anbieten sollten, die mehr als zwei Produkte in den Händen durch den Laden trugen. Die Einkaufssummen pro Kopf nahmen erkennbar zu.

Wladimir Rakowskij bietet in Moskau Kurse für „стервы" an. Das Wort bedeutet „Luder" und die Teilnehmerinnen lernen dort, wie sie die Aufmerksamkeit eines Mannes erregen oder an seine Telefonnummer kommen. Rakowskij stellte im Magazin *Focus* seine einfache, aber erfolgreiche Typenlehre dar: „Kennt die Frau erst einmal den Typ Mann, dann kann sie genau jenen Typ Frau geben, den er sich erträumt." Die Teilnehmerin Marina berichtet von ihren Erfolgen, auch im Job: „Wenn ich Hilfe brauche, spiele ich das kleine Mädchen. Da kommen die Männer sofort und unterstützen mich."

Ein Aufbaustudium zum MBA (Master of Business Administration) an einer Business School gilt vielen Jungmanagern als Turbo für die Karriere. Für die Auswahl der „richtigen" unter den vielen Karriereschmieden greifen Studenten wie Unternehmen gerne auf Rankinglisten zurück. Doch nicht wenige der Business Schools richten ihr Lehrprogramm genau darauf aus, dass es ihnen einen oberen Platz in den Ranglisten sichert. Dies bestätigt George Bickerstaffe, einer der international bekanntesten Experten auf dem Gebiet.

Da erzählt man Versuchspersonen folgende Geschichte: Ein gut gekleideter, gepflegt aussehender Mann beschimpft übel einen schäbig gekleideten, tätowierten Langhaarigen und bedroht ihn sogar mit einem Messer. Erzählen die Versuchspersonen die Geschichte dann weiter, sind oft ab der dritten bis vierten Wiederholung die Rollen vertauscht: Der Langhaarige hat das Messer, er bedroht und beschimpft den gut Gekleideten. Unsere Vorurteile prägen viel von unserer Wahrnehmung und verzerren die Gedächtnisleistung. Dies wiesen die Psychologen Gordon Allport und Leo Postman in zahlreichen Versuchen schon in den 40er-Jahren des letzten Jahrhunderts nach.

Ein Geschäftsführer aus der Transportbranche verrät dem *Manager Magazin* einige Tricks der Verhandlungsführung: „Seine Geheimwaffen heißen wahlweise Simona, Lulu oder Carmen. Hat er ein schwieriges Gespräch, bucht er eines der Models.“ Deren einzige Aufgabe besteht darin, den Kunden während des Gesprächs zu ignorieren. „Dann macht der Geschäftsführer ein eigentlich nicht annehmbares Angebot und schließt ... mit dem Satz: ‚Oder fehlt Ihnen für eine solche Entscheidung die Kompetenz?‘ In diesem Moment blickt das Model hoch und dem Mann direkt in die Augen – der plustert reflexartig sein Gefieder. Und der Deal steht.“

Sind wir wirklich so leicht zu beeinflussen? Ja, das sind wir!

Denn offensichtlich ist unser Alltag von den unterschiedlichsten Arten der Manipulation geprägt. Es gibt eine Vielzahl von Techniken und Taktiken, die uns gezielt in die Irre führen können. Zum Beispiel die Kontrolle über Informationen, über Handlungen, über Situationen und Abläufe, über Regeln und Verfahren, über Beziehungen und Netzwerke, über die Selbstdarstellung des Manipulators. Und nicht zuletzt gibt es auch Faktoren, an denen wir uns selbst orientieren, um den bestmöglichen Eindruck zu machen.

Wenn einzelne Menschen oder Gruppen die Möglichkeit haben, das Verhalten oder das Denken anderer Menschen in ihrem Sinne zu beeinflussen, so nennt man dies Macht.

Nach einer gängigen Definition des Soziologen Max Weber ist Macht „jede Chance, innerhalb einer sozialen Beziehung den eigenen Willen auch gegen Widerstreben durchzusetzen, gleichviel worauf diese Chance beruht". Macht kann dabei durchaus gut sein. Etwa dann, wenn sie dazu eingesetzt wird, dass auch die Interessen anderer Menschen berücksichtigt werden oder zu Geltung kommen.

Macht ist also nicht per se negativ. Doch sie kann es schnell werden, und wir alle haben es wohl schon einmal am eigenen Leib erfahren: Menschen nutzen ein ihnen verfügbares Machtpotenzial aus, um ihre eigenen Interessen durchzusetzen. Unsere eigenen Interessen werden dabei herabgesetzt, verletzt oder sogar unterdrückt.

Manipulation kommt dann ins Spiel, wenn jemand Macht über uns ausübt, wir dies jedoch nicht bemerken oder nicht als Einflussnahme erkennen. Damit nehmen wir auch oft gar nicht wahr, dass hier jemand gegen unsere Interessen handelt und uns schaden kann, mitunter sogar recht massiv.

Manipulative Machtausübung schadet aber nicht nur dem Einzelnen, sondern auch dem Erfolg ganzer Unternehmen. So untersuchte der Organisations- und Sozialpsychologe Wolfgang Scholl von der Berliner Humboldt-Universität im Jahr 2004 für eine Studie über 40 Innovationsprozesse in Unternehmen. Dabei fand er heraus, dass bei den misslungenen Innovationen vor allem Informationen nicht korrekt übermittelt und noch häufiger nicht korrekt verarbeitet wurden.

Kommt Ihnen das bekannt vor? Die Manipulation von Informationen ist nur eine der von uns betrachteten Taktiken, doch sie begegnet uns jeden Tag: im Zurückhalten, Verdrehen oder Filtern, beim geschickt gewählten Ausschnitt der Wirklichkeit, der gezielten Halbwahrheit oder beim Ausschluss aus der Kommunikation durch Expertenphrasen und Insiderjargon – damit wir nicht gleich verstehen, was jemand wirklich vorhat. Oder dass er nur behauptet, kompetent zu sein.

Den Tricksern und Täuschern nutzt manipulatives Verhalten nur so lange, wie sie unentdeckt und ohne Sanktionen ihr Spiel treiben können. Deshalb machen wir Sie in unserem Buch mit einer Auswahl wichtiger und alltäglicher Einflüsse und Techniken der Manipulation bekannt. Anhand von Beispielen zeigen wir Ihnen, dass sie wirken und wie sie wirken – und wir zeigen Ihnen, wie Sie damit erfolgreich umgehen können.

Für uns heißt das: Nur wenn ich die Muster und Methoden der Manipulation durchschaue, kann ich selbstbestimmt handeln. Ich kann erkennen, ob und wie ich das Opfer der Machenschaften anderer werde. Und ich kann entscheiden, ob ich bestimmte Techniken für mich und für eine gute Sache einsetzen will. Unser Fachwissen macht uns kompetent, doch souverän werden wir erst durch das Wissen um die Wege und Abwege anderer Menschen. Denn gerade wenn sich deren Verhalten gegen uns richtet, wollen wir ihnen nicht so einfach auf den Leim gehen.

Die Spielregeln der Manipulation betreffen alle Lebensbereiche und vor allem auch unser eigenes tägliches Verhalten. Denn wir werden nicht nur von anderen manipuliert, wir tun es auch selbst jeden Tag, sei es unbewusst oder mit voller Absicht.

Ob wir dabei gewinnen oder verlieren, hängt auch davon ab, wie gut wir die Spielregeln kennen. Es ist wie beim Kartenspiel: Wer die Regeln nicht kennt und das Spiel nicht beherrscht, verliert sogar mit einem guten Blatt. Schließlich wissen wir doch alle: Das Leben ist kein Ponyhof.

2

DER KOMPLEXITÄTS-ARGWOHN

Einfach = richtig. Oder: Warum mögen wir lieber simple Lösungen, dafür sogar falsche?

Es ist doch so einfach, zu Geld zu kommen: indem man erst welches ausgibt, um dann richtig zu sparen. Wer dieses simple Prinzip anerkennt, war ein willkommener Kunde bei der „Alternative Kollektive Wertschöpfung“, die im Jahr 2003 in Berlin an Wohnungstüren und per Telefon unterwegs war. Man musste nur 250 Euro einzahlen, um dann nach drei Monaten im Wert von 650 Euro einkaufen zu können – ohne zusätzliche Zahlung, egal wo oder was gekauft werden sollte. Und wer sich dafür begeistern konnte, war meist auch interessiert daran, zusätzliche Provisionen von bis zu 17 000 Euro einzustreichen, sofern man weitere Kunden beibringen konnte, die sich auch jeweils mit 250 Euro beteiligten. Ein einfaches Prinzip, das jeder versteht, bei dem jeder mitmachen kann. Und weil es was für jeden ist, muss es geradezu ein Erfolg werden.

Oder eben auch nicht, wie die Richter des Berliner Landgerichts urteilten. Das Geschäftsmodell sei aus sich heraus nicht erklärbar und könne nicht funktionieren – wie alle Systeme, die auf dem Schneeball- oder Pyramideneffekt aufbauen, die man besonders am unregulierten „grauen“ Kapitalmarkt findet. Wer glaubt, was die Verkäufer erzählen, entscheidet sich damit meist für die Seite der sicheren Verlierer. Der Deutsche Anlegerschutzbund in Frankfurt am Main schätzt, dass hier jährlich rund 20 bis 30 Milliarden Euro Schäden am Vermögen der Kunden verursacht werden.

Aber nur ein Bruchteil der Fälle wird angezeigt, wobei Geld aus hinterzogenen Steuern allerdings nur eine Nebenrolle spielt.

Doch die Anziehungskraft dieser betrügerischen Modelle kommt nicht von ungefähr: Unsere vielschichtige und komplizierte Umwelt wird radikal vereinfacht auf einen „Generalschlüssel zum Glück", den man uns zu Sonderkonditionen gern verkauft. Der Erfolg hängt dabei nur von ganz wenigen Einflussgrößen ab, deren Erfüllung man sich durchaus zutrauen kann. Wenn man zum Beispiel drei weitere „Vertriebspartner" im Monat beibringen muss, um dann an deren Umsätzen mitzuverdienen, dann sieht das nicht unmöglich aus – das sollte doch zu schaffen sein, wenn man nur fleißig ist und genügend Menschen fragt.

Sicherlich, doch genau das ist das Problem. Denn nicht nur einer tut das, sondern jeder bisherige Spieler und jeder Neuanfänger. Sie können gar nicht so viele neue Leute herbeibringen, wie schon rein zahlenmäßig benötigt werden, um die Provisionen für alle Beteiligten in diesem Spiel zu bezahlen. Genau diese Komplexität ist für viele schwer vorstellbar, und die einfache Regel ist auch leichter zu begreifen. Doch schon bald trifft man auf abgegraste Weiden, sprich Menschen, die bereits mehrfach angesprochen wurden und ablehnten. Wie bei einer Hydra wachsen dauernd neue Köpfe, die gefüttert werden wollen. Damit ist klar: Satt werden nur jene, die sich so etwas ausdenken, früh einsteigen und somit gleich oben anfangen.

Auch auf anderen Gebieten des täglichen Lebens verfangen die einfachen Rezepte. Wie etwa „Wünsch dich reich!" – das ist die Grundaussage des Buchs „The Secret" der US-Autorin Rhonda Byrne, die etwas ganz Besonderes entdeckt hat: das Gesetz der Anziehung, demzufolge Gleiches wiederum Gleiches anzieht. Dieser schöpferische Prozess hat nach Byrne drei Schritte: bitten, glauben, empfangen. Und er ist anwendbar auf alle Lebenslagen, von der Partnerschaft bis zur Karriere – wer hätte nicht schon genau nach diesem Generalschlüssel für sein Leben gesucht? Man kann sich das Universum demnach als so eine Art Versandhauskatalog vorstellen, und die Welt wird liefern, was immer man sich wünscht.

Klingt toll, und zumindest bei der Autorin hat es schon ein klein wenig funktioniert. Ihr Buch wurde von der einflussreichen US-Talkmasterin Oprah Winfrey in deren Show zur besten Sendezeit vorgestellt – eine Garantie für einen der vorderen Plätze auf den Bestsellerlisten des größten Buchmarktes der Welt. Und was in den USA funktioniert, das klappt so ähnlich auch anderswo. Auch dies scheint eine Regel der Simplizität zu sein, auf die auch andere als Rhonda Byrne gekommen sind, sogar in Deutschland und diesmal sogar früher als in den Vereinigten Staaten. Denn nicht viel anders sind die Ansichten, die von Bärbel Mohr im Buch „Bestellungen beim Universum" vertreten werden, das im Jahr 1998 erschien und mittlerweile schon in der 28. Auflage vorliegt.

Solche Bücher sind sehr zahlreich, und sie sind erfolgreich. Warum? Nun, sie bieten den Menschen einfache Methoden und schnelle Lösungen. Die sind immer gefragt, gerade auch in der Managementliteratur. Derzeit sind zum Beispiel Symboliken aus Flora und Fauna der letzte Schrei. Dort wimmelt es neben anderen Fischen von Delfin-Methoden, Peperoni-Strategien, Kakerlaken-Methoden und Mäuse-Strategien mit der Antwort auf die alles entscheidende Frage: „Who moved my cheese?" In allen diesen Büchern werden also Techniken, Mechanismen und Prinzipien entdeckt, erklärt und wärmstens empfohlen, die alle todsicher wirken und von jedem angewendet werden können.

Ist es wirklich so leicht? Wohl eher nicht. Leicht ist nur der Glaube an etwas, und viele von uns glauben deshalb gerne, was sie gerne glauben möchten. Das kann man sich zunutze machen, denn Wunschbotschaften im Verbund mit einfachen Aussagen sind schlicht überzeugend. In den 90er-Jahren stand der Name Jürgen Höller für Motivationsseminare mit vollmundigen Sprüchen („Ich bin der Beste!"), aber wenig Substanz. Die Seminare waren – trotzdem oder deswegen

– sehr erfolgreich. An guten Tagen füllte Herr Höller die Westfalenhalle mit 14 000 Fans. Als Ergebnis weniger erfolgreicher geschäftlicher Aktivitäten wurde er 2002 wegen Konkursvergehens verhaftet und zu drei Jahren Haft verurteilt. Nach seiner Entlassung auf Bewährung im April 2004 gibt er sich in öffentlichen Auftritten geläutert, führt aber weiter seine Seminare in der von ihm gewohnten Weise durch.

Da wäre es doch überraschend, wenn diese Masche nicht auch bei anderen ziehen sollte: So führen die Mitarbeiter und Inhaber der Aktienpower AG mit Sitz im schweizerischen Zug anscheinend recht erfolgreiche Seminare in Deutschland durch, in denen den Zuhörern Zeichnungsscheine für eine außerbörsliche Emission angedient werden. Diese Finanzfüchse sind übrigens in der Mehrzahl frühere Adepten des eben erwähnten Höller. Die Börsenseminare sind laut Aussage der Referenten „so genial, dass sie die Finanzwelt in ihren Grundlagen erschüttern" werden. Um die Versprechungen des Aktien-Kraftmeiers Alfredo Cuti und anderer zu erfüllen, hätte das Unternehmen im Jahr 2007 immerhin 180 Millionen Schweizer Franken Gewinn nach Steuern erwirtschaften müssen. Wie die *Wirtschaftswoche* berichtete, waren es im Frühjahr 2005 noch vergleichsweise überschaubare 1,1 Millionen Franken. Zwei Dutzend Personen (immerhin alle Direktoren) betreuten vorgebliche 4 000 Kunden, in nur zwei Jahren sollten es 150 Mitarbeiter sein, die dann 24 000 Kunden betreuen – ein Meisterstück an Wachstum! Es scheint, als ließen sich trotz der höchst dubiosen Randerscheinungen und vieler kritischer Stimmen offensichtlich immer genügend Menschen von der Aussicht auf schnellen Reichtum ohne Anstrengung einlullen.

Simple Erklärungen üben auf Menschen offensichtlich große Faszination aus. Einfache Wahrheiten und Methoden scheinen dabei geradezu unfehlbar zu wirken, wie etwa beim Beispiel von Frau Dr. med. Waldmann-Selsam. Wie der *Spiegel* berichtete, befragt sie seit Jahren vor allem Menschen, die leidend sind, für deren Krankheiten sich aber keine einfachen Diagnosen finden lassen. Die Ärztin aus Bamberg hingegen weiß, dass es an den Handystrahlungen liegt und sie trägt emsig Belege dafür zusammen. Typische Belege sind immer isolierte Beobachtungen und selektive Interpretationen: Hamster, die das Wachstum einstellen, oder ein Bambus, der nur sechs statt der möglichen zehn Meter wächst, Kinder mit Schulschwierigkeiten oder ein Paar mit Problemen in der Ehe. Immer sind die Handystrahlungen schuld – und solche tödlichen Sendemasten gibt es in ganz Deutschland. Damit ist doch alles klar – wundert Sie da noch irgendwas?

Und wenn ich diese Wahrheiten intensiv und häufig genug verbreite, dann finde ich auch Glauben mit meinen Behauptungen. Ein Erfolgsfaktor ist die Häufigkeit, mit der ich meine Meinungen verbreite. Eine aktuelle Studie der Virginia Tech University mit mehr als 1 000 Teilnehmern kommt zu dem Ergebnis, dass eine beliebige Aussage umso glaubwürdiger wirkt, je häufiger sie wiederholt wird. Dies gilt unabhängig vom Inhalt und davon, ob sie von einer Person oder von vielen verbreitet wird.

Das Muster scheint immer dasselbe: Wir wünschen uns einfache Rezepte und Konzepte, die unser komplexes Umfeld als ein Räderwerk beschreiben, das vorhersagbar ist und das wir durch einfache Steuerung lenken können. Einfache Analogien und simple Erklärungen wirken auf uns oft überzeugender als komplizierte Erläuterungen, die aber leider oft der Wahrheit näher kommen.

Für den bekannten Psychologieprofessor Dietrich Dörner sind logische Fallen durch Vereinfachung an der Tagesordnung. Und zwar aus dem einfachen Grund, weil wir in seinen Augen den Anforderungen von komplexen Situationen in vielen Fällen nicht gewachsen sind. Komplexität erzeuge Unsicherheit und könne verhängnisvolle Kettenreaktionen auslösen, so Dörner, der dieses Phänomen in Studien („Tana-Land") bereits Ende der 70er-Jahre nachwies: Versuchspersonen wurde die Aufgabe gestellt, die Lebensbedingungen in einem fiktiven Land zu verbessern. Zu Beginn der Studien handelte es sich um eine recht einfache Computersimulation mit nur wenigen Variablen. Alle diese Variablen waren bekannt gegeben und durften variiert werden. Es zeigte sich, dass die Probanden fast ausnahmslos das ursprünglich stabile Gefüge zerstörten und dadurch häufig katastrophale Zustände schufen. Das könnte so manchen an die Folgen politischer Interventionen in unser Leben erinnern.

Eine weitere leider tragische Bestätigung seiner Thesen in der Realität wies Dörner 1989 am Beispiel des Atomreaktorunfalls von Tschernobyl nach. Es war niemand eingeschlafen, kein falscher Schalter betätigt worden – alles lief wie eigentlich normal. Und doch nicht, denn es gab ja den Störfall.

Um mit diesen Unwägbarkeiten überhaupt klarzukommen, vermindert laut Dörner das Gehirn die Zahl der „Stellschrauben" – und klammert damit Details, Nebenbedingungen und Kompliziertheiten aus der Betrachtung aus. Was übrig bleibt, ist vor allem Bekanntes – und das kann man lösen, denn man kennt es ja. Leider ist es nur ein Teil des Problems, und die Teillösung hat Auswirkungen auf den ganzen großen Rest, den man ausgeklammert hat. Dörners Fazit: Wir verlagern, ohne es zu wollen, die Entscheidungen und damit die Kontrolle über das Geschehen letztlich in Bereiche, die sich dem Zugriff entziehen.

Wir leben in komplexen Netzwerken – diese Tatsache zu akzeptieren fällt uns offensichtlich reichlich schwer. Denn sie begrenzen unsere Möglichkeiten, selbst aktiv einzugreifen in unser tägliches Leben. Und damit erfahren wir einen Widerspruch zwischen unserem Bedürfnis nach autonomem Handeln und den in der Realität recht begrenzten Möglichkeiten, Einfluss zu nehmen. Dabei versuchen wir immer wieder durch einfache Eingriffe die Steuerung eines komplexen Systems zu leisten. Das gilt für den Bereich der Politik wie für Unternehmen, die bei Schwierigkeiten im Unternehmen oder am Markt einfach den Vorstandsvorsitzenden austauschen und dabei oft glauben, dass die Denke des Vorstands sich gewissermaßen automatisch auf alle Mitarbeitenden überträgt.

Doch es führt leider kein Weg daran vorbei: Wir müssen zunächst einmal die Komplexität unseres Umfelds akzeptieren. Dann müssen wir uns eingestehen, dass eine Reihe von Sachverhalten nur nach ausführlicher Betrachtung zu verstehen sind und dass dieses Verstehen ein großes Maß an intellektueller Anstrengung und Erfahrung erfordert. Wir werden dann eher bereit sein, zu akzeptieren, dass erfolgreiches Handeln in solchen Kontexten eben häufig selbst auch nur wieder komplex und langwierig sein kann. Erfolge stellen sich oft erst mit Verzögerung ein und sie können nur selten einzelnen Personen angelastet werden. Ob Politik, Management oder das ganz normale Leben – es ist eher wie ein Flugsimulator mit vielen Knöpfchen und weniger wie ein Flipper mit zwei Drückern links und rechts.

Noch schwerer zu akzeptieren wird für uns die Lage auch dadurch, dass sich Erfolgsrezepte anderer eben nicht so einfach auf unsere Situation übertragen lassen. Der Ansatz des Lernens von den Besten bedeutet nur für Naive, dass sich deren Konzepte einfach adaptieren lassen. Und das, was im Sport erfolgreich ist, lässt sich eben gerade nicht eins zu eins in die Wirtschaft übertragen. Wenn wir einmal genauer hinsehen, dann sind Spitzensportler im Durchschnitt in ihren Berufen eben nicht häufiger erfolgreich als Otto Normalverbraucher – nur einige sichtbare Ausnahmen scheinen die Regel zu bestätigen. Erfolg im Sport ist nicht gleich Erfolg im Geschäft, was nicht nur Boris Becker bestätigen könnte. Nicht von ungefähr können nach dem Ende ihrer Profikarriere längst nicht alle Bundesligaprofis auch später von den Früchten ihrer Arbeit leben. Jeder vierte Ex-Profi hat dann nichts mehr auf der hohen Kante, erklärt Michael Daudert, der zahlreiche Fußballspieler in Finanzfragen berät. Und so mancher musste Privatinsolvenz anmelden wie Eike Immel, einstiger Spitzentorwart und 19-maliger Nationalspieler: Um seine Schulden abzuzahlen, ging Immel sogar ins TV-Dschungelcamp. Einzelne Erfolgsbeispiele sollen oft das Gegenteil belegen, sie sind aber eben genau das: Einzelfälle.

Man kann aus solchen Beispielen sicher etwas lernen, aber es handelt sich nie um Patentrezepte, die man dann nur noch anwenden muss. In Unternehmen gilt: Was bei General Electric funktioniert, das funktioniert noch lange nicht bei

Siemens oder bei ABB. Ein und dasselbe Patentrezept wird oft von international tätigen Beratungen in Wellen über ganz unterschiedliche Branchen und Unternehmen verbreitet. Ob Kostensenkung oder Marketingoffensive, es macht den einen durchaus erfolgreich, den anderen bringt es aber mitunter in große Schwierigkeiten.

Behalten Sie den kritischen Blick, analysieren Sie das ganze System und seinen Sie offen für komplexe und individuelle Lösungen. Einfachheit kann ungeahnte Erfolge bringen, wenn man herausfindet, wo sie nötig und gewollt ist. Der Erfolg des „Logan"-Autos der rumänischen Renault-Tochter Dacia ist so ein Beispiel. Wie sehr Autofahren uns inzwischen fordern und sogar überfordern kann, dazu reicht bereits eine Testfahrt in einem mit Bordelektronik vollgepackten Mittelklassewagen. Schon die Sitzverstellung ist mitunter ohne einen Blick in die Bedienungsanleitung nicht mehr zu betätigen. Elektronik, die man nicht braucht und die deshalb nicht eingebaut ist, kann auch nicht ausfallen und muss nicht teuer repariert werden. Oder die Mobiltelefone von Nokia: Sie galten stets als intuitiv bedienbar, in jedem Fall eher als die Handys anderer Hersteller. Und schließlich haben die Albrecht-Brüder mit Aldi die bewusste Einfachheit auf einen Geschäftszweig angewendet, der sich bis dahin durch das Gegenteil auszeichnete. Doch in jedem dieser Fälle zeigt sich: Einfachheit ist nie eindimensional – und vor allem wieder das Ergebnis komplexer und genauer Überlegungen.

„Das kann doch nicht so kompliziert sein!“

- Menschen bevorzugen einfache verständliche Lösungen.
- Solche Lösungen werden durch einfache Methoden erzielt.
- Einfache Lösungen und Methoden verringern die Komplexität unseres Umfelds.
- Menschen sind nur schlecht in der Lage, komplexe Netzwerke zu überblicken.
- Ein komplexes Umfeld zu steuern fällt den meisten schon bei nur wenigen Variablen sehr schwer.

Trotzdem:

- Hüten Sie sich vor einfachen Lösungen. Meist wird unzulässig vereinfacht.
- „Patentrezepte“ gibt es nicht. Das möchten Ihnen nur die Erfinder solcher Methoden weismachen.
- Erfolgreiche Lösungen lassen sich nicht von einer Situation auf andere übertragen.
- Prüfen Sie immer, ob alle relevanten Aspekte berücksichtigt wurden.
- Überprüfen Sie von Zeit zu Zeit den Zustand der relevanten Variablen.

3

DER ZAHLEN-SCHWURBEL

Ein rundes Ergebnis kann nie stimmen. Oder: Warum benutzt man Zahlen, damit wir den Durchblick verlieren?

Sind Sie zahlenblind? Nein? Vielleicht wissen Sie es nur nicht. Denn Zahlenblindheit ist nicht so leicht zu erkennen wie andere Fehlsichtigkeiten. Den Begriff der Zahlenblindheit prägte der US-amerikanische Mathematiker John Allen Paulos schon Ende der 80er-Jahre in seinem gleichnamigen Buch und brachte analog zum Analphabetismus, auf Englisch „Illiteracy“ den Begriff „Inumeracy“ auf. Dabei geht es nicht in erster Linie um Rechenschwäche, sondern um die Unfähigkeit, die Bedeutung von Zahlen und ihre Beziehung zueinander zu erfassen und zu verstehen. Das ist besonders fatal in einer Welt, die uns neben den Worten vor allem mit Zahlen umgibt – denn für viele ist es eine Einladung, diese Schwäche bei anderen gezielt auszunutzen.

„Chef, ich will mehr Geld!“ – „Das haben Sie auch verdient. Was halten Sie von einer Erhöhung um ein Drittel?“ – „Nee, so einfach wird das nicht – ich will mindestens ein Viertel mehr.“ – „Also gut, ausnahmsweise …“ So oder ähnlich soll vor Längerem das Gespräch zwischen einem damals sehr erfolgreichen Fußballer und seinem Vereinspräsidenten gelaufen sein. Nun waren es hier Bruchzahlen, die den guten Kicker ins Rutschen brachten, doch auch Prozentzahlen und absolute Zahlen sind immer wieder gut für erstaunliche Fehleinschätzungen. Etwa über den Reichtum und ab wann man in Deutschland zu den Besserverdienenden gehört.

„Wie viel Haushaltsnettoeinkommen ist nötig, um zu den reichsten fünf Prozent in Deutschland zu gehören?“ Diese Frage stellt der Politikwissenschaftler Klaus Schroeder von der Freien Universität Berlin als kleines Experiment immer wieder in seinem Bekanntenkreis und bei seinen Studenten. Was er dabei so an falschen Zahlen hört, erzählte er dem Magazin *Brand eins*: „Dann kommen oft Zahlen wie 50 000 Euro, 75 000 Euro und mehr – im Monat wohlgemerkt. Die Realisten schätzen 15 000 Euro. In Wirklichkeit sind es etwa 5 000 Euro.“

Denn über 41 Prozent des ganzen Geldes, das der Staat mit der Einkommenssteuer einnimmt, kommen von gerade mal fünf Prozent der Bevölkerung. Und die oberen zehn Prozent der Einkommen stehen für 53 Prozent der Einkommenssteuer gerade. Zehn Prozent Reiche zahlen die Hälfte des Steueraufkommens, wie das Institut der Deutschen Wirtschaft für 2005 ermittelte. Warum dennoch immer wieder eine besondere Reichensteuer gefordert wird, überrascht Schroeder nicht, ebenso wie die Ansicht der sozialen Schere, die sich immer weiter öffnet. Für ihn ist dieses Bild eine Fehlwahrnehmung, hervorgerufen durch die besondere Konzentration in den Medienberichten auf Superreiche, seien es Fernsehstars, Sportler, US-CEOs oder Vorstände deutscher DAX-Unternehmen. Dabei sei deren Anteil an der Gesamtbevölkerung eher im Promillebereich. Dennoch glauben wir, unser Leben hätte mit diesen Menschen direkt zu tun. Schroeder stellt dies bei seinen ostdeutschen Studenten fest, die den durchschnittlichen Reichtum noch stärker überschätzen, vor allem den im Westen der Republik. Gleichzeitig orientieren sie sich daran, was für Schroeder deren besondere Frustration erklärt.

Wer heute etwa Mitte 40 ist, kennt dieses Gefühl – aber aus einem ganz anderen Grund. Der Jahrgang 1964 war der geburtenstärkste der Nachkriegszeit, und er hat sich bisher auf die Stabilität der staatlichen Altersvorsorge verlassen. Dafür zahlt er jetzt dreifach – die *Sandwich-Generation* sorgt für ihre Eltern durch die Rentenbeiträge, die einfach an die heutigen Rentner weitergereicht werden, sie zahlt für ihre

Kinder Kitagebühren und künftig Studienbeiträge – und ganz nebenbei soll sie für den eigenen Lebensabend vorsorgen. Der Grund dafür: Verantwortliche Politiker können seit über 40 Jahren nicht rechnen – und wenn doch, dann mit falschen Ergebnissen. So wurde bereits 1972 im Deutschen Bundestag die Rentenreform behandelt. Dem folgenden Beschluss lag ein Bericht zugrunde, nach dem der Rentenüberschuss in den nächsten 15 Jahren auf 200 Milliarden Mark anwachsen würde. Diese Zahlen wurden auf der Basis einer idealen weiteren Entwicklung geschätzt: hohes Wirtschaftswachstum, hohe Beschäftigung, jährliche Lohnsteigerungen von acht Prozent. Zahlen, die eine solche Faszination ausübten und als Zahlen, Daten, Fakten so exakt wirkten, dass Regierung und Opposition an diese Angaben glaubten und einträchtig das Fundament für unsere heutige Misere des Sozialversicherungssystems legten. Und etwas durchaus Vergleichbares vollzieht sich derzeit beim Thema Klimawandel, wenn sich herausstellt, dass die drastischsten Aussagen auf hochkomplexen Computermodellierungen mit zahlreichen Variablen basieren, wo bereits kleine Abweichungen der Nebenbedingungen das künftige Ergebnis erheblich verändern können. Kann man wirklich annehmen, dass so das Klima über die nächsten 30 bis 50 Jahre steuerbar ist, wo schon die Vorstellungskraft für so etwas vergleichsweise einfach zu Berechnendes wie die künftige Rente nicht ausreicht?

Zahlen geben nur vordergründige Sicherheit, gerade wenn sie genau sind. „Jedes dritte Kind in Schweden ist psychisch gestört!“, so die Schriftstellerin Gabriele Kuby in der Christiansen-Talkshow zum Thema „Kinderkrippen“. Eine solche Aussage kann man nicht direkt prüfen, sie wirkt aber präzise und damit richtig. Viele Zuschauer haben diesen Satz gehört und halten ihn dann für wahr. Eine spätere Nachrecherche von Journalisten ergab, dass es keinerlei Studien gibt, die diese Zahlen belegen.

Dabei zeigt sich immer wieder: Manipulatoren arbeiten gerne mit Zahlen, die die gemachte Behauptung belegen sollen. In der Regel kann man die Angaben nicht oder nur aufwendig überprüfen, die Zahl hat gut und plausibel geklungen und damit ihre Wirkung entfaltet. Konkrete Angaben sind eben unschlagbar: Zahlen, Daten und Fakten, aus der Tageszeitung, einer Meinungsumfrage oder aus einer wissenschaftlichen Untersuchung.

Und das, obwohl wir von der Anlage unserer Denkprozesse her denkbar schlecht ausgestattet sind, Zahlen richtig wahrzunehmen und zu evaluieren. Zahlen, die uns ja den Anschein von Exaktheit und Objektivität vermitteln, entsprechen unserem Steuerungsempfinden. Sie machen uns glauben, dass wir den Sachverhalt dahinter verstanden haben und dass wir ihn kontrollieren können. Dabei sind solche objektiven Ergebnisse immer abhängig vom Mess- und Beobachtungsverfahren (wie wir spätestens durch die heisenbergsche Unschärferelation wissen). Auch ein Meter, selbst mit einem modernen Lasergerät gemessen, ist nur eine kulturell verankerte Vereinbarung über die Bestimmung von Längen. Aber immerhin. Eine Bilanz („nach HGB oder nach US-GAAP oder IFRS-Richtlinien"), ein Fragebogen („jeder dritte Deutsche"), eine Diagnose („Sie fallen in die Kategorie X") oder andere vergleichbare Verfahren sind immer stark subjektiv geprägt. Und doch glauben wir den Zahlen, wenn sie erst einmal ermittelt und kommuniziert wurden.

Noch schwieriger wird es, wenn wir uns mit Sachverhalten befassen, in denen die Wahrscheinlichkeit eine Rolle spielt. Wir verschätzen uns systematisch, wenn wir die Häufigkeit von Ereignissen einschätzen sollen. Wir orientieren uns dabei bevorzugt an der wahrgenommenen Präsenz, weniger an der tatsächlichen Häufigkeit. So werden beispielsweise die absolute und die relative Häufigkeit von Delikten in der Bevölkerung systematisch falsch eingeschätzt. Nach der Kriminalstatistik bleibt die prozentuale Häufigkeit von Delikten über Jahre hinweg nahezu gleich. In der Bevölkerung wird jedoch mehrheitlich ein starkes Ansteigen vermutet. Ebenso wird die Wahrscheinlichkeit, einem Mord oder anderen vergleichbaren brutalen Delikten zum Opfer zu fallen, systematisch überschätzt. Eine der Ursachen dieser Fehleinschätzung ist die starke Präsenz solcher Delikte in den Medien. Ebenso ist Krebs als Krankheit in den Medien präsenter als Herz-Kreislauf-Erkrankungen und dementsprechend haben die meisten Deutschen mehr Angst, an Krebs zu sterben. In Wahrheit sterben doppelt so viele Deutsche an Erkrankungen des Herz-Kreislauf-Systems.

Hinzu kommt das grundsätzliche Problem, solche Zahlen zu interpretieren, selbst bei alltäglichen Erscheinungen wie dem Wetter. Denn was bedeutet es eigentlich, wenn der Wettermann uns informiert, dass für den morgigen Tag eine 30-prozentige Wahrscheinlichkeit von Regen besteht? Heißt es, dass es morgen während 30 Prozent des Tages regnen wird? Na? In Wirklichkeit bedeutet diese Aussage, dass an 30 von 100 Tagen, die klimatisch so sind wie der Tag morgen, dann auch Regen fallen wird. Wer dennoch ohne Regenschirm aus dem Haus geht, wird in den Augen manch anderer schnell zur Spielernatur – dabei kann er einfach nur mit Wahrscheinlichkeiten rechnen.

Aus solchen fehlerhaften Interpretationen, unzureichenden Informationen und anderen Problemen machen wir weitere Fehler: Professor Walter Krämer, ein renommierter Statistiker und Autor („Der Panikmacher"), stellt fest, dass wir uns auf der Basis dieser Fehleinschätzungen oft aus den falschen Gründen Sorgen machen: Als Beispiel nennt er die Gefahr, an BSE zu erkranken. Selbst dann, wenn man nichts unternommen hätte, wären aller Wahrscheinlichkeit nach in ganz Deutschland pro Jahr etwa 50 Menschen der Creutzfeldt-Jakob-Krankheit zum Opfer gefallen. Nun ist dies ohne Frage eine tragische Krankheit und für jeden der Betroffenen eine Katastrophe. Doch Krämer stellt die richtige Frage: Was ist das aber verglichen mit den mehr als 800 Deutschen, die jedes Jahr an verschluckten Fischgräten sterben – sollte man deswegen den Genuss von Fischen verbieten oder die Grätendealer Metro, Nordsee, Gosch und andere bestrafen? Immerhin verbreiten sie diese tödliche Ware.

Freiwillig übernommene Risiken werden in der Regel um den Faktor 100 unterschätzt. Und ebenso werden natürliche

Risiken akzeptiert und systematisch unterschätzt. Beispiel dafür ist der Vergleich der von Menschen gemachten Schadstoffe mit den natürlich vorkommenden Substanzen. 99,9 Prozent aller Schadstoffe in unserer Nahrung sind natürlichen Ursprungs, das heißt, sie sind ohnehin in den Pflanzen und Tieren enthalten, die wir verzehren.

Ebenso werden unsere Wahrnehmungen der uns umgebenden Realität vorwiegend auf anekdotischem Weg gebildet. Das bedeutet, dass wir viel mehr auf einzelne, aber plakative Ereignisse achten und diese zur Grundlage unserer Entscheidungsfindung machen. Die tatsächlichen Fakten und Zahlen treten dabei in den Hintergrund und verlieren an Wert. Das verführt uns dazu, Lotterielose zu kaufen, obwohl die Gewinnchancen doch so erbärmlich schlecht sind. Und ebenso führt es dazu, dass viele Menschen Angst davor haben, bei einem Flugzeugabsturz zu sterben, obwohl die Wahrscheinlichkeit dafür äußerst gering ist. Ein Flugzeugabsturz mit den vielen Toten bei diesem allerdings seltenen Ereignis macht natürlich andere Schlagzeilen in vielen Medien als die Vielzahl von Einzelereignissen, bei denen Menschen aus anderen Gründen zu Tode oder zu schwerem Schaden kommen – Haushalts- und Arbeitsunfälle, Verkehrs- und Sportunfälle. Dramatische Ereignisse dominieren in diesen Fällen unsere Wahrnehmung. Ein anderes aktuelles Beispiel: Ganz Amerika leidet mit den toten Soldaten im Irak, kaum jemand zeigt sich gleichermaßen irritiert durch die deutlich höhere Zahl von Mordopfern im eigenen Land.

Trotzdem – oder vielleicht gerade deswegen – hören wir immer wieder solche Aussagen: „90 Prozent unserer Kunden sind mit unserem Service zufrieden." – „Die Untersuchung belegt, dass unsere Methode eine 30-prozentige Ertragssteigerung garantiert." – „Es ist uns gelungen, die Fehlerquote auf unter ein Prozent zu drücken." Diese Fakten sollen uns beeindrucken. Diese Erfolge machen Sie auch sprachlos? Schauen wir jetzt einmal etwas genauer hin: Wie viele Kunden stehen hinter „90 Prozent"? – Mit welcher Technik wurde die Untersuchung durchgeführt? – Wie viel Ausschuss steht quantitativ hinter „ein Prozent"? Oder ist gar die Prüfmethode „aufgeweicht" worden? Ist die Methode der Auswertung bei dem erhobenen Datenmaterial überhaupt zulässig?

Die gleiche Skepsis ist bei bildhaften Darstellungen – auf den allseits so beliebten Folien – angebracht. Eine Steigerung des Index von 5 000 auf 5 600 sieht sehr beeindruckend aus, wenn ich die Grundlinie bei 5 000 ansetze – und recht bescheiden, wenn die Grundlinie bei null beginnt.

Zahlen sind oft Schall und Rauch und mit Statistiken, Untersuchungen oder Zertifikaten lässt sich beinahe jede Veränderung belegen. Beweise finde ich bei genügend intensiver Suche für viele Thesen – oder auch dagegen. Vorsicht also bei Zahlen – stellen Sie kritische Fragen und schalten Sie Ihr Gehirn nicht aus, sobald Sie mit schlüssigen Zahlen konfrontiert werden. Gestatten Sie sich eine gesunde Skepsis – und trauen Sie sich, diese gegebenenfalls auch vor anderen zu formulieren. Der aufmerksame Teilnehmer lässt sich nicht durch – scheinbar – erdrückende Zahlenbelege einlullen. Stellen Sie kritische Fragen und beharren Sie auf einer Antwort:

Wer hat die Untersuchung veranlasst oder sogar finanziert? Nicht selten ist der Auftraggeber der Studie mit dem Ergebnis „verbunden". Unschön ist, wenn beispielsweise die Produkte des Tochterunternehmens den Test als Beste absolvieren.

Welche Methode wurde angewandt? Die Befragung einer Zielgruppe kann sehr unterschiedlich ausfallen, wenn ich anhand eines strukturierten Fragebogens Interviews durchführe oder wenn ich den Personen Fragebögen zusende.

Wer hat die Untersuchung durchgeführt? Ein erfahrener Interviewer wird andere Ergebnisse erzielen als ein nach Zeit oder Zahl der Befragten bezahlter Anfänger.

Welche Zielgruppe wurde untersucht? Kunden einer Institution urteilen anders als eine bunt zusammengewürfelte Zielgruppe.

Wie groß war die Stichprobe? Zehn befragte Personen ergeben eine andere Datenqualität als 100 oder 1 000 Probanden.

Wo wurde die Untersuchung durchgeführt? Ergebnisse aus den Vereinigten Staaten oder Thailand lassen sich nicht direkt auf die Verhältnisse in Deutschland übertragen.

Wann wurde untersucht? Eine Untersuchung aus den 80er-Jahren werde ich anders bewerten als eine aktuelle Umfrage. Kunden kann ich zu einem günstigen Zeitpunkt oder in einem schwierigen Moment befragen.

Mit welcher Methode wurden die Daten analysiert? Nicht alle statistischen Verfahren sind für alle Daten geeignet. Nicht jede Analysemethode ist zulässig.

Wie werden die Daten abgebildet? Eine Skala, die bei 8 000 beginnt, lässt eine Steigerung um 200 Punkte von 8 100 auf 8 300 erheblich spannender aussehen, als eine Skala, die bei null beginnt.

Sind die Daten zugänglich? In Ergebnisse, die sich gegebenenfalls überprüfen lassen, setze ich mehr Vertrauen als in Daten, die unter Verschluss gehalten werden.

Werden die Schlussfolgerungen durch die Daten gestützt? Zahlen belegen nicht jede gewünschte Aussage oder Schlussfolgerung. So ist der – statistisch nachweisbare – Zusammenhang zwischen dem Rückgang der Storchenpopulation und dem Sinken der Geburtenrate eben kein Beweis dafür, dass der Storch die Kinder bringt.

Wenn Sie selber Zahlen, Daten und Fakten als Beleg heranziehen, so prüfen Sie genau, ob das Material Ihren Anforderungen entspricht. Nichts ist peinlicher, als vor Zuhörern zugeben zu müssen, dass Ihr „Beweis“ nicht stichhaltig ist. Wenn Ihnen das trotz aller Sorgfalt passiert, so geben Sie am besten Ihren Irrtum zu, entschuldigen sich für die mangelnde Sorgfalt und fahren fort.

Es sei denn, Sie wollen sich ein Beispiel an der Regierung von Mexiko nehmen. Als man vor einigen Jahren dort feststellte, dass die Autobahnen mit ihren zwei Spuren den vielen Verkehr nicht mehr bewältigen konnten, sollten sie um eine Fahrspur verbreitert werden. Nun kostet das nicht nur in Deutschland viel Zeit und vor allem Geld – beides hatte Mexiko nicht. So kam man auf die Idee, durch drei statt bisher zwei Spuren die Kapazität der Autobahnen schlagartig zu erweitern – um sage und schreibe 50 Prozent! Dumm nur: Die Autos, die darauf fuhren, waren immer noch so breit wie vorher – viele Unfälle waren die Folge. Nach wenigen Monaten wurde die Maßnahme rückgängig gemacht, es gab wieder zwei Spuren pro Fahrbahn.

Doch nun war ein potemkinsches Dorf aus Zahlen errichtet, die den Erfolg und die Sinnhaftigkeit des Manövers belegen sollten. Der Ausbau hatte ja bereits 50 Prozent gebracht, doch wegen der Unfälle fiel die dritte Spur wieder weg – ein Minus von 33 Prozent. Verkündet wurde, worauf niemand sonst gekommen wäre: ein Kapazitätszuwachs von 17 Prozent – und das ohne nennenswerten Aufwand. Es rechnete auch niemand nach, bis auf einen Journalisten des britischen *Economist*.

Das funktioniert auch sehr gut im Kleinen, etwa in einer Kantine. In einem Fall einer besonders lausigen Betriebsküche eines großen Hauses in Berlin kam der Pächter auf die an sich gute Idee, seine Gäste zu befragen. Das Ergebnis war vernichtend. Die wesentlichen Zahlen gab er, leicht zusammengefasst, mit einem Aushang bekannt: „Über 90 Prozent unserer Gäste sind mit den Leistungen der Kantine sehr gut oder gut zufrieden oder essen woanders." Inzwischen ist die Kantine unter neuer Leitung, und die tut das einzig Richtige – sie kocht besser.

„Zahlen, Daten, Fakten – mehr braucht man nicht!"

- Zahlen sind oft abhängig von der Messmethode – andere Methoden, andere Ergebnisse.
- Viele Aussagen beruhen auf mathematischen Modellen, die die Zukunft beschreiben – ändern sich einzelne Parameter nur geringfügig, komme ich zu vollkommen anderen Ergebnissen.
- Zahlen sind für die meisten Menschen nur schwer vorstellbar.
- Wenn es um Häufigkeit und Wahrscheinlichkeit geht, verschätzen wir uns systematisch.
- Unsere Einschätzung von Chancen und Risiken wird von der subjektiven Wahrnehmung stärker beeinflusst als von der Realität.

Deshalb prüfen Sie konsequent:

- Welche Daten liegen zugrunde?
- Wie wurden die Daten erhoben?
- Sind die Ergebnisse repräsentativ und auf den konkreten Fall anwendbar?
- Sind die Ergebnisse in Tests überprüft worden?
- Wer ist der Auftraggeber und was sind seine Absichten?

4

DIE EXPERTEN-MASCHE

Glauben Sie mir, ich bin Fachmann. Oder: Warum können Experten darauf bauen, dass wir ihnen vertrauen?

Ein Doktortitel, und dann auch noch ein Facharzt – das macht sich immer gut. Das flößt den Menschen erheblichen Respekt ein. Da ist es auch für Politiker hilfreich, wenn man auf diese Art des Vorschussvertrauens in der Wahrnehmung zurückgreifen kann. Von *Bild* über das *Hamburger Abendblatt* bis in die überregionale Qualitätspresse wurde die Bundesministerin für Familie, Senioren, Frauen und Jugend und sicher noch mehr, Frau Dr. Ursula von der Leyen, der Leserschaft hartnäckig als Frauenärztin verkauft. Und sogar auf der Homepage des eigenen Ministeriums wird die Ministerin in einem Porträt einer Redakteurin der Wochenzeitung *Die Zeit* als promovierte Gynäkologin bezeichnet.

Erst die *Frankfurter Allgemeine Sonntagszeitung* klärte uns auf, dass es alles ein wenig anders ist: Das erste Studium wurde abgebrochen, zehn Jahre nach dem Beginn des Medizinstudiums hatte sie dann die Staatsexamen hinter sich gebracht. 1992 brach Dr. Ursula von der Leyen die Facharztausbildung ab. Ohne Widerspruch oder Zweifel kann man ihr besondere Leistungen attestieren. Aber viele von uns schätzen einen zusätzlichen und besonderen Nachweis von Kompetenz, auch wenn er nichts mit ihrer politischen Aufgabe zu tun hat.

Nun leben wir in einer komplexen Welt, die sich außerdem noch ständig ändert. Wie also wollen wir uns orientieren? Auch wenn es immer wieder Gründe gibt, daran zu zweifeln, ist unsere Gesellschaft tief vom Glauben an die Rationalität geprägt. Darum nehmen wir gerne zu Experten und ihrem Wissen Zuflucht, dann wissen wir Bescheid. Gerade die Medien bieten uns eine breite Palette an Fachleuten. Ob es der Dr. Sommer ist, der in der *Bravo* jungen Menschen die drängenden Fragen der Pubertät beantwortet, oder ob es Experten unterschiedlichster Provenienz sind, die uns in Magazinen wie *Men's Health* verraten, wie wir uns einen Waschbrettbauch antrainieren können.

Und mit einem geeigneten Titel sollen uns Menschen einfach kompetenter erscheinen. Nehmen wir die Luftfahrt: Der Purser ist der ranghöchste Flugbegleiter der Kabinenbesatzung eines Passagierflugzeugs. Eine durchaus wichtige Aufgabe, aber für manchen wird die hierarchische Stellung nur ungenügend deutlich, und dann hilft man eben etwas nach. So stellte sich der Purser eines Fluges von New York nach Frankfurt seinen Passagieren mit folgenden Worten vor: „Ich bin der Direktor dieses Fluges." Doch auch am Boden strebt man nach Höherem. So wird in manchen Unternehmen ein seit Jahrzehnten so genannter Pressesprecher schnell zum Kommunikationsdirektor – zu sagen hat er aber nach rhetorischer Titelinflation genauso wenig wie vorher. Und selbst in einem Zwei-Mann-Beratungsunternehmen oder in einem kleinen Hundezüchterverein haben die Führungskräfte den Hang zur Titel-Aufwertung. Deshalb wundern Sie sich nicht, wenn Sie auch dort einen CEO, einen Allein-Geschäftsführer oder gar einen Präsidenten vor sich haben.

Allerdings wird uns nur selten offenbar, wie weit es mit der Kompetenz der medialen Experten mitunter wirklich her ist. Beispielsweise ließ RTL von Sommer 2004 bis August 2005 seine Zuschauer von Dr. med. Afschin Fatemi über Schönheit und Schönheitsoperationen aufklären. Der hauseigene Goldmann Verlag brachte ein Buch Fatemis auf den Markt. Bis schließlich das Magazin *Focus* dann klarstellte, dass Fatemi zwar Dermatologe ist, aber eben leider ohne Promotion – und damit ohne Doktortitel. Weiterhin klärte der *Focus* darüber auf, dass Herr Fatemi bereits zu dieser Zeit mehrfach zur Zahlung von Schmerzensgeld wegen erwiesener Kunstfehler verurteilt worden war. Ein peinliches Leiden für Mediziner, an dem wohl auch der Zahnarzt Ulrich Kurze laborierte, der trotz Verurteilungen wegen Falschbehandlung als Experte in diesem Sender auftreten durfte.

Doch in der Zeitschrift *Brigitte* kann man im Sommer 2008 von neuen Aktivitäten des Dr. Fatemi lesen. Zwar nichts darüber, ob der Doktortitel mittlerweile echt ist, dafür mehr über andere Aufblähungen. Denn Fatemi, Leiter der Düsseldorfer „S-thetic Clinic", figuriert derweil als Experte für Brustvergrößerungen mithilfe von Hyaluronsäure, das Ganze in Zusammenarbeit mit dem schwedischen Unternehmen Q-Med. Angesehene Mediziner stehen der Methode skeptisch gegenüber, nicht zuletzt wegen der dürftigen Forschungslage. Aber bis zu 4 000 Euro machen hier die Brust und dort die Brieftasche wieder etwas praller. Und das nicht nur einmal – da der Körper einen Teil der Füllmasse absorbiert, muss nachgearbeitet werden. Ein wahrhaft lukratives Geschäft.

Titel sind als Attribute der Kompetenz vor allem immer dann hilfreich, wenn man seine Expertise gewinnbringend zu vermarkten trachtet. Und erworbene Titel lassen einen dann auch grundsätzlich Bescheid wissen. Wer etwa am wissenschaftlichen Wert seiner Erkenntnisse zweifeln mag, dem macht der aus dem Fernsehen bekannte Professor Manfred Spitzer – auch Experte für Pädagogik – mit seinen Worten klar, worum es geht: „Ich bin Arzt. Oftmals besteht ärztliches Handeln aus Nicht- oder Halbwissen." Auch wenn es nicht alle unserer Freunde aus der Ärzteschaft freuen dürfte, so ist es doch eine willkommene Carte blanche für Meinungsäußerungen, die man auch dann als Experte abgeben kann, wenn man vom konkreten Problem vielleicht nicht so viel versteht wie wirkliche Fachleute.

Da fällt es auch nicht gleich auf, wenn aus dem Mund berufener Experten die eine oder andere nicht ganz so stichhaltige Erkenntnis ihren Eingang in die Medien findet. Gern, oft und auch zu vielen Themen äußert sich Christian Pfeiffer, Leiter des Kriminologischen Forschungsinstituts Niedersachsen, und auch er ist Professor. So fiel er mit einer These zur

Entwicklungspsychologie auf, als er den gemeinsamen Klogang in DDR-Kinderkrippen als Ursache für den Hang junger Ostdeutscher zum Rechtsradikalismus erklärte.

Und auch zu Dr. Dragan Dabić alias Radovan Karadžić erklärte Professor Pfeiffer direkt nach der Verhaftung gegenüber dem Magazin *Focus*, dass Karadžić seine Rolle als Guru regelrecht zelebriert habe und dass dies Ausdruck von dessen übersteigertem Narzissmus sei. Nun sind Ferndiagnosen ohnehin schwierig, und sie werden auch nicht einfacher, wenn man das Objekt seiner Diagnose persönlich nie zu Gesicht bekam. Doch ein wenig Alltagspsychoanalyse kommt als Kommentar immer gut an, wenn sonst nur wenig Fakten bekannt sind.

Die Medien greifen solche Botschaften gerne auf, viele von uns glauben den Experten, und meist bleibt das Gesagte unkommentiert. Es sei denn, es passt irgendjemand nicht, von dem man aber in gewisser Weise abhängig ist. Dann kommentiert diese Person die Kommentare und die Rolle – so war es in der Auseinandersetzung um die von der Kapazität her eher kleine Politikwissenschaft an der Universität Göttingen. Denn die wenigen Professoren machten umso mehr von sich reden durch Kommentare, Leitartikel und Interviews. Vor allem den Göttinger Politologen Franz Walter und Bassam Tibi wurde vom Präsidenten ihrer Hochschule vorgeworfen, durch ihr umfangreiches Engagement als „Feuilletonprofessoren“ zu wenig Zeit für ernsthafte Wissenschaft aufzuwenden. Nun mag man sagen, Hochschulrektor Kurt von Figura könnte als Biochemiker diese Art von Wissenschafts-PR etwas fremd sein, die bei Politologen eher zum Geschäft gehört. Vor allem aber bleibt die Frage offen, ob nicht auch andere Hochschulpräsidenten sich die diversen Meister der öffentlichen Präsenz wie Peter Sloterdijk, Bert Rürup oder Jürgen W. Falter vornehmen und danach befragen sollten, ob sie tatsächlich noch Zeit finden, selber zu forschen oder wenigstens aktuelle Forschung wahrzunehmen.

Die wahren Koryphäen der Geisteswelt haben es oft schwer, daneben zu bestehen. Das Interesse an Wissenschaft steigt, vielleicht wollen die Menschen auch nur wissen, was man da mit ihrem Geld alles anstellt und was dabei herauskommt. Viele Wissenschaftler tun sich schwer mit ihrem Anteil zu einem gelingenden „public understanding of science“, denn Hochtechnologie ist nun mal schwieriger als die Hitparade und damit nicht in 30 Sekunden zu erklären. Nur wenigen gelingt es so gut wie Harald Lesch, Astrophysiker aus München und Star des Nachtprogramms im Bayerischen Fernsehen. Er ist eine Art Wiedergeburt Hoimar von Ditfurths, zumindest wenn es um Sonne, Monde, Sterne und Galaxien geht. Lesch erhielt bereits den sogenannten Communicator-Preis für die beste allgemein verständliche Darstellung wissenschaftlicher Zusammenhänge. Ach ja, 50 000 Euro Preisgeld gab es auch.

All die anderen wissenschaftlichen Disziplinen müssen sich nun nicht verstecken, selbst wenn die Themen einfach zu verstehen sind. Gerade wenn es einfache Themen sind, ist die Aufmerksamkeit der Medien groß, solange es nicht zu wissenschaftlich wird. Dem kommen so manche Forscher entgegen durch die bewusste Wahl ihres Forschungsgegenstandes. Uns fiel da eine Untersuchung von Alfred Gebert auf, seines Zeichens promovierter Diplom-Psychologe und Professor an der Fachhochschule des Bundes in Münster. Er verfasste eine wissenschaftliche Untersuchung zu den unterschiedlichen Portemonnaie-Typen. Da gibt es den „Vorsichtigen“ mit dem „Luxus-Portemonnaie“, er hat nach Gebert einen extrovertierten und intelligenten Charakter, ist aktiv genauso wie herzlich, optimistisch und souverän. Er gibt gerne viel Geld aus und ist beruflich meist sehr erfolgreich. Wer von uns hätte schon gedacht, dass der Besitzer eines Luxus-Portemonnaies gerne viel Geld ausgeben würde, und wer hätte gedacht, dass Menschen, die viel Geld ausgeben können, oft auch beruflich erfolgreich sind? Oder nehmen wir in Geberts Aufstellung den „Perfektionisten“: Er hat den Inhalt seines Portemonnaies bestens sortiert, genau so organisiert er auch sein Leben. Das Portemonnaie ist häufig aus Kunstleder und die Perfektionisten legen wenig Wert auf

Statussymbole. Ein Portemonnaie aus Kunstleder und dem Besitzer sind Statussymbole nicht wichtig! Aber der *Frankfurter Allgemeinen Sonntagszeitung* war diese bahnbrechende Typologie immerhin eine ganze Seite wert. Unterstützt wurde die Untersuchung von einem Unternehmen, das sich mit dem Inhalt von Brieftaschen besonders gut auskennen sollte: der Kreditkartengesellschaft Visa.

Trotz solcher Beispiele orientieren wir alle uns immer wieder an Experten, wenn wir nicht mehr weiterwissen. Der amerikanische Psychologe Stanley Milgram stellte in diesem Zusammenhang sehr aufschlussreiche Untersuchungen an. Er ließ Versuchspersonen an einem Experiment zum menschlichen Lernen teilnehmen. Zwei Personen trafen sich mit dem Versuchsleiter im Labor. Die Rollen wurden dann ausgelost, einer wird damit zum Lernenden als Versuchsperson und der andere wird zum Helfer des Versuchsleiters. Ziel des Experiments ist es, den Einfluss von Bestrafung auf das Lernen zu untersuchen. Die Versuchsperson nimmt im Nachbarraum Platz, um Zahlenreihen zu lernen. Der Helfer jedoch sitzt vor einer Apparatur, mit der er der lernenden Versuchsperson immer dann, wenn sie Fehler beim Lernen macht, Stromstöße verpassen muss. Und der Lernende macht auch immer wieder Fehler, und dafür bekommt er jedes Mal einen elektrischen Schlag. Immer stärkere Stromstöße, bedient mit einem Regler, der bis zu 450 Volt reicht – und das trotz inständiger Bitten der Versuchsperson, doch aufzuhören. Der Helfer will auch immer wieder aufhören, wird aber durch den Versuchsleiter strikt aufgefordert, mit dem Versuch wie vorher geplant weiterzumachen.

Wer jetzt glaubt, das könne alles doch gar nicht sein und würde nur von einzelnen Sadisten mitgemacht, der sollte sich hüten: Denn 65 Prozent der Teilnehmer an diesem Versuch sind bereit, dem Lernenden Elektroschocks bis zu 450 Volt – eine in jedem Fall tödliche Stromstärke – zu verpassen. Warum machen Menschen so etwas mit? Entscheidender Faktor für das Zustandekommen dieses Ergebnisses sind die Anwesenheit des Versuchsleiters und seine wissenschaftliche Autorität.

Ohne seine Anwesenheit sind maximal drei Prozent der Helfer bereit, die Versuchsperson dem Stromlimit auszusetzen – die anderen brechen vorher ab, zum Teil schon sehr früh.

Wir sehen: Experten üben in der Tat einen starken Einfluss auf unser Handeln aus. Auf dieser Grundlage formuliert Bibb Latané seine Theorie der sozialen Wirkung. Darin postuliert er, dass sozialer Einfluss – wie der von Experten – immer durch die Faktoren Stärke, Nähe und Häufigkeit bestimmt wird. Die Stärke ist abhängig vom Status, den Fähigkeiten und der Verbindung zum Publikum.

Experten sind Autoritätsfiguren. Ärzte, Hochschullehrer, ganz allgemein Wissenschaftler, aber auch Geistliche und die Angehörigen einiger anderer Berufsgruppen genießen auf dieser Basis in unserer Gesellschaft einen hohen Status und ihnen werden besondere Kenntnisse zugeschrieben.

Je näher uns eine Quelle steht, desto größer ist ihre Wirkung. Und die Medien bringen uns die Experten sehr nahe. Sie sitzen beispielsweise vom Fernseher aus quasi in unserer Mitte im Wohnzimmer. Und ebenso sorgt das häufige Erscheinen in den Medien für eine Steigerung des sozialen Einflusses.

Wir steigern diese Wirkung noch durch entsprechende Symbole der Macht und Autorität. Ob es ein sichtbares Symbol wie die Kleidung oder eine teure Uhr ist, ebenso groß und wirksam können auch tragbare soziale Symbole sein wie Titel oder anerkannte Expertise – es reicht sogar die eines Starfriseurs, um in den Kreis der Wissenden zu kommen.

Schließlich ist es besonders ein psychologischer Effekt, der bei den Experten wirkt, der sogenannte *Haloeffekt*. Er beschreibt, dass wir uns von isolierten, aber prägnanten Merkmalen besonders stark beeinflussen lassen. Die Gesamtbeurteilung des Menschen verschiebt sich dann entsprechend in eine positive oder negative Richtung. Stößt der Bewerber im Gespräch beispielsweise seine Kaffeetasse um, dann werden wir diese Person nachher insgesamt als ungeschickt beschreiben – auch wenn es dafür sonst keine Anhaltspunkte gibt.

Genau dieser Haloeffekt ist auch einer der Gründe, warum Werbung mit Prominenten trotz vieler Zweifel doch wirkt.

Wenn Steffi Graf uns Nudeln und Soße empfiehlt, Boris Becker eine Biersorte und Veronica Ferres den richtigen Mobilfunkanbieter, dann haben alle diese Menschen auf ihren jeweiligen Gebieten Hervorragendes geleistet. Deshalb neigen wir dazu, ihnen auch Kenntnisse auf anderen Gebieten zuzuschreiben, die mit ihren übrigen Erfahrungen gar nichts zu tun haben. Es muss also nicht ein bekannter Koch sein, der uns Pfannen empfiehlt, auch wenn er im Einzelnen viel mehr von dem Produkt verstehen würde.

Auch Journalisten sind vor dem Haloeffekt nicht gefeit. Im Magazin *Focus* finden wir eine Besprechung des Buches „Jenseits der Gier“: „Die dunkle Parabel der prominenten Politikberaterin Gertrud Höhler fasziniert ein konservatives Publikum“, titelt der Autor. Von den 142 Zeilen des Artikels sind ganze 18 Zeilen dem Inhalt und der Aussage des Buchs gewidmet. Ob der Verfasser das Buch gelesen hat, bleibt zumindest uns verborgen. Denn im Interview muss die Autorin ihm versichern, dass die münteferingschen Heuschrecken, aber auch raffgierige Politiker in ihrem Buch tatsächlich vorkommen. Zum Trost werden wir dann aber ausführlich darüber informiert, welche Musik im Adlon „aus Lautsprechern quillt“ (nämlich Ravels „Boléro“ von 1928), was die Schwarzwälder Kirschtorte kostet (7,50 Euro) und darüber, dass Verfasser und Autorin in einem „hortus conclusus“ unter einer bläulich schimmernden Jugendstilkuppel zu sitzen kamen. So wird Gier fast zur schönsten Nebensache der Welt.

Doch wie gehen Sie mit Experten aller Art am besten um, wenn Sie mit welchen zu tun haben? Der gebotene Respekt vor dem Fachwissen und der erworbenen Verdienste ist sicher gerechtfertigt. Ehrfurcht und blinder Glaube sind jedoch ebenso sicher fehl am Platz. Hinterfragen Sie die Basis sowie den Hintergrund der gemachten Aussagen und überprüfen Sie die qualitativen Voraussetzungen. Suchen Sie den kritischen Dialog – trauen Sie sich, höflich, aber bestimmt nach Belegen und Beweisen zu fragen. Überprüfen Sie, ob die Schlussfolgerungen berechtigt sind. Gerade einfache Fragen wie „Warum ist das so?“ und „Worauf stützen Sie Ihre Behauptungen?“

kommen für echte wie vermeintliche Experten oft ziemlich überraschend. Geben Sie sich dann mit Sätzen wie „Das ist gesichertes Fachwissen“ nicht zufrieden. Lassen Sie sich den Gedankengang und die zugrunde liegenden Annahmen erläutern. Und trauen Sie sich auch hier und prüfen Sie die „Expertise“ des Experten, stellen Sie auch diese gegebenenfalls zur Debatte. Es heißt zwar, es gebe nichts, wovon ein deutscher Professor nichts verstünde, dennoch kann seine Expertise auf einem ganz anderen Gebiet liegen als das Thema der Diskussion.

Wenn Sie nun aufgrund unserer Beschreibung zu der Auffassung kommen, ein Experte sei das Problem, dann können wir Sie beruhigen: Mehrere Experten zusammen sind ein noch viel größeres Problem. Denn gerade bei Fachleuten besteht die Tendenz innerhalb einer Gruppe, sich gegenseitig selbst zu bescheinigen, dass man alles richtig mache. Wird dann innerhalb der Gruppe etwas unterschiedlich gesehen oder taucht sogar Kritik auf, wird es implizit durch Druck auf die Konformität unterbunden – nach dem Motto „Wollen Sie uns allen etwa in den Rücken fallen?“ Dies stellte der Psychologe Irving Janis 1972 in einem Buch fest, das er als psychologische Studie über Entscheidungen und Fiaskos in der US-Außenpolitik verfasste. Janis prägte den Begriff *Groupthink* als Phänomen und analysierte es am Beispiel der Militärexperten und Berater John F. Kennedys bei der Invasion in der Schweinebucht auf Kuba. Es kam, wie es kommen musste. Was alle dachten, stimmte nicht. Als übervorsichtig eingeschätzte Berater hatten dagegen recht behalten. Die Invasion endete als Debakel.

„Frag die Fachleute – auf die ist Verlass!"

- Wir neigen dazu, Experten zu vertrauen.
- Wir achten meist mehr auf den Status als Experte verglichen mit den Ergebnissen der Arbeit des Experten.
- Medien bauen oft Menschen aufgrund ihrer Ausstrahlung zu Experten auf.
- Wir orientieren uns stark an dem, was andere akzeptieren.
- Wenn uns die Gruppe sympathisch oder wichtig ist, nehmen wir auch falsche Aussagen hin.

Deshalb prüfen Sie:

- Ist die Person wirklich Experte?
- Prüfen Sie die Referenzen!
- Expertise ist nicht generalisierbar – Kompetenz ist auf das Fachgebiet beschränkt.
- Hat sich der Rat des Experten bereits in der Praxis bewährt?
- Selbst Experten können irren – denken Sie selber nach!

5

DIE STEREOTYP-FALLE

Das sehe ich doch auf den ersten Blick! Oder: Warum stellen wir uns mit unserem Wissen selber ein Bein?

Wenn Sie schon mal im Flugzeug in der Businessclass geflogen sind, dann fällt es Ihnen leicht, sich die folgende Situation vorzustellen – aber es geht auch, wenn sie bisher wie viele nur Holzklasse fliegen durften: Versetzen Sie sich einfach gedanklich auf die besseren Plätze, denn Sie gehören jetzt zu dieser schon etwas hervorgehobenen Gruppe von Passagieren vor der Abtrennung. Also setzen Sie sich einfach hin.

Sie haben sich angeschnallt? Gut. Es kann eigentlich losgehen. Da nimmt neben Ihnen ein weiterer Passagier seinen Sitzplatz ein: Groß und kräftig, kurze Haare, schwarze Stiefel, Lederhose, ärmelloses T-Shirt und eine ebenfalls ärmellose Lederweste, Sie sehen eine Tätowierung auf einem der muskulösen Oberarme. In diesem Moment denken Sie sich wohl spontan wie die meisten von uns: Was will der denn hier? Kann sich so ein Biker denn die Businessclass leisten? Hat er den rechtmäßigen Passagier überfallen und sich dessen Ticket angeeignet? Es werden Ihnen vielleicht noch weitere Fragen einfallen, die Sie dennoch lieber nicht stellen möchten. Doch dann kommen Sie mit Ihrem Nebensitzer trotzdem ins Gespräch. Und Sie stellen fest, der Mensch ist nicht nur sympathisch, er spricht sogar ein gutes und präzises Deutsch. Die Überraschung ist perfekt: Er ist Investmentbanker in Frankfurt. Und jetzt ist er mit seiner Harley auf dem Weg zu einem Treffen von Gleichgesinnten, denn sein Hobby ist das Motorradfahren. Natürlich kann er sich mit seinem Beruf solche Ausflüge leicht leisten, auch ohne Meilengutschrift. In seinem täglichen Job trägt er natürlich einen maßgeschneiderten Anzug, handgemachte Schuhe und eine hochwertige Uhr. In dieser Uniform hätten wir ihn auf dem Nachbarsitz sofort richtig platziert.

Nun muss es nicht gerade ein Biker sein, doch so etwas Ähnliches ist Ihnen doch sicher auch schon passiert, oder? Wir treffen auf Menschen und wissen in der Regel über sie gut und schnell Bescheid – und zwar oft schon nach wenigen Augenblicken, bevor wir sie wirklich kennenlernen. Unser erster Eindruck wird dabei beeinflusst von der Größe, dem Gewicht, der Haut- und Haarfarbe, Tätowierungen und einer Brille oder von der Farbe der Kleidung.

Das geht noch weiter bis zur Gesamtbeurteilung aufgrund einzelner Faktoren. Daher wissen wir es einfach: Muskelbepackte Männer sind dumm, Bibliothekare sind ruhig und zurückgezogen, Italiener sind emotional und Versicherungsvertreter sind Betrüger – wir alle kennen solche Standardbilder von anderen Menschen, auch wenn wir sie nicht teilen. Beim Betrachten anderer Menschen reagieren wir unbewusst auf bestimmte Merkmale: Eine Stupsnase und volle, rote Lippen empfinden wir beispielsweise als feminin, eine hohe, eckige Stirn und ein kantiges Kinn als maskulin.

Dabei treten diese Merkmale bei beiden Geschlechtern auf, mit entsprechenden Folgen für die Wahrnehmung. „Wer typisch männlich aussieht, dem werden typisch männliche Eigenschaften zugetraut, die wiederum einer erfolgreichen Führungskraft zugeschrieben werden“, sagt die Sozialpsychologin Anke von Rennenkampff gegenüber *Spiegel Online*. „Männlich“ verhält sich, wer durchsetzungsfähig, dominant und entscheidungsfreudig ist, „weiblich“, wer hilfsbereit, sensibel und rücksichtsvoll ist. Damit die Bewerbung auf einen anspruchsvollen Posten Erfolg hat, sollen die femininen Attribute nicht noch betont werden, rät Anke von Rennenkampff, „sofern es sich nicht um einen klassischen Frauenberuf wie Krankenschwester oder Grundschullehrerin handelt“. Die langen Haare sollten lieber hochgesteckt oder zusammengebunden, der Schmollmund sollte nicht noch mit einem Lippenstift angemalt werden.

Dass der Weg auf Pumps leicht ins Karriere-Aus führen kann, beschrieb auch das Magazin *Focus* anschaulich. Managerinnen riskieren demnach ihre Aufstiegschancen, wenn sie sich zu sexy kleiden. High Heels und Minis können „feindselige Äußerungen" hervorrufen, so das Magazin mit Berufung auf eine US-Studie im Personalbereich. Nun geht es in Deutschland in den Büros und im offiziellen Geschäftsleben zwar um einiges legerer zu als in den USA, wo bereits Hosenanzüge für Business-Frauen als nicht korrekt gelten. Doch Doris Brenner, Vorstand der Deutschen Gesellschaft für Karriereberatung, stellt klar: „Auch deutsche Managerinnen sollten sich eher konservativ kleiden." Diese Ratschläge geben Karriereberater nicht von ungefähr: Laut einer Studie der Uni Mannheim sammeln Bewerberinnen mit offenen langen Haaren bereits dadurch erste Minuspunkte beim Eindruck. Doris Brenner gibt den Frauen einen Hinweis, womit sie rechnen müssen: „Ihr Äußeres wird mehr diskutiert als das männlicher Kollegen." Dies gilt nicht nur bei Studentinnen auf dem Weg in den ersten Job, sondern sogar bei gestandenen Frauen, die 15 Jahre Erfahrung als Führungskraft haben, Verantwortung in Spitzenpositionen in Deutschland trugen und männliche Konkurrenten zielsicher aus dem Feld schlagen konnten. Falls Sie sich jetzt fragen, wer das sein soll: Wir sprechen von Angela Merkel. Denn nicht nur im Wahlkampf fanden immer wieder Diskussionen über ihr äußeres Erscheinungsbild statt, die bei einem Mann als eher abwegige Debatten gesehen worden wären.

Wenn etwas aus dem gewohnten Schema der Wahrnehmung herausfällt, dann glauben wir es nicht auf Anhieb. Wir hatten noch keine Frau als Bundeskanzlerin, und da muss sogar die Kleidung als Beurteilungskriterium zur Einordnung herhalten. Dieser Effekt, der hier für die Betroffenen hinderlich sein kann, hat auch eine zweite Seite. Die ist dann genau umgekehrt zum Vorteil des Betroffenen: nämlich eine Art Vorschuss der Wahrnehmung, wenn ein bestimmter Faktor der

Eindrücke gut bekannt ist. Doch Obacht: Der Vorschuss muss gar nicht zu Recht bestehen, er wird auch gegeben, wenn er gar nicht zutrifft. In seinem Buch „Blink“ zeigt der Redakteur des US-Magazins *New Yorker*, Malcolm Gladwell, eindrucksvoll und nachvollziehbar, dass wir Verbindungen zwischen Eindrücken dann schneller herstellen, wenn wir diese Eindrücke aufgrund ihrer Merkmale miteinander assoziieren. Solche Verbindungspaare sind zum Beispiel Größe und Macht oder gutes Aussehen und Intelligenz. Besonders bei Männern deuten viele Befunde darauf hin, dass Größe im beruflichen Wettkampf Vorteile bietet. So belegt eine Untersuchung unter den Vorständen der 500 größten US-Unternehmen, den „Fortune 500“, dass die Vorstandsvorsitzenden dieser Unternehmen in der Mehrheit nicht nur weiße Hautfarbe haben, sondern dass 58 Prozent von ihnen im Mittel 180 Zentimeter groß oder größer sind. Es ist kein Zufall: Wir assoziieren bevorzugt Körpergröße und Führungsstärke, etwa nach dem Motto, dass Menschen, zu denen wir aufschauen, uns auch in die richtige Richtung leiten können. Dass dies nicht stimmt, zeigen einige Menschen von stattlichem Wuchs, die als Angeklagte in den großen Wirtschaftsprozessen der letzten Jahre auftreten mussten.

Einfach, schnell und sicher ein Bild von anderen zu bekommen – das ist ein alter Wunsch, vermutlich so alt wie die Menschheit. Vom griechischen Denker Pythagoras wird überliefert, dass er Studenten in die Augen schaute, um das Maß ihrer Begabung zu erkennen. Der Wiener Arzt Franz-Joseph Gall erforschte das menschliche Gehirn und den umgebenden Schädel. Er wurde zum Erfinder der Phrenologie, die für sich in Anspruch nimmt, den Charakter eines Menschen anhand seiner Schädelform bestimmen zu können. Und noch 1954 schloss der US-Psychologe William Sheldon mittels durchaus fehlerhafter Studien auf einen engen Zusammenhang zwischen Körperform und Persönlichkeit. Wir neigen nun einmal alle dazu, Menschen in Kategorien einzuordnen, sie zu klassifizieren. Und es ist ja eigentlich auch gar nicht schlecht – hilft es uns doch, Urteile schnell zu fällen und auf der Basis gesammelter Erfahrungen unsere weiteren Handlungen mit anderen Menschen zu bestätigen oder eben daran neu auszurichten.

Doch leider ist unser Denkapparat auch hier alles andere als perfekt, was zu Fehleinschätzungen führt, die uns schaden können. Wir unterschätzen damit nämlich die Unterschiede zwischen Personen aus einer Kategorie, und ebenso überschätzen wir die Unterschiede zwischen verschiedenen Kategorien. Informationen, die nicht zu den Erwartungen der jeweiligen Kategorie passen, nehmen wir schlechter oder gar nicht wahr – nach dem Motto: Was der Bauer nicht kennt, das sieht er erst gar nicht. Und bei der Beurteilung anderer Menschen unterläuft uns ein weiterer systematischer Fehler. Wir nehmen an, dass die Unterschiede zwischen den Angehörigen anderer Gruppen geringer sind als die Unterschiede, die wir bei den Angehörigen derjenigen Gruppen wahrnehmen, zu denen wir gehören. Im Klartext: Als Münchner und Fan des FC Bayern würden Sie auf Anfrage ein recht differenziertes Bild der Bayern-Anhänger zeichnen können (da gibt es solche und solche), während Ihnen als Bayern-Fan zu den Anhängern von Schalke 04 eher eindeutige Merkmale (die sind alle so) in den Sinn kämen.

Ein weiterer Punkt ist nicht zu unterschätzen: Wir neigen dazu, den Zusammenhang zwischen einzelnen Aspekten einer Persönlichkeit falsch einzuschätzen. Wir nehmen dort scheinbare Korrelationen zwischen Variablen an, die lediglich gemeinsam auftreten. Bestimmte Verhaltensweisen oder Eigenschaften von Frauen oder Männern werden immer dann aufmerksamer wahrgenommen, wenn sie in unser grundsätzliches Bild von Frauen oder eben Männern passen. Wir behalten diese Meinungen gerne bei, auch wenn die Sachlage unser Bild keineswegs unterstützt. Was könnte das sein? Sie werden Beispiele dafür sicher schon einmal gehört haben wie etwa das mangelhafte Orientierungsvermögen oder die größere Teamfähigkeit von Frauen. Diese Stereotype setzen sich in der medialen Vermittlung fort. Schlagen wir eines der aktuellen Managementhefte oder genauso eines der bunten Boulevardmagazine auf, so finden wir in schöner Regelmäßigkeit Artikel, die mit Titeln wie „Frauen führen anders“ oder „Frauen sind stark im Team“ um unsere Aufmerksamkeit buhlen. Empirische Belege für diese Thesen gibt es nicht, aber natürlich finden sich immer anekdotische Beispiele für die Behauptung im Titel, die einen Beleg im Einzelfall darstellen.

Ein weiteres Beispiel dafür ist das Buch „Das weibliche Gehirn“ von Louann Brizendine. Darin formuliert sie zum Beispiel die These, dass Frauen pro Tag dreimal so viel sprechen wie Männer. Das klingt doch auf den ersten Blick plausibel, nicht wahr? Und es passt so gut zu unserem gesellschaftlich kolportierten Bild von den Geschlechtsunterschieden. Der Phonetikprofessor Mark Liberman von der Universität Pennsylvania hat sich jedoch die Mühe gemacht, eine umfangreiche Literaturrecherche anzustellen. Er kommt zu einem eindeutigen Ergebnis: „Ich konnte keine einzige wissenschaftliche Studie finden, die die Anzahl der Wörter pro Tag überhaupt verlässlich erfasst.“ Liberman fand heraus, dass die meisten Studien über kürzere Zeiträume entweder feststellten, dass es gar keinen Unterschied gibt – oder sogar, dass Männer mehr reden! Auch die renommierte Wissenschaftsjournalistin Robin Marantz Henig hat Brizendines Quellen überprüft, und zwar auf die Behauptung hin, dass Mädchen eher Konflikte vermeiden. In den neun angegebenen Studien untersuchten jedoch drei Arbeiten nur Mäuse oder Affen, und nur eine der Studien am Menschen bezog sich überhaupt im Titel auf einen Unterschied zwischen den Geschlechtern. Könnte es vielleicht sein, dass es kaum einen anatomisch nachweisbaren Unterschied gibt zwischen den Gehirnen von Männern und Frauen? Und auch weniger funktionale, als viele gerne glauben möchten?

Trotzdem machen wir jeden Tag deutliche Unterschiede, zum Beispiel in der Arbeitswelt. Wie groß der Geschlechtseffekt der Stereotype im Geschäftsleben sein kann, kennen wir aus der Personalarbeit von Unternehmen. So werden etwa Mitarbeiter gebeten, an eine Person zu denken, die nach

Ansicht der Mitarbeiter so etwas wie natürliche Autorität besitzt und verkörpert. Dazu soll diese Person auch mit zwei Adjektiven, an die man dabei denkt, genauer beschrieben werden. Wenn man diese kleine Befragung entsprechend wiederholt, um eine größere Fallzahl zu bekommen, so wird man etwas Interessantes feststellen: Die überwiegende Zahl der Befragten – und zwar Männer wie Frauen – wird an ganz unterschiedliche Personen denken, die aber vor allem eines verbindet – sie sind alle männlich. Werden dann die Adjektive aus der Beschreibung analysiert, so kommen fast immer sehr positiv besetzte Begriffe zum Vorschein. Gegen dieses Stereotyp – ob unterschwellig oder klar erkennbar – haben Frauen in Führungspositionen immer noch jeden Tag anzukämpfen, trotz bereits vorhandener Bestrebungen und Maßnahmen für geschlechterindifferente Führung in Unternehmen.

Nun werden für einen postulierten Unterschied zwischen den Geschlechtern auch häufig evolutionäre Erklärungen herangezogen. Die grundsätzliche Arbeitsteilung zwischen den Geschlechtern (Männer jagen und kämpfen, Frauen sammeln und erziehen die Kinder) dient dabei als Hintergrund für die unterschiedliche Ausbildung von Kompetenzen wie räumlicher Orientierung oder Sprachgebrauch. Selbst wenn es so sein sollte, fällt uns der Nachweis schwer, wissen wir doch reichlich wenig davon, wie es vor mehreren zehntausend Jahren wirklich war.

Wie hausgemacht solche Täuschungen sein können, zeigt uns ein anderes Beispiel, nämlich die Marmorstatuen des Altertums. Die meisten von uns kennen diesen makellosen, weißen Marmor aus den Museen, und in den Geschichtsbüchern haben wir auch davon gelesen. Doch stimmen muss es deshalb noch lange nicht. Es ist vielmehr so, dass die Wahrnehmung ganzer Generationen hier in die Irre geleitet wurde, zum Beispiel durch Johann Joachim Winckelmann. Er gilt als der Begründer der wissenschaftlichen Archäologie und der Kunstgeschichte. In seiner 1764 erschienenen „Geschichte der Kunst des Altertums" definierte er das klassizistische Schönheitsideal kraft seiner Autorität mit diesem Satz:

„Da nun die weiße Farbe diejenige ist, welche die mehresten Lichtstrahlen zurückschicket, folglich sich empfindlicher machet: so wird auch ein schöner Körper desto schöner sein, je weißer er ist." Und für lange Zeit wagte niemand zu widersprechen, obwohl viele es besser wussten, einschließlich Winckelmann selbst. Die *Frankfurter Allgemeine Sonntagszeitung* stellt dazu fest: „Zwar konnte auch Winckelmann damals nicht blinden Auges an erhaltenen Farbspuren auf antiken Skulpturen vorbeigegangen sein. Doch die ‚barbarische Sitte des Bemalens von Marmor und Stein' war und blieb ihm ein Gräuel."

Diese Beispiele deuten auf ein immer wieder zu beobachtendes Phänomen: Wenn wir uns erst einmal ein Bild von einer Sache gemacht haben, dann neigen wir dazu, an diesem Bild auch festzuhalten. Und das Bild machen wir uns immer vor dem Hintergrund der größtmöglichen Vereinfachung. Und wenn wir dieses Bild erst einmal entwickelt haben, dann weichen wir nur ungern wieder davon ab: „Verwirren Sie mich nicht mit Tatsachen." Und es passt doch alles so schön. Unter Journalisten wird dieser Umstand selbstironisch mit dem Ausspruch kommentiert, zu viel Recherche mache einem sogar die beste Geschichte kaputt.

Nehmen wir einen anderen Aspekt: Wir alle kennen das Kinderspiel Stille Post. Dabei geht es ja darum, dass eine erste Person die nur von ihr gehörte Botschaft an einen Nachbarn weitergibt und das geht dann so weiter über vier oder fünf Stationen. Der Spaß an der Sache rührt daher, dass die Nachricht über die verschiedenen Stationen hinweg immer erhebliche Veränderungen erlebt. Dabei geht es nur vordergründig um besser oder schlechter zuhören und weitererzählen. Denn die vorgenommenen Veränderungen haben häufig mit unseren stereotypen Vorstellungen von Personen oder Situationen zu tun und ob es plausibel ist, was uns da erzählt wird. Mit diesen Erwartungen übereinstimmende Aspekte einer Geschichte werden bevorzugt übernommen und weitererzählt, nicht übereinstimmende Aspekte werden häufig korrigiert, verkürzt oder weggelassen.

Wir machen also die Sache für uns passend. Wenn wir uns nun fragen, warum Menschen sich auf eine bestimmte Art und Weise verhalten, dann greifen wir auf die Zuschreibung von Ursachen zurück. Die Sozialpsychologie nennt das *Attribuierung*. Dabei nehmen wir an, dass die Ursachen dafür in äußerlichen Quellen (die Situation hat uns veranlasst, ein bestimmtes Verhalten zu zeigen) und in inneren Quellen (wir sind so aggressiv, friedlich oder anderes) zu finden ist.

Warum ist das so? Der bekannte US-Psychologe Harold Kelley geht davon aus, dass wir bei der Attribuierung von Ursachen des Verhaltens ein wenig wie Wissenschaftler vorgehen. Wir analysieren, ob ein bestimmtes verursachendes Merkmal vorliegt, wenn das Verhalten auftritt. Wie ist es mit den inneren Faktoren als Ursache des Verhaltens? Wir vermuten es in persönlichen Faktoren zum Beispiel dann, wenn ich mich anders verhalte als andere Personen um mich herum (ich beschwere mich als Einziger über den Geschmack des Essens), ebenso wenn ich in vielen unterschiedlichen Situationen ein ähnliches Verhalten zeige (ich beschwere mich in verschiedenen Restaurants bei unterschiedlichen Gerichten über den Geschmack), aber genauso, wenn ich mich in vergleichbaren Situationen stets gleich verhalte (ich beschwere mich immer über das Salatdressing). Im Gegensatz dazu nehmen wir an, dass die Ursachen des Verhaltens in äußeren Faktoren liegen, wenn sich auch andere ähnlich verhalten (alle im Restaurant beschweren sich über die Vorspeise) und wenn das Verhalten spezifisch ist (ich meckere sonst nie über das Essen) und wenn mein Verhalten durchgängig so ist (über „medium“ gebratenes Steak beschwere ich mich oft).

Hinzu kommt: Wir haben die Neigung, die Ursachen für unser Verhalten und für das anderer Personen unterschiedlich zu interpretieren. Wir schreiben die Ursachen für unser Verhalten mehr den Bedingungen der Situation zu und das Verhalten anderer der Persönlichkeit. Wir reagieren in dieser Hinsicht besonders stark in bestimmten Situationen, die wir zum Beispiel aus dem Berufsleben kennen:

- Wenn das Verhalten „unpassend“ für die Situation ist, wie beispielsweise das Tragen ungewöhnlicher Kleidung („Wollen Sie so auf den Messestand gehen?).
- Wenn uns das Verhalten der anderen Person direkt betrifft, weil es uns etwa in Schwierigkeiten bringen kann, dann neigen wir dazu, der Person selbst die Schuld zu geben („Sie haben mich vor dem Chef blamiert“).
- Wenn eine Handlung erfolgreich ist. Hier schreiben wir die Erfolge der Person zu („ich habe die Präsentation selbst entworfen“), die Ursachen für Misserfolge suchen wir in der Situation oder den Umständen („der PC ist einfach zu langsam für diese Präsentation“). Genau umgekehrt handeln hier viele Führungskräfte in Bezug auf ihre Mitarbeiter: Erfolge schreiben sie bevorzugt der Situation zu („unsere Produkte lassen sich nun mal gut verkaufen“), Misserfolge der Person („Müller ist halt kein richtiger Verkäufer“). Die vermutete Ursache liegt darin, dass es bei Misserfolgen oder Versagen leichter ist, an den Personen etwas zu ändern als an der oft komplexen Situation. Bei Personen mit hohem beruflichen oder sozialem Status verhält es sich genau umgekehrt: Erfolge werden bevorzugt auf ihr individuelles Geschick zurückgeführt.

Wir sehen, von dieser sozialen Wahrnehmung hängt viel ab. Dabei läuft sie als zweistufiger Prozess ab: Im ersten Schritt nehmen wir das Verhalten wahr und machen eine schnelle Zuschreibung zu personenbedingten Ursachen, dann korrigieren wir diesen Eindruck um die situationsbedingten Einflüsse. Der erste Schritt ist einfach und vollzieht sich automatisch, der zweite ist überlegt und erfordert bewusste Anstrengung. Der Grund hierfür ist, dass die handelnde Person sichtbar ist und sich gewissermaßen vor dem unbewegten Hintergrund der Situation bewegt.

Es gibt allerdings einen wesentlichen kulturbedingten Unterschied: Diese Art der Zuschreibung von Ursachen ist eher für unsere westliche Gesellschaft typisch. Wir machen

Menschen verantwortlich für ihr Handeln. In vielen nicht westlichen Gesellschaften herrschen andere Sichtweisen: Hier werden die Ursachen für Verhalten eher den situativen Ursachen zugeschrieben, etwa dem allgegenwärtigen Schicksal.

Ein weiterer wichtiger Punkt bei der Einschätzung anderer Menschen besteht darin, dass wir implizite Persönlichkeitstheorien anwenden. Das heißt, wir schließen auf diesem Weg von einzelnen hervorstechenden Merkmalen auch auf andere Aspekte. So wird zum Beispiel ein erfolgreicher Sportler von vielen als jemand gesehen, der auch in anderen Situationen geschickt und erfolgreich agieren wird – der Erfolg steckt halt in ihm drin, egal, was er anpackt. Dass dem nicht so ist, können frühere Fußballstars, die heute bankrott sind, ebenso bestätigen wie so mancher Weltklasse-Tennisspieler mit wechselhaftem Erfolg als Unternehmer.

Da bleibt aber noch die Frage, wie stabil solche Meinungen von anderen sind, wenn wir uns dann eine gebildet haben? Wie die Forschung zeigt, sind diese in der Regel sehr stabil. Denn wir neigen dazu, bevorzugt nach Fakten Ausschau zu halten, die unsere Meinung bestätigen. Wir bevorzugen es, unseren Ansichten treu zu bleiben, statt sie zu ändern. Und das häufig sogar dann, wenn es genügend vorliegende Gegenbeweise gibt. Von einem der Großmeister der soziologischen Forschung, dem Amerikaner Robert K. Merton, stammt die Theorie der sich selbst erfüllenden Prophezeiung. Sie besagt im Wesentlichen, dass wir vieles in unserer Umwelt so beeinflussen, dass es mit unseren bestehenden Meinungen übereinstimmt. So ist beispielsweise seit Langem stichhaltig nachgewiesen, dass Lehrer Arbeiten dann besser bewerten, wenn sie glauben, diese stammten von Schülern mit guten Leistungen, als wenn sie glauben, diese stammten von schlechteren Schülern. Die sich selbst erfüllende Prophezeiung wirkt so, dass unsere Vorerwartung unser Verhalten beeinflusst, dieses entsprechende Verhalten löst dann natürlich wiederum ein entsprechendes Verhalten der betreffenden Person aus. Der Kreis schließt sich, die Stereotyp-Falle kann wieder neu zuschnappen.

„Sportler sind ehrgeiziger – das ist einfach so!"

- Wir bilden Stereotype, um andere Menschen zu beurteilen.
- Wir generalisieren einzelne Beobachtungen schnell auf alle Kategorien des Verhaltens einer Person.
- Stereotype sind immer Schablonen und damit selten für den Einzelfall gültig.
- Erfolg hat meistens die Person – Misserfolg ist oft das Ergebnis der Umstände, meinen wir.
- Wir nehmen bevorzugt Facetten einer Person wahr, die unsere einmal gefasste Meinung bestätigen.

Finden Sie heraus:

- In welchen Schablonen denke ich selber?
- Welche Facetten zeigt die betreffende Person insgesamt?
- Überprüfen Sie Ihre Meinung am tatsächlichen Verhalten der Person – und an den Ergebnissen.
- Schauen Sie auf die ganze Bandbreite – Bestätigendes und Widerlegendes.
- Überprüfen Sie Ihre Meinung häufiger einmal – und in verschiedenen Situationen!

6

DAS ORDNUNGS-PARADIGMA

He, das gilt auch für Sie! Oder: Warum befolgen wir selbst unsinnige Regeln?

Wussten Sie, dass im US-Bundesstaat Utah die Jagd auf Wale verboten ist – die man auf den dortigen riesigen Salzseen allerdings recht selten zu Gesicht bekommt. Im sonnigen Kalifornien ist es schon einfacher: Dort verstoßen Sie bereits gegen das Gesetz, wenn Sie auf dem Minigolfplatz Flüche ausstoßen oder mit dem Fahrrad durch den Swimmingpool fahren. In South Dakota ist es illegal, in einer Käsefabrik ein Nickerchen zu machen, und in Florida dürfen Witwen an einem Sonntag nicht Fallschirm springen.

Ist all dies nicht absurd? Stimmt, aber es ist eben auch verboten. Wer jetzt mit der Comic-Figur Obelix denkt, dass hier jemand spinnt, dem gibt vielleicht zu denken, dass man auch in seinem Heimatland recht wenig Spaß versteht: Denn in Frankreich ist es verboten, sein Schwein „Napoléon" zu nennen. Honi soit qui mal y pense.

Und bei uns ist es nicht viel anders. Wer mit dem Flugzeug reisen muss, der weiß inzwischen: Da der Flugverkehr durch Flüssigkeiten in Behältern mit mehr als 100 Kubikzentimetern massiv gefährdet wird, dürfen Behälter mit mehr als dieser Menge an Inhalt nicht mehr im Handgepäck mitgeführt werden. Genauso muss man alle Behälter mit Flüssigkeiten in einem durchsichtigen, wiederverschließbaren Plastikbeutel, der „Schäuble-Tüte", bei der Gepäckkontrolle vorweisen. Und die Definition von Flüssigkeit ist ja recht weitherzig, denn es zählen beispielsweise auch Cremes dazu. Auf den

Flughäfen ist seitdem das Stück mit der Tüte der Dauerbrenner mit täglich mehreren Vorstellungen. In den Hauptrollen der Kontrolleur und der Passagier. Wir nehmen einen beliebigen Flug, es beginnt der Kontrolleur: „Das ist eine Dose mit 200 Milliliter Inhalt, die müssen Sie hierlassen." Passagier: „Da sind aber doch höchstens noch 20 Milliliter drin." Kontrolleur: „Schon, aber es ist eben ein Behälter mit mehr Inhalt als erlaubt. Den dürfen Sie nicht mitnehmen." Passagier: „So ein Blödsinn!" Kontrolleur: „Ich habe die Regel nicht gemacht, ich befolge sie nur." Hier endet der Akt in der Regel, mitunter wird es auch laut, selten jedoch handgreiflich.

Was sich nach Zwang zur schlechten Lösung und Unsinn anhört, hat dennoch seine Bewandtnis. Denn Gesetze formulieren verbindliche Regeln für die Gemeinschaft. Soziale Normen schaffen und stützen das Funktionieren unserer Gesellschaft im Alltag. Die Spielregeln im Unternehmen erleichtern die Zusammenarbeit.

Aber Ordnung bedeutet auch immer Macht. Denn wer die Regeln formuliert, der bestimmt auch über das Verhalten der anderen. Wir haben uns deshalb daran gewöhnt, in unserem täglichen Leben die guten und die schlechten Gesetze und Regeln einzuhalten. Nicht zuletzt deshalb, weil die Nichteinhaltung in der Regel sanktioniert wird – durch Strafen, durch Kritik oder durch Missbilligung der Kollegen. Und die Einhaltung wird durch das Ausbleiben von Strafen, Belohnung oder Akzeptanz bei den Kollegen belohnt. Und mit der Zeit wird die Beachtung von Regeln bei den meisten zur Gewohnheit und auch guten Praxis. Wer von uns fährt denn schneller als erlaubt, wenn wir wissen, dass ein Blitzgerät genau dort an der Straße steht? Wir tun es höchstens dann, wenn wir uns von diesem Verstoß Positives versprechen, etwa wenn ein Notfall ins Krankenhaus muss. Witzbolde erlauben es sich manchmal, dies in Verkleidung zu tun – und werden nicht selten doch noch enttarnt. Wenn wir davon zum Beispiel aus der Zeitung erfahren, trägt so ein Bericht ganz nebenbei zur positiven Verstärkung ihrer Funktion und der Einhaltung der Regel bei – und deshalb ist die Polizei auch gar nicht abgeneigt, dass wir von ertappten Spaßvögeln erfahren.

Psychologisch betrachtet haben wir es hier mit einem klaren Muster zu tun, nämlich Lernen anhand von Belohnung und Bestrafung. Sie wissen es wahrscheinlich von sich selbst: Regeln zu missachten heißt, eine Sanktion in Kauf zu nehmen. Und das tue ich in der Regel nur dann, wenn die in Aussicht stehende Belohnung den Schaden durch die Sanktion deutlich überwiegt. Oder aber, wenn ich überzeugt davon bin, dass ich beim Verstoß nicht ertappt werde.

Wie Regeln und ihre Konsequenzen in Unternehmen innen aussehen, beschrieb Jens Uehlecke, Wirtschaftsredakteur bei der *Zeit*, an einem anderen lebensnahen Beispiel. In einer Frankfurter Großbank sollen die Mitarbeiter nicht länger als zehn Stunden am Tag arbeiten. Doch für eine ganze Reihe von Mitarbeitern in Projekten ist diese Regelung nur schwer einzuhalten. Um sie dennoch dazu zu bringen, hat die Leitung ein scharfes Kontrollsystem installiert. Die Personalabteilung wird über die Stechuhr automatisch benachrichtigt, wenn ein Mitarbeiter zu spät geht. Der betreffende Mitarbeiter bekommt am nächsten Tag prompt einen Fragebogen, auf dem er sich für seine Überstunden regelrecht rechtfertigen muss – und mitunter dafür, dass das Ausfüllen des letzten Fragebogens mehr Zeit in Anspruch genommen hat und auch noch was zu tun war. Daher haben sich die Mitarbeiter angewöhnt, kurz vor der Zehnstundenfrist auszuchecken und dann weiterzuarbeiten. Grundlage dieser Regelung ist natürlich das Arbeitszeitgesetz und dass der Arbeitgeber für seine Mitarbeiter eine Fürsorgepflicht hat. Wir fragen uns allerdings schon, ob der tägliche Fragebogen und die daraufhin entstandene Praxis der unregistrierten und unentgeltlichen Mehrarbeit wirklich Sinn machen, was wir bezweifeln. Ändern dürfte sich dennoch nichts. Denn obwohl es unsinnig ist und alle nichts wirklich gewinnen, halten sich alle an die Regel, versuchen eine positive Seite daran zu entdecken, damit sie mehr oder minder froh sind: nämlich der Betriebsrat darüber, weil man die Regeln einhält. Die Personalabteilung, weil ihr Fragebogen so erfolgreich war und gebraucht wird. Und die Mitarbeiter, weil sie dank ihres Tricks jetzt wenigstens in Ruhe arbeiten können.

Wer die Spielregeln eines Unternehmens nicht erkennt und mit gewisser Sicherheit beherrscht, hat beim Spiel um den beruflichen Aufstieg von vornherein schlechtere Karten. Experten von Personalberatungen und speziellen Outplacementfirmen sehen eine der wesentlichen Hürden für beruflichen Erfolg darin, dass viele Mitarbeiter geltende oder unausgesprochene Unternehmensregeln nicht ausreichend beachten. Dies ergab eine Befragung von Bundesverband Deutscher Unternehmensberater BDU und der Zeitschrift *Wirtschaftswoche* unter rund 500 Entscheidern aus Beratungsgesellschaften. Mit einem eindeutigen Ergebnis von 48,6 Prozent wurde als Nummer zwei der Topkarrierekiller genannt: Die Spielregeln des eigenen Unternehmens nicht durchschauen.

Gerade im Berufsleben bestimmen Regeln alltägliche Entscheidungen des eigenen Verhaltens und münden in viele W-Fragen: Wann gibt man als Neuling seinen Einstand? Und lädt man dazu nur die Mitglieder der Abteilung ein? Was ist die angemessene Kleidung im Seminar? Wie offensiv darf ich im Kollegenkreis meine abweichende Meinung äußern? Wer bezahlt auf der Geschäftsreise, wenn ich am Abend mit meinem Chef noch ein Bier trinke? In jeder Gruppe gelten Normen und Regeln, die das Verhalten von Mitgliedern steuern. Solche Regeln können formal oder informell sein. Jeder Sportverein hat eine Vereinssatzung und in jedem Mehrfamilienhaus gilt eine Hausordnung. Auf der anderen Seite gibt es ungeschriebene Regeln, und es ist ratsam, sich an diese zu halten. Denn meist sind diese sogar noch wichtiger als die offen bekannt gegebenen Normen. Solche ungeschriebenen Maßstäbe regeln die angemessene Bekleidung, das richtige Verhalten, den passenden Sprachgebrauch und formulieren die Tabus der jeweiligen Mikrogesellschaft, in der sie Gültigkeit haben.

Von Gruppen spricht man in wissenschaftlicher Hinsicht dann, wenn mindestens drei oder mehr Personen dauerhafter miteinander interagieren. Gruppen haben immer eine innere

Struktur, Abgrenzung nach außen und eine erkennbare Form von Zusammenhalt nach innen. Diese Gruppenstrukturen werden durch Normen und Regeln geschaffen. Die gute und die schlechte Leistung von Gruppen sind im Wesentlichen von der Struktur und der Qualität der Beziehungen abhängig. Die Identität von Teams bestimmt sich durch eigene Traditionen und informelle Normen, durch Symbole der Zugehörigkeit und die Abgrenzung zu anderen Gruppen. Es gibt Regulative für die Aufnahme neuer Mitglieder. Regeln und Normen in Gruppen erleichtern das Zusammenleben und die Zusammenarbeit. Sie entwickeln sich durch so etwas wie den Import bekannter Normen, durch die Orientierung an Beispielen und durch die Entwicklung eigener Regeln. Nach einer Art Erprobung in der Gruppe werden Normen akzeptiert und gelebt. Es gibt Konsequenzen, die die Einhaltung der Normen belohnen und einen Verstoß sanktionieren. Übliche und hilfreiche Normen in Gruppen sind Fairness, Gegenseitigkeit, Rücksichtnahme, die Erfüllung der Rollenerwartungen, durch Vernunft geprägtes Verhalten und Regelungen, die im Konfliktfall zur Anwendung kommen.

Immer entwickelt sich aber auch ein gewisser Gruppendruck, der im positiven Fall die Zugehörigkeit zur Gruppe unterstützt und die Identität sichert. Gruppendruck wird gefährlich für ein gutes Funktionieren der Gruppe und das Wohlbefinden der Mitglieder, wenn bestimmte Grenzen überschritten werden. Der an sich notwendige und positive Glaube an die Gruppe geht dann mit negativen Erscheinungen wie erzwungenem Konsens einher. Auch legen solche Gruppen besonderen Wert auf die Einhaltung ihrer Normen und Regeln, worauf wir an anderer Stelle in diesem Buch noch eigens eingehen.

Allerdings führen allzu viel Folgsamkeit und Bravheit dazu, dass wir uns und unserem Erfolg im Wege stehen. Wir befolgen dann nämlich auch unsinnige Regeln oder wir lassen uns durch an sich sinnvolle Regeln bremsen, gerade weil ein anderer gekonnt und rücksichtslos dagegen verstößt. So gibt es zum Beispiel eine Reihe unausgesprochener Regeln für ein höfliches und faires Gespräch. Wenn Ihr Gesprächspartner genau diese Regeln aber missachtet, dann sollten auch Sie vielleicht einmal von den vorgegebenen Mustern abweichen. In besonderen Fällen, etwa wenn es eng wird oder wenn besondere Chancen auf Sie warten, dann lohnt es sich durchaus, hier Kontrapunkte zu setzen. Andere Menschen zu unterbrechen gilt als unhöflich und unfreundlich – Vielrednern aber müssen Sie sogar das Wort abschneiden, sonst gehen Sie unter. Bei einem unfreundlichen Empfang, einem Auftakt mit rüder Sprache verkneifen Sie sich hingegen das Revanchefoul, seien Sie aber betont freundlich, ruhig und damit unberührbar. Wenn es gar nicht anders geht, kann als Notwehrmaßnahme dieser Ansatz helfen: Bringen Sie Ihren unfreundlichen Gesprächspartner aus dem Gleichgewicht. Verdrehen Sie seinen Namen, setzen Sie Ihre Schlagfertigkeit ein, arbeiten Sie mit Ironie, überraschen Sie ihn durch einen gezielten Themenwechsel. Im räumlichen Kontakt verringern Sie die Distanz zu ihm, berühren Sie ihn, benutzen Sie Dinge, die eigentlich ihm gehören wie sein Handwerkszeug, Stifte oder persönliche Gegenstände.

Dabei gilt generell: Erlauben Sie sich, über Regeln nachzudenken. Reflektieren Sie die Sinnhaftigkeit und den Nutzen und nehmen Sie auch Rücksicht auf die Bedürfnisse Ihrer Mitmenschen. Aber wenn all das gewährleistet ist, dann sollten Sie sich frei fühlen, Regeln und Normen souverän zu missachten, Ihren eigenen Stil zu entwickeln und dadurch vielleicht sogar positiv aufzufallen. Gerade dafür ist der kontrollierte Regelbruch mitunter die einzige Möglichkeit bei vielen, die dasselbe wollen wie Sie. Unter dem Führungsnachwuchs einer großen Bank in Frankfurt, immerhin auch eine dreistellige Anzahl von Mitarbeitern, galt beispielsweise die Erkenntnis, dass es nur zwei Arten gibt, wie die oben auf dich aufmerksam werden: Wenn man großen Mist baut, obwohl man nach den Regeln gespielt hat – dann ist man draußen. Oder wenn man Erfolg hatte, obwohl man die Regeln gebrochen hat – dann kommt man richtig weit. Nach unserer Erfahrung gilt diese Regel nicht nur im Frankfurter Bankenviertel.

„Bei uns wird das nun einmal so gemacht!"

- Normen, Regeln und Werte ordnen und vereinfachen unser Zusammenleben.
- Sie schaffen Sicherheit für richtiges Verhalten, schränken aber auch ein.
- Verstöße werden meistens von der Gemeinschaft geahndet.
- Wer die Spielregeln definiert, übt erheblichen Einfluss aus.
- Normen, Regeln und Werte werden häufig ungeprüft übernommen.

Überlegen Sie:

- Welchen Sinn haben die gültigen Regeln?
- Wer profitiert davon, dass sich alle daran halten?
- Kann ich die geltenden Regeln überhaupt ignorieren oder ändern?
- Lohnt sich der Aufwand, will ich den geforderten Preis dafür zahlen?
- Was ist der beste Weg, eine Änderung zu erreichen?

7

DIE WORTWASCH-METHODE

Das stimmt schon so.
Oder: Warum wirken manipulierte Begriffe?

Haben Sie Konkurrenten? Das hört sich nicht gut an. Denn dann geht es Ihnen ja wirklich an den Kragen. Die Hunde hetzen Sie vor sich her, Sie sind auf der Flucht. Und alles nur, weil Sie es nicht so gut können oder Ihr Produkt nicht so gut ist wie das der anderen.

Uns kann so was nicht passieren. Denn wir haben keine Konkurrenten, sondern höchstens Mitbewerber. Die strengen sich auch an, einmal unseren Platz an der Spitze einzunehmen. Sie sind ein Ansporn für uns, nicht nachzulassen – aber eine wirkliche Gefahr sind sie nicht.

Sie merken es schon: Wer diesen Eindruck vermeiden möchte, spricht anders. Aus „Konkurrenten“ werden „Mitbewerber“. Medien sprechen und schreiben von „Stars“ und meinen doch schauspielernde Anfänger in ihrer ersten Rolle einer billigen Vorabendserie. Prominente haben keine unehelichen Kinder, sie begehen einen „kleinen Fehltritt“. Wir kritisieren andere nicht, sondern wir „geben Feedback“.

Gehen wir in den Zeitungsladen, greifen ein beliebiges Magazin heraus und schlagen es auf: „Alice gibt alles“ (Werbung für einen Anbieter mobiler Kommunikation, der mit einem feschen Model dynamisch und sexy wirken will), „The luxury in life is time. Savor every second“ (Werbung für eine Uhr, die durch die Koppelung mit einem High-End-Automobil und durch die gewählte Sprache besondere Distinktion ausstrahlen soll), „Second serve: Federer“ (Werbung für eine Kaffeemaschine, die durch die Koppelung mit dem

Image des Tennisstars besonders erfolgreich wirken soll und durch das Wortspiel ironisch-witzig wirken möchte) oder „Gute Beratung kann alles verändern“ (Werbung für eine Gesellschaft für Wirtschaftsprüfung und Steuerberatung, die durch die Koppelung des Textes mit einem unterstützenden Bild – Schneehasen jagen einen Wolf – ihre Beratungsleistungen bekannter machen möchte). Mit Sätzen statt mit Taten soll hier Realität geschaffen werden.

„Dekadent“ und damit verwerflich ist es inzwischen oft schon, sich mit dem neuen Blackberry zu fotografieren und das Bild im Internet zu zeigen. Dabei erklärt uns die *FAZ*: „Früher galt es als dekadent, sich mit 500 Sexsklaven an Bord in einer goldenen Lustbarke den Nil hinuntertreiben zu lassen.“

Das Produkt heißt Champignon-Creme-Suppe, obwohl nur 3,7 Prozent Pilze enthalten sind. Oder sie heißt „Maggi feel good“-Suppe, um bei uns ein wohliges Gefühl zu erzeugen, ebenso wie der „Freu Dich“-Tee von Teekanne und die Schokolade „Träumen und genießen“ von Lindt. Die Namen der Produkte sollen Emotionen ansprechen, Stimmung machen und nach Möglichkeit eine positive Geschichte erzählen.

Mit der Wahl der richtigen Worte und der passenden Formulierung lassen sich Wirklichkeiten gestalten. Die Wortwahl beeinflusst die Qualität Ihrer Botschaft. Mit Ihren Worten können Sie streicheln oder verletzen, Sie können Dinge auf den Punkt bringen oder zudecken. Häufig werden Wörter mit zahmer neutraler Bedeutung anstatt pointierter Aussagen eingesetzt oder umgekehrt – hoher Nutzwert versus unverschämter Preis, Produktionsstörung gegen Umweltvergiftung, Trennung im gegenseitigen Einvernehmen statt Entlassung. Verben helfen, Aktivität und Engagement zu unterstreichen; Eigenschaftswörter geben der Darstellung Farbe und emotionalen Gehalt. „Schädliche“ oder schwierige Wörter werden vermieden. Sie können Menschen auf Ihre Seite ziehen oder abschrecken – allein durch die geschickte Wahl der Worte! Politiker benutzen deshalb gerne Wörter und Formulierungen wie „wir Berliner“, „wir Deutsche“, sie sprechen von „Freiheit“, dem „Wohl des Ganzen“ und „sozialer Gerechtigkeit“.

Sie können also sorgfältig prüfen, welche Wörter und Formulierungen Sie benutzen, Ihr Wortschatz muss dazu reichhaltig bestückt sein. Spielen Sie die ganze Klaviatur möglicher Variationen. Vieles davon ist Übung, Vorbereitung und Disziplin in der Umsetzung.

Welche Varianten wirken wie?

„Wir Sozialdemokraten“ – „wir Deutsche“ – „wir Raucher“: Wenn ich mich in die Mitte einer Gruppe stelle, schafft das einen Solidarisierungseffekt. Ich werde als „einer von uns“ wahrgenommen, meine Aussagen sind besser akzeptiert und werden eher für wahr gehalten.

„Gerechtigkeit“ – „Demokratie“ – „das Wohl der Partei“ – das sind Schlagwörter oder Leerformeln mit einem unbestimmten Inhalt, der Interpretationen ermöglicht. Damit kann der Begriff sehr individuell eingesetzt werden. Ich muss mich nicht festlegen und kann das Wort sogar in verschiedenen Situationen unterschiedlich einsetzen. „Frieden“ in Europa scheint grundsätzlich etwas anderes zu bedeuten als in Afghanistan. „Demokratie“ versteht Die Linke grundsätzlich anders als die CDU.

„Ein großartiger Sieg“ – „die Supermacht Amerika“ – „der Pharmagigant vom Rhein“: Superlative vergröbern und vereinfachen, sie betonen und werten. Durch ihre Größe bekommen sie besonderes Gewicht und sie bringen eine emotionale Komponente in einen an und für sich simplen Sachverhalt.

„Die CSU als einziger Garant für wirtschaftliche Stabilität in Bayern“ – „Attac als unermüdlicher Kämpfer gegen die Globalisierung“ – „wir kämpfen für alle Arbeitslosen in unserem Land“: Durch einseitige Wertungen oder Aufwertungen der angesprochenen Gruppe erreichen Sie mehr Aufmerksamkeit und Akzeptanz für Ihre Worte. Einzelne Elemente können das Hervorheben günstiger Aspekte und das Verschweigen kritischer Elemente sein, die Verbindung der eigenen Person oder Gruppe mit Werten, die für die Zielgruppe positiv sind, oder indem ich durchaus eigennützige Ziele als wichtig für alle und uneigennützig ausgebe. Nützlich sind auch einzelne positive Beispiele, die ich generalisiere. Den Gegner kann ich durch die gegenläufige Technik abwerten: Hervorheben ungünstiger Eigenschaften, Verwenden negativer Begriffe oder Verbindung mit negativen Ereignissen oder durch die Interpretation des Handelns als eigennütziges oder fragwürdiges Verhalten.

„Das Training ‚VIP Sales Technik' ist einzigartig!" – „Mehr als 500 Presseberichte beweisen, dass wir recht haben!" – „Wollen Sie im Alter auf alle Annehmlichkeiten verzichten?" Ich kann meine Zuhörer durch solche Techniken beeinflussen: Ich wecke ihre Aufmerksamkeit mit Provokation, übertriebenen Versprechungen oder Hervorheben einzelner begehrter Merkmale. Ich kann drohen oder loben, zum Handeln auffordern oder meine Sprache durch Eigenschaftswörter emotionalisieren. Bildhafte Sprache, Beispiele oder Bezüge auf Experten und andere wichtige Personen machen das Gesagte interessanter und glaubwürdiger.

Peter Hartz, der verurteilte einstige VW-Topmanager, schrieb inzwischen ein Buch, in dem er seine Erfolge als Personalchef darstellt, das Verhältnis zum Betriebsrat bei VW als beispielhaft preist und sich als nach wie vor wichtigen Experten für alle Fragen des Arbeitsmarkts andient. Die Fehler der Vergangenheit? Zu großes Vertrauen in Mitarbeiter, ein Rachefeldzug von Klaus-Joachim Gebauer und anderen. Schuld am Sturz waren letztendlich Christian Wulff und die Medien.

Eine Liveschaltung im Fernsehen, in der der große Chef sich aktuellen Fragen kritischer Mitarbeiter stellt – und das im Beisein der Presse. Damit kann er zeigen, wie die Lage vor Ort wirklich ist, was seine Mitarbeiter tatsächlich denken und wie souverän er auch im kritischen Dialog seinen Mann steht. Misslungen ist die Aufführung nur, weil die Video-Liveschaltung des US-Präsidenten nach Tikrit natürlich nicht spontan, sondern genau einstudiert war. Die Soldaten wussten, über welche Themen der Präsident sprechen wollte und was sie fragen durften. Leider bekam die geladene internationale Presse das Briefing mit, weil die Verbindung schon geschaltet war, als noch die Vorbereitung des „spontanen“ Gesprächs geprobt wurde.

Die Familie Quandt hält lange an Firmenbeteiligungen fest. Schließlich ist sie schon seit drei Generationen eine der führenden deutschen Unternehmerfamilien. Wenn Journalisten einmal genauer hinschauen, ergibt sich ein anderes Bild: Die Strategie der langfristigen Vermögensmehrung funktioniert, schreibt die *Frankfurter Allgemeine Sonntagszeitung*, aber das bedeutet für die Quandts keineswegs ein langes Festhalten an Beteiligungen. Die seit 45 Jahren währende Verbindung zu BMW ist die Ausnahme. Verkauft wurden beispielsweise Firmen oder Anteile an Altana, Mercedes-Benz, dem Maschinenbaukonzern IWKA und verschiedenen Rüstungsfirmen, Milupa, Varta und der Deutschen Bank.

Wahrheit lässt sich bewusst und unbewusst verdrehen und das hat dann Desinformation zur Folge. Dadurch wird dann durchaus auch gesteuert, was die Zuhörer oder Leser erfahren können. Techniken sind die Unterdrückung einer Information, die Veränderung der Bedeutung oder des Sinns von Informationen. Das kann bedeuten, einzelne Aspekte zu übertreiben oder wegzulassen, den Sinn zu verdrehen, Informationen falsch abzubilden oder bewusst zu verfälschen.

Ebenso bedeutet es die Verwendung bestimmter Wörter und Slogans. Gezielte Gestaltung der Sprache findet beispielsweise durch die zum Teil albern anmutenden Klimmzüge der *Political Correctness* besonders im amerikanischen Sprachraum statt. In den USA haben Geisteskranke so Anspruch darauf, als „alternativ begabt“ bezeichnet zu werden, kleinwüchsige Menschen sind „vertically inhibited“ und im Englischen darf man siamesische Zwillinge nur noch „conjoined“ nennen. Für Deutschland befindet Franz Müntefering, dass es hier keine Unterschicht gibt. Wir sprechen auch nicht mehr gerne von Homosexuellen und Lesben (die sich hingegen selbst oft gerne „schwul“ nennen), der politisch korrekte Begriff sind Menschen mit einer „anderen sexuellen Orientierung“. Unschöne Angewohnheiten von Migranten wie Zwangsbeschneidungen oder die Züchtigung der Angetrauten wird dann zum Bestandteil der „kulturellen Identität“. Die Beschneidung der Freiheit von Teilen der Bevölkerung ist immer dann gerechtfertigt, wenn sie unter der Fahne des „Minderheitenschutzes“ durchgesetzt wird. Und horrende Steuersätze begründen diverse Parteien mit der „sozialen Gerechtigkeit“. Besonders gerne tun das diejenigen Bevölkerungs- und Parteigruppierungen, die sicher sein können, dass ihre Mitglieder (oder heißt es MitgliederInnen?) wegen mangelnder Anstrengungen im Beruf diese Steuern ganz sicher nie werden zahlen müssen. Oder es ist wie beim früheren Juso-Chef Wolfgang Roth: 1975 wollte er gemeinsam mit Heidemarie Wieczorek-Zeul alles Einkommen über 5 000 Mark radikal wegsteuern, später verklagte er den Bundestag, weil man sein üppiges Salär als Chef der Europäischen Investitionsbank auf die Bezüge als Abgeordneter anrechnet.

Es ist alles ein bisschen wie bei Alice im Wunderland: „Ich verstehe nicht, was Sie mit ‚Glocke‘ meinen“, sagte Alice. Goggelmoggel lächelte verächtlich. „Wie solltest du auch, ich muss es dir doch zuerst sagen. Ich meinte: ‚Wenn das kein einmalig schlagender Beweis ist!‘“ „Aber ‚Glocke‘ heißt doch gar nicht ‚einmalig schlagender Beweis‘“, wandte Alice ein. „Wenn ich ein Wort gebrauche“, sagte Goggelmoggel in recht hochmütigem Ton, „dann heißt das genau, was ich für richtig halte – nicht mehr und nicht weniger.“ „Es fragt sich nur“, sagte Alice, „ob man Wörter einfach etwas anderes heißen lassen kann.“ „Es fragt sich nur“, sagte Goggelmoggel, „wer der Stärkere ist, weiter nichts.“

Wirksam ist das häufige Wiederholen von Behauptungen, die allein dadurch für uns glaubwürdiger werden. Am besten wirken diese, wenn sie nicht komplex formuliert, sondern möglichst plakativ sind und wenn sie polarisieren, Appelle ans Gefühl, Tucholsky nennt den richtigen Mix: „Tatsachen und Appell an das Gefühl. Schleuder und Harfe.“

Andere Techniken der Interpretation der Wahrheit sind die Übertreibung von Vorurteilen oder das Verschweigen von Nachteilen. Sie kennen solche Vorgehensweisen aus der Werbung. Manche Darstellungen verschweigen oder zensieren andere Meinungen, nicht selten werden falsche Behauptungen aufgestellt oder der Appell an Emotionen steht im Vordergrund.

Wenn mir all das nicht hilft, kann ich immer noch die Gegenseite verunglimpfen. Aber dazu mehr im folgenden Kapitel über den Duell-Reflex.

„Freistellung klingt besser als Entlassung!"

- Worte schaffen Wirklichkeit.
- Begriffskosmetik verschleiert Inhalte.
- Superlative, Verallgemeinerungen und Identifizierungen mit Gruppen sind besonders manipulierend.
- Häufige Wiederholung führt dazu, dass ich den Inhalt für wahr nehme.
- Sprache wird so zur Desinformation genutzt.

Fragen Sie sich:

- Welche Wörter werden für welchen Inhalt benutzt?
- Welche Realität wird damit beschrieben?
- Wer benutzt die Worte?
- Was soll damit bei den Zuhörern oder bei der Öffentlichkeit erreicht werden?
- Wie passen Sprache und Realität zusammen?

8

DER DUELL-REFLEX

Ohne Rücksicht auf Verluste. Oder: Warum bringen oft Worte die Entscheidung?

„Die Sprache ist eine Waffe. Haltet sie scharf“, schrieb Kurt Tucholsky, und er setzte sie als bevorzugtes Werkzeug im Kampf mit der Wirklichkeit ein. Ob man damit angreift, sich verteidigt oder sogar ins eigene Fleisch schneidet, kommt sehr darauf an, wie machtvoll man die Worte zu verwenden weiß.

Zum Beispiel als Worte der Macht – Wladimir Putin zeigt seit einiger Zeit, wie Vorwärtsverteidigung à la Russe aussieht: Bei einem Abendessen im Oktober 2006 in Finnland wies der damalige russische Präsident die anderen versammelten EU-Staats- und Regierungschefs zurecht. Nach recht sanfter Kritik der Regierungschefs an den Journalistenmorden und am Umgang mit dem Thema Tschetschenien ging Putin sofort zum Gegenangriff über: Man brauche keine Belehrungen von einem Land, in dem neuerdings viele Bürgermeister wegen Korruption im Gefängnis säßen – dieser Kommentar galt Spaniens Ministerpräsidenten Zapatero. Und das Wort von der „russischen Mafia“ höre er sehr ungern, denn das sei doch eindeutig eine italienische Erfindung – diese Bemerkung galt Romano Prodi. Und so ging es weiter. In Zeitungsberichten war von der „Schwäche“ der Regierungschefs zu lesen, sich mit „geduckten Köpfen auf die Logik des Russen einzulassen, wonach niemand frei von Sünde sei“.

Und Putin blieb dabei: Im Mai 2007 verglich er in der Pressekonferenz mit Angela Merkel das Verhalten der russischen Regierung Regimekritikern gegenüber mit der deutschen Anti-Gegendemonstranten-Kampagne in Sachen G-8-Gipfel.

Sie sehen, scharf schießen wird wieder modern. Sogar die früher als betuliche Koch- und Dekorierpostille angesehene Zeitschrift *Brigitte* gibt ihren Leserinnen inzwischen Tipps, wie man einen Streit richtig eskaliert, das *Handelsblatt*-Magazin *Karriere* verspricht auf dem Titel „Wir machen Sie scharf", die Frauenzeitschrift *Cosmopolitan* ermuntert „Raus aus der Deckung!" und das Magazin *ManagerSeminare* erklärt, wie man „Gekonnt kontern" soll.

Nun ist der Streit zwischen Personen und Parteien, nicht immer nur politischen, keine Erfindung der modernen Zeit. Die Rhetorik kennt diese Disziplin und eine reichhaltige Palette von Techniken schon seit Langem. Das Arsenal firmiert unter dem Namen *Eristik*, was dem Namen Eris entstammt, im alten Griechenland die Göttin des Streits und der Zwietracht. Es handelt sich bei diesen Methoden um all jene, die es mir erlauben, einen kurzfristigen Sieg im Redestreit zu erringen.

Der Philosoph Arthur Schopenhauer wird zu den modernen Vätern der Eristik und Schlagfertigkeit gezählt. Er ist der Philosoph, der mit einem unvollendet gebliebenen Büchlein bekannter wurde als andere mit ihren vollständig verfassten Elaboraten. Unter dem Titel „Eristische Dialektik" und mit dem treffenden Untertitel „Die Kunst, recht zu behalten" beschreibt er 38 Kunstgriffe, mit denen man in der Debatte Zuhörer von der eigenen Position überzeugen kann. Und das besonders gerne auch dann, wenn ich in der Sache nicht unbedingt recht habe. Hier setzt Schopenhauer an: Recht haben und recht behalten ist nämlich zweierlei, wie wir alle bestätigen können. Deshalb ist es auch nicht das Ziel, den Debattengegner zu überzeugen, sondern ausschließlich die Zuhörer, indem man sie für sich einnimmt. Wie man sich nicht von anderen die eigenen Worte im Mund herumdrehen lässt oder sogar fremde hineinlegen, dazu hat Schopenhauer eine Reihe von Kunstgriffen aufgelistet, die bis heute in Gebrauch sind. Wenn man Worte als Waffen im Sinne von Kurt Tucholsky gebraucht, dann in beide Richtungen – zum Angriff wie zur Verteidigung. Gehen wir das Alphabet der Eristik einmal mit einigen Beispielen von A bis Z durch.

Zum Beispiel das *Ablenkungsmanöver*, bei dem man Sie unterbricht und einen völlig anderen Sachverhalt vorbringt. Gegen Ablenkungsmanöver hilft eine gesunde Penetranz – kehren Sie beharrlich zum ursprünglichen Thema zurück. Im Wiederholungsfall thematisieren Sie den Sachverhalt über die Metaebene.

Mit der *Begriffswendung* hingegen will ihr Gegenüber einzelne Wörter isolieren und mit einer anderen Bedeutung zur Grundlage der Gegenargumentation machen. Dem treten Sie entgegen, indem Sie den Wörtern ihre ursprüngliche Bedeutung zurückgeben. Weisen Sie auf die gesamte Argumentation und den großen Zusammenhang hin.

Durch die *Begründung* fordert man Sie dazu auf, Ihre Aussagen zu begründen, um diese anschließend als unzureichend zu qualifizieren und weitere Begründungen zu fordern. Gehen Sie nicht in die Falle! Formulieren Sie klar, dass diese Begründung ausreichend war. Verweigern Sie weitere Begründungen. Polemisch: „Die Begründung, die Sie verstehen können, die gibt es nicht!"

Die *biografische Argumentation* ist ein weiterer Kniff: Hier werden frühere Äußerungen oder Handlungen des anderen kritisiert. Kehren Sie zum Thema zurück, verweisen Sie gegebenenfalls auf den mangelnden Zusammenhang mit dem Thema hin. Keinesfalls sollten Sie Ihre Aktionen erklären oder begründen – damit spielen Sie dem Eristiker nur in die Hand. Sie können die Kritik auch wie eine Frage behandeln und so den fehlenden Zusammenhang erläutern.

Unter *Diffamierung* verstehen wir, wenn eine geschickte Argumentation als „pure Rhetorik" kritisiert wird. Hier hilft Schlagfertigkeit besonders gut, zum Beispiel durch die Aussage: „Sehen Sie, meine Argumentation ist also nicht nur richtig, sondern auch noch gut formuliert!"

Die *Dilatation* hört sich als Begriff heute fremd an, der manipulierende Effekt ist dagegen gut bekannt: die Ausdehnung einer Behauptung durch Übertreibung. Wie treten sie dem entgegen? Indem Sie fragen, was genau der Eristiker nicht verstanden hat, und fragen Sie zu Ihrer Verstärkung und zur Isolierung des Kontrahenten auch andere Zuhörer nach deren Verständnis.

Einschmeicheln ist eine geübte Taktik, nämlich das Herstellen von Ähnlichkeit durch Symbole, Verhalten oder Sprache. Auch wenn es sich gut anhört und ein schönes Gefühl ist – seien Sie wachsam, überprüfen Sie Ihre Vorurteile und Schemata.

Auf *Grundsätzliches* wird gern zurückgegriffen, indem man auch im Einzelfall mit grundsätzlichen Positionen, Regeln und Prinzipien argumentiert. Hier nehmen Sie den argumentativen Ball auf, drehen ihn und spielen ihn zurück in die andere Hälfte. Dafür stellen Sie beispielsweise an andere aus der Runde die Frage, ob die grundsätzliche Regel, die der andere anspricht, überhaupt anwendbar ist.

Schikane ist für Schopenhauer unter anderem die Verwendung von *Ironie* und *negativen Bewertungen* im Zusammenhang mit dem, was Sie gesagt haben. Nehmen Sie auch hier klar Stellung, verwehren Sie sich gegen die Bewertung, gehen Sie wie bei Angriffen vor.

Unter *Partikularisieren* versteht man, Einzelfälle als Gegenbeispiele und den Beweis für die Unhaltbarkeit einer ansonsten belegten These heranzuziehen. Hier ist es hilfreich, den Einwand als Frage zu behandeln, ob dies denn wirklich so ist und eine Schwalbe einen Sommer macht.

Persönlich zu werden ist eine einschüchternde Masche, die viele fürchten und die deshalb von manchen bevorzugt als Angriffsinstrument genommen wird. Dabei setzt man auf Kritik an persönlichen Aspekten des anderen bis hin zur Beleidigung. Nehmen Sie auch hier klar Stellung, verwehren Sie sich gegen die Beleidigung, gehen Sie wie bei Angriffen vor.

Die *Verdrehung* gehört zur Grundausstattung des Eristikers, nämlich bewusst falsche Folgerungen aus den Aussagen des anderen ziehen. Sie treten dem entgegen, indem Sie die Verdrehung gleich richtigstellen, und wiederholen Sie es ruhig noch einmal, bevor der andere darauf zurückkommt.

Voraussetzungen zu diskreditieren soll die Basis des Verständnisses vergiften, indem Voraussetzungen des anderen als „unbewiesen“ abgestempelt werden. Hier fragen Sie direkt nach den Anforderungen für einen Beweis, stellen Sie diesen Aspekt zurück, behandeln Sie die Kritik als Frage.

Risiken benennen und ausmalen funktioniert gerade hierzulande besonders gut, wie uns ein Blick in die Zeitung lehrt. Denn Risiken beeindrucken uns stärker als Chancen, auch gute Pläne lassen sich durch eine Darstellung potenzieller Risiken zu Fall bringen. Die Summe der durch den Verlust auf ein Geschäft entgehenden Gewinne wird geringer gewichtet als der Verlust der gleichen Summe aus verdientem Geld. Und die Gegenwehr? Verweisen Sie darauf, dass man nur dann nichts riskiert, wenn man gar nichts tut, und fragen Sie, ob man sich dies leisten will. Schießt man sich auf einzelne Risiken ein, dann sollten Sie einen Plan B in der Tasche haben mit geringeren Risiken.

Die Grundfrage ist aber: Warum wirken diese und andere Techniken überhaupt? Dafür gibt es eine Reihe von Gründen, und eine Ursache liegt in den Mechanismen der menschlichen Kommunikation: Was gesagt wird, ist oft weniger als das, was der Partner hört. Das, was er hört, ist oft etwas anderes als das, was ich gesagt habe. Kommunikation ist zielorientiert und will sich sachlich zu einem Thema äußern. Gleichzeitig jedoch sollen auch persönliche Bedürfnisse befriedigt werden wie Recht bekommen, Unbehagen ausdrücken, die eigene Überlegenheit beweisen. In der zwischenmenschlichen Kommunikation sind vier Grundvorgänge vereint. Diese Aspekte sind zuerst der Sachinhalt (das *Was* der Kommunikation) sowie die emotionalen Themen (das *Wie*) Appell, Beziehung und Selbstoffenbarung. Alle vier Seiten sind immer gleichzeitig im Spiel, je nach Thema und Befindlichkeit setzen wir aber unterschiedliche Schwerpunkte im Sagen und Verstehen. Je besser Sie diese Aspekte kennen und in Ihrem

Verhalten steuern können, desto erfolgreicher werden Sie kommunizieren.

Kommunikation umfasst dabei so etwas wie einen Sender und Empfänger, sie ist Nachricht und Rückantwort (Feedback) und setzt sich in diesem Rhythmus fort. Bei mehreren beteiligten Personen wird das Geflecht komplizierter, die Prinzipien jedoch bleiben gleich. Die Sachinformation gibt eine Information über einen Inhalt („Das Projekt ‚Markteintritt' hat folgende Ziele: ...“ – „Zur Vorbereitung auf das Gespräch mit dem Kunden Meyerhöfer benötigen Sie folgende Informationen: ...“). Hingegen informiert die Selbstoffenbarung über den Sender („Ich fühle mich für das Projekt ‚Markteintritt' verantwortlich!“), und die Beziehungsaussage macht einen Vorschlag zur Definition der gegenseitigen Beziehung. Sie klärt die Frage, wie der Sender zum Empfänger steht („Für den Erfolg des Gesprächs mit dem Kunden übernehmen Sie die Verantwortung!“). Der Appell schließlich enthält eine Aufforderung zum Handeln („Erreichen Sie beim Kunden Meyerhöfer gefälligst Ergebnisse!“).

Die Eristik macht sich genau diese Bedeutungsfelder als Angriffsflächen zunutze. Beispielsweise dadurch, dass man den Sinn verdreht und damit eine Irritation in der Wahrnehmung auf der Sachebene schafft. Oder man greift die Person an und attackiert damit auf der Beziehungsebene. Ebenso kann man die Deutungshoheit übernehmen in einer Sache und damit die Selbstaussage manipulieren. Eristik ist deshalb so wirksam, weil sie von den üblichen verabredeten Codes in der Kommunikation abweicht und den Überrumpelungseffekt für sich nutzt.

Eine andere Erklärung für die Wirksamkeit der eristischen Techniken liefert uns das psychologische Konzept der *Skripte*. Aus unserer menschlichen Erfahrung und sozialem Lernen entwickeln wir eine Vorstellung davon, wie man sich in bestimmten Situationen zu verhalten hat. Skripte sind standardisierte Vorstellungen von angemessenem und zu erwartendem Verhalten. Je größer unsere Erfahrungen mit bestimmten Situationen sind, desto detaillierter sind natürlich auch unsere Skripte. Skripte erlauben uns ein rationelleres Vorgehen in sozialen Situationen. Wir neigen auch dazu, das Verhalten anderer Menschen im Rahmen dieser Skripte zu interpretieren. Danach bewerten wir, ob ein Verhalten angemessen ist oder ob das Verhalten „aus dem Rahmen fällt“. Die Techniken der Eristik verstoßen nun gezielt gegen diesen Erwartungsrahmen: Wir treffen auf verbales Rempeln, wo wir Höflichkeit erwarten, wir hören gezielte Vereinfachung, wo es uns doch eigentlich um das Wägen von Argumenten ging. Nicht zuletzt der frühere Bundesverfassungsrichter und Steuerrechtler Paul Kirchhoff musste erfahren, wie wirksam diese Techniken sind, als er sie im Bundestagswahlkampf 2005 kennenlernte – der gezielt eristische Ausspruch von Gerhard Schröder über den „Professor aus Heidelberg“ verfehlte sein Ziel nicht. Immer dort, wo überraschend und nachhaltig gegen diese Erwartungen verstoßen wird, da ist natürlich der Überraschungseffekt auf der Seite des Angreifers.

Und was tun Sie in der konkreten Debatte? „Hauptsache schnell“ rät uns ein Rhetoriktrainer, der seinen Teilnehmern das „Segeln im Sturm“ verspricht. Leider bleibt schnell vorgebrachter Unsinn eben immer noch Unsinn, und er wirkt auch nicht durch das Tempo. Auch ist bloße Schlagfertigkeit nicht das alleinige Gebot der Stunde. Eine gute und dann auch gerne schnelle Antwort wirkt auf Dauer überzeugender auf den größten Teil der Zuhörerschaft. Zunächst einmal können Sie den Angriff Ihres Gegenübers immer als Frage aufnehmen. Und Sie haben verschiedene Möglichkeiten, geschickt auf Fragen zu antworten. In der Antwort können Sie zum Beispiel:

Begrenzen oder erweitern: „Diese Frage berührt viele Aspekte. Ich konzentriere mich auf den wichtigsten, nämlich …“ – „Ihre Frage erfasst nicht den ganzen Sachverhalt. Wichtig ist außerdem noch …“

Präzisieren: „Exakter formuliert muss Ihre Frage lauten …“

Zurückgeben: „Warum stellen Sie diese Frage?“ – „Wie definieren Sie den Begriff ‚Kommunikation‘?“

Überhöhen: „Hinter dem Thema Ihrer Frage steckt ein noch wichtigerer Sachverhalt. Dieser bedeutet …"

Ignorieren: Sprechen Sie weiter, gehen Sie nicht auf die Frage ein – auch nicht mit einem Kommentar.

Neu adressieren: „Zu dieser Frage interessiert mich die Meinung des Publikums/des zuständigen Abteilungsleiters …"

Bewerten: „Ihre Frage ist zu theoretisch. In der Praxis ist relevant, dass …" – „Unsere Mitarbeiter interessiert dieser Aspekt nicht. Wichtig ist für sie vielmehr, dass …"

Wenden Sie die 3-T-Regel an: Touch – Turn – Talk. Reagieren Sie auf den Zwischenruf, bringen Sie einen besonderen Aspekt ins Spiel und kehren Sie zu Ihrer Aussage zurück. Beispiel: „Ich kenne dieses Argument. Wenn wir uns aber intensiv mit dem Sachverhalt auseinandersetzen, wird deutlich …"

Sie können mit einem Kommentar über die Art der Kommunikation oder über den Zwischenrufer reagieren. „Herr Jörgensen, haben wir das nötig, so miteinander zu reden?" – „Ich bezweifle stark, dass wir in diesem Gesprächsklima einer Lösung näher kommen."

Und sofern dies nicht ausreicht, greifen Sie zu den eigentlichen Techniken der Schlagfertigkeit. Auf einen groben Klotz kann ich manchmal auch einen groben Keil setzen: Zurückschlagen oder die paradoxe Technik sind dann die Mittel der Wahl. Einige Beispiele für erfolgreiche Reaktionen: „Das hat damals auch nicht funktioniert!" „Dafür aber jetzt – wir haben aus Ihren Fehlern gelernt." Oder: „Jetzt wird das Projekt ja auch kompetent geleitet!" – „Die Zeit ist dafür noch nicht reif!" „Die Zeit schon, Sie aber vielleicht noch nicht!"

Markanten Glaubenssätzen oder Killerphrasen können Sie alternativ falsche Wissenssätze gegenüberstellen. Diese Übersteigerung zeigt plakativ die falsche Annahme und nimmt ihr die Schlagkraft – ohne dass Sie den Inhalt mühselig diskutieren müssen. Beispiele: „Genau! Und die Titanic ist unsinkbar!" – „Niemand kauft einen Computer für zu Hause!" Kunstpause. „Das sagte ein IBM-Experte vor wenigen Jahren. Sicher haben Sie genauso recht!"

Eine andere erfolgreiche Technik ist das *Leerlaufenlassen* des Zwischenrufs durch unerwartete Zustimmung. Diese Methode nimmt dem anderen fast jede Möglichkeit, noch einmal nachzusetzen. „Ärzte sind doch nur Spielball von Pharmalobby und Gesundheitspolitikern!“ „Stimmt!“ Kunstpause. „Das glauben viele schlecht Informierte wie Sie!“ – „Sie können mir gar nicht bei meinem Geschäft helfen. Controller wie Sie sind Erbsenzähler und sonst nichts!“ – Richtig.“ Kunstpause. „Und nach dem Zählen habe ich Tipps, was Sie mit den Erbsen anfangen können.“ Geeignet ist hier auch die „Besser als“-Formulierung: „Für diese Aufgabe sind Sie doch viel zu jung!“ – „Besser jung und motiviert als mit Erfahrung, aber dafür ohne Ideen!“

Sie können Ihr Gegenüber durch eine paradoxe Intervention lähmen – *Paradoxien* sind Anweisungen, die eine Reaktion anordnen und sie gleichzeitig unterbinden: „Denke Sie jetzt *nicht* an etwas Blaues!“ – und schon ist es geschehen. Ein Beispiel für eine mögliche paradoxe Replik: „Das reimt sich doch gar nicht!“ Eine andere Paradoxie ist das Loben des Angreifers: „Bravo, jetzt haben Sie aber meine große Schwachstelle entdeckt!“ – „Toll, wie Sie diesen Zwischenruf formuliert haben!“ Gerade die im *Lob* enthaltene Ironie bringt den anderen zunächst einmal in Schwierigkeiten.

Was hilft in solchen Situationen? Vor allem eine sorgfältige Vorbereitung auf die Situation und auf die Gesprächspartner. Auch das Umfeld sollte auf Vor- und Nachteile hin betrachtet werden, das gilt vor allem beim Fernsehen. Nicht wenige sind im TV-Studio, obwohl sonst souverän, als Interview-Novizen schon am ungewohnten Kontext und dem genannten „Agenda-Setting“ der Medienprofis gescheitert und wurden am Nasenring durch die mediale Arena gezogen. Fragen Sie sich daher: Wie argumentiert mein Gegenüber? Zu welchem vielleicht irritierenden Verhalten neigt er? Welche Fragen, auch dumme oder unverschämte, könnten mir gestellt werden? Gute Vorbereitung ist keine Garantie, sondern eine Versicherung, denn sie erhöht die Wahrscheinlichkeit, auch kritische Situationen erfolgreich zu meistern.

„Die Kunst der gekonnten Beleidigung."

- Eristik ist die Kunst, Recht zu behalten – oft ohne Recht zu haben.
- Eine harte Gangart des Gegenübers drängt uns in die Defensive.
- Offensive Konfrontation macht uns oft sprachlos.
- Ich wirke schwach, wenn ich mich in die Defensive drängen lasse.
- Überzeugt werden sollen die Zuhörer, weniger der Gegner.

Denken Sie daran:

- Sie müssen antworten – sonst macht Ihr Gegenüber weiter.
- Die Zuhörer wissen souveräne Antworten mehr zu schätzen als Beschimpfungen.
- Gute Antworten kommen schnell und sind positiv.
- Schlagfertigkeit können Sie üben.
- Zur guten Replik gehört die gute Vorbereitung.

9

DER LEMMING-FAKTOR

Milliarden Fliegen können nicht irren. Oder: Warum folgen wir so gerne anderen?

„Was wir auf dem Parteitag gemacht haben, war ganz einfach. Es waren 10 000 Menschen in der Halle. Also bestellten wir 20 000 amerikanische Fähnchen. Warum so viele? Damit jeder in der Halle in beiden Händen welche halten konnte." Mit diesen Worten beschrieb ein US-Wahlkampfberater einen unscheinbaren, aber sehr wirksamen Kniff. Angewendet wurde er auf dem Parteitag der Demokraten 1984, als Walter Mondale den beliebten republikanischen Präsidenten Ronald Reagan herausforderte. Denn auf den Fernsehbildern von der Veranstaltung war am Ende nur ein einziges, dichtes Meer von Fahnen zu sehen – was für die Zuschauer an den Bildschirmen die Zahl der Anhänger der Demokraten optisch erheblich steigerte. Mondale verlor dennoch.

Warum wird so etwas gemacht? Wenn Sie jemanden von Ihrer Meinung überzeugen möchten, dann ist es sehr hilfreich, wenn Sie nicht der Einzige sind, der diese Meinung vertritt. Es fällt uns nämlich viel leichter, an etwas Interesse zu finden, wenn wir damit nicht alleine dastehen. Wir müssen dann auch nicht befürchten, dass wir in die unangenehme Situation kommen, uns als Einzige dafür rechtfertigen zu müssen.

Denn die Gruppe gibt uns Schutz. Einer allein kann etwas falsch sehen, aber doch nicht viele. Deshalb arbeiten Prediger genauso wie Verkäufer in Massenversammlungen und natürlich auch Politiker so gerne mit Gruppeneffekten. Ihre Verbündeten mischen sich, zum Teil in großer Zahl, unter das Publikum, das man gewinnen will. Es scheint zu wirken, denn so arbeitet zum Beispiel seit Jahren der amerikanische Prediger Billy Graham bei jedem Auftritt mit Tausenden von Unterstützern im Saal. Durch ihr sehr ausgeprägtes zustimmendes Verhalten geben sie einen starken Anreiz für das übrige Publikum, sich der Sache zu öffnen, es positiv zu sehen und schließlich mitzutun, dafür zu sein und dafür zu spenden. Da überrascht es nicht, dass auch eine andere Branche, die sich für das Geld der Menschen interessiert, so vorgeht – nämlich die Strukturvertriebe bei ihren Rekrutierungsevents. Dort sind es oft die bereits angestellten Mitarbeiter des Unternehmens, die als Erste jubeln, sich erkennbar für die tollen Chancen begeistern und auch die Ersten sind, die sofort einen Vertrag unterzeichnen wollen.

Wer Zustimmung nicht dem Zufall überlassen will, spielt seine Möglichkeiten voll aus – selbst wenn es um subjektive Eindrücke, um Gefallen und persönlichen Geschmack geht. Etwa bei der Frage, welche Gesangsstimme „besser" klingt. In Italien, dem Mutterland der großen Oper, ist dies keine Frage des Gesangs allein, sondern auch der Anhängerschaft. Seit über einem Jahrhundert ist es dort üblich, dass in der Oper organisierter und oft auch bezahlter Beifall gespendet wird, durch sogenannte Claqueure. Das ist keine Geheimdienstarbeit, sondern geschieht ganz offen. Oft kennt das Publikum die Claqueure bestimmter Sängerinnen und Sänger, man weiß also auch, welche Rolle sie spielen – und trotzdem wirkt ihr Enthusiasmus ansteckend und begeisternd. Ebenso gab es früher auch sogenannte Pleureusen, die auf Kommando schluchzen konnten, oder Bisseurs, deren „Bis"-Rufe ein zweites Mal oder mit „Encore!" auf Französisch eine Wiederholung herbeiriefen. Im Theater bei Komödien kam der „Rieur" mit seinem ansteckenden Lachen zum Einsatz. Die Stars selbst oder die Theaterleitung vergütete dies zum Beispiel nach Applaus oder Zwischenruf, die gut organisierten Gruppen der Claqueure unter Führung eines „Capo di Claque" bekommen selbstverständlich Freikarten und oft auch Reisekosten zu auswärtigen Gastspielen. Schließlich darf man sich gerade auf fremdem Terrain nicht allein darauf verlassen, dass das Publikum die Leistung der Künstler allein zu würdigen weiß.

Doch auch im Fernsehen und im Radio funktioniert dies mit dem Gelächter vom Band, den Lachkonserven an den Stellen, die zum Mitlachen animieren sollen, oder im TV-Studio bei Comedy-Sendungen durch Schilder „Jetzt lachen!“. Es hat sich herausgestellt, dass dieselbe Sendung mit Beifall von den Zuschauern als wesentlich lustiger eingeschätzt wird. Und dies auch dann, wenn die Testzuschauer wissen, dass das Lachen vom Band kommt oder gezielt verlangt wurde.

In einer Reihe von Experimenten, die er bereits in den 50er-Jahren begonnen hatte, studierte der Psychologe Solomon Asch die Art, wie Individuen reagieren, wenn sie mit einer Gruppe konfrontiert werden, die einvernehmlich und offensichtlich falsch agiert. Er beschloss, dem Experiment ein Urteil über Fakten zugrunde zu legen: Die Situation wurde so arrangiert, dass das Urteil offen abgegeben wurde. Asch beschrieb die Bedeutung des Problems wie folgt: „Wenn man den großen Einfluss von Gruppen in Betracht zieht, können wir dann einfach folgern, dass sie imstande sind, Personen zu einer beliebigen Änderung ihrer Meinung zu veranlassen? Können sie uns veranlassen, dass wir für falsch erklären, was wir gestern noch für richtig hielten? Die Antwort darauf scheint ‚Ja‘ zu lauten.“

Aschs Experiment wurde nach folgendem Grunddesign durchgeführt: Eine Gruppe von sieben bis neun Studenten versammelte sich in einem Raum, um an einem Wahrnehmungsexperiment teilzunehmen. Ihre Aufgabe war es, die Länge von Strichen zu bestimmen. Es handelte sich um eine Musterlinie, die mit drei anderen Linien zu vergleichen war. Immer war eine Linie gleich lang, zwei andere waren eindeutig kürzer oder länger. Jede Gruppe enthielt nur eine tatsächliche Versuchsperson, die anderen Teilnehmer waren vom Leiter des Experiments instruiert worden. Alle anderen Versuchsteilnehmer antworteten vor der tatsächlichen Versuchsperson.

Die Resultate zeigten etwas sehr Erstaunliches: Selbst wenn die Mehrheit eindeutig fehlerhafte Antworten gab, übte sie einen starken Druck auf die einzelne Person aus. Belegt wurde dadurch, dass in einer Kontrollgruppe Fehler in der Einschätzung der Länge nicht vorkamen. In den Versuchsgruppen machten 76 Prozent der Versuchspersonen Fehler – was es ihnen erlaubte, mit der Gruppenmeinung im Einklang zu bleiben. Dabei ist von besonderem Interesse, dass die meisten Personen sich des Einflusses der Gruppenmeinung auf ihre Urteile durchaus bewusst waren.

Aus diesem wie aus einer Reihe ähnlicher Experimente lassen sich folgende Erkenntnisse ziehen:

- Je größer die Gruppe, desto größer ist die Tendenz des Individuums, sich anzupassen.
- Wenn konformes Verhalten verstärkt wird, steigt die Tendenz, sich auch zukünftig so zu verhalten.
- Individuen mit hohem Selbstwertgefühl sind weniger empfänglich für diese Einflüsse.

Wenn eine Meinung mehrfach unwidersprochen angehört wurde, glaubt man sie, auch wenn sie nicht einleuchtet. Wenn viele einer Meinung sind, stellt man lieber seine eigene Auffassung zurück. Für einen Menschen mit Machtanspruch geradezu eine Einladung zur Manipulation: Wer es versteht, eine Minderheitsmeinung als Mehrheitsmeinung darzustellen, der kann letztlich eine Minderheitsmeinung in eine Mehrheitsmeinung umfunktionieren. Nicht nur die Mehrheit beeinflusst uns (da jeder gern bei den Siegern sein möchte), auch Gruppen beeinflussen Individuen. Welche Rolle zum Beispiel ein Jugendlicher einnimmt, wird weitgehend von der Gruppe bestimmt. Auch Massen bei Großveranstaltungen und Demonstrationen wirken beeinflussend auf den Einzelnen. Das Gros, also die gesellschaftlichen Umstände, prägen dabei das Verhalten der Einzelpersonen. So wie die sozialen Faktoren der Gruppe Einfluss ausüben auf Normen (Kleider,

Sprache, Musikgeschmack und anderes), so kann die Abhängigkeit von der Gruppe auch bei Massenveranstaltungen zu Ritualen der Nachahmung führen, die man sonst vielleicht nur schwer verstehen kann.

Dabei sind Gruppen auf den ersten Blick etwas eher Banales: Formal definiert als drei oder mehr Personen, die miteinander interagieren. Diese Interaktion hat Dauer und Kontinuität, damit man von einer Gruppe sprechen kann. Gruppen haben immer eine innere Struktur, eine Abgrenzung nach außen und eine erkennbare Form von Zusammenhalt nach innen. Eine gewichtige Rolle spielen Macht, Statusunterschiede und Normen in sogenannten Gruppenstrukturen. Genau das ist es, was das Thema *Gruppen* spannend macht: Ihre Akzeptanz, ihr Leistungsvermögen, einfach ihr Erfolg hängt wesentlich davon ab, dass sie sich als Mitglied des Teams oder als Leiter in der Arbeit mit einer Gruppe zurechtfinden. Die gute und die schlechte Leistung von Gruppen sind im Wesentlichen von der Struktur und der Qualität der Beziehungen abhängig. Die Identität von Teams bestimmt sich durch eigene „Traditionen“ und informelle Normen, Symbole der Zugehörigkeit und die Abgrenzung zu anderen Gruppen. Ebenso gibt es Regulative für die Aufnahme neuer Mitglieder.

Regeln und Normen in Gruppen erleichtern das Zusammenleben und die Zusammenarbeit. Gruppennormen entwickeln sich durch den „Import“ bekannter Normen, durch die Orientierung an Beispielen und durch die Entwicklung eigener Regeln. Nach einer „Erprobung“ in der Gruppe werden Normen akzeptiert und gelebt. Es gibt Konsequenzen, die die Einhaltung der Normen belohnen und einen Verstoß sanktionieren. Übliche und hilfreiche Normen in Gruppen sind Fairness, Gegenseitigkeit, Rücksichtnahme, die Erfüllung der Rollenerwartungen, „vernunftgeprägtes“ Verhalten und Regelungen für den Konfliktfall.

Immer entwickelt sich aber auch ein gewisser Gruppendruck, der im positiven Fall die Zugehörigkeit zur Gruppe unterstützt und die Identität sichert. Organisationen erwarten von Mitgliedern, dass sie ihr Verhaltensspektrum einschränken und sich den Regeln, Werten und Normen der Gruppe anpassen. In Firmen nennt man das *Unternehmenskultur*. Ein erfolgreiches Team zeigt in der Arbeits- und Organisationspsychologie zum Beispiel folgende Charakteristiken:

Definierte Mitgliedschaft: Geklärte Rollen, Verantwortlichkeiten und Grenzen der Kompetenz; jedes Mitglied des Teams weiß, was von ihm erwartet wird.

Stabilität: Teams brauchen zumindest einen „harten Kern" fester Mitglieder, um Kontinuität zu sichern.

Gemeinsame Ziele: Die Mitglieder des Teams müssen die Ziele kennen und akzeptieren. Sie brauchen eine Vorstellung davon, wie sich diese Ziele erreichen lassen. Die Identifikation mit den wichtigsten Zielen ist unabdingbar.

Zusammengehörigkeitsgefühl: Das Gefühl, „dazuzugehören" und akzeptiert zu werden, kann durch gemeinsamen Austausch über Ideen, Arbeitsinhalt, Probleme und Gefühle unterstützt werden. Gemeinsame Aktivitäten unterstützen diese Wahrnehmung.

Abhängigkeit: Teams sind nur dann Teams, wenn Sie erfahren, dass der Erfolg des Einzelnen von der guten Leistung der anderen und ihrer Unterstützung abhängt.

Interaktion: Die Mitglieder müssen untereinander kommunizieren können und es auch tun, um als Team zu funktionieren. Von Zeit zu Zeit ist ein direktes Zusammentreffen hilfreich, um die Bindung aneinander zu unterstützen.

Belohnung: Gemeinsam herbeigeführte und erlebte Erfolge binden das Team zusammen, die Belohnung für erfolgreiche Arbeit sollte die gemeinsame Arbeit reflektieren.

Aber Gruppendruck wird dann gefährlich für ein gutes Funktionieren der Gruppe und das Wohlbefinden der Mitglieder, wenn bestimmte Grenzen überschritten werden. Der an sich notwendige und positive Glaube an die Gruppe führt dann zu Symptomen und Verhaltensweisen, die mitunter in der Katastrophe enden wie im November 1978. Damals verübten mehr als 920 Anhänger der Sekte The Peoples Temple Christian Church kollektiven Selbstmord in der nach ihrem Führer benannten Siedlung Jonestown im Nordwesten Guyanas. Wie man heute weiß, taten es nicht alle freiwillig, doch der Massenselbstmord veranschaulicht das gedankenlose Einwilligen in ein sinnloses und furchtbares Geschehen.

Es muss aber gar nicht derart extrem sein, wenn eine Gruppe eine Eigendynamik erhält, in der nicht die beste Lösung, sondern Machtfragen und Manipulation die Oberhand gewinnen. In seinem Standardwerk „Victims of groupthink“ (1972) benannte der Psychologe Irving Janis unter anderem acht Faktoren, an denen sich erkennen ließ, wann die Suche nach einer Entscheidung im Konsens der Gruppe aufs falsche Gleis führte.

Vor allem das besondere und nicht automatisch berechtigte Vertrauen in die Überlegenheit der Gruppe machte sich bemerkbar durch das Trugbild der Unverwundbarkeit (wir werden Erfolg haben, weil wir besonders gut sind) und die Annahme eines besonderen Ethos der Gruppe, der den einzelnen Mitgliedern die Suggestion erleichtert, die Ziele und Entscheidungen seien per se gut und richtig. Es versteht sich, dass in solchen Situationen selten andere Alternativen ernsthaft geprüft werden. Ein weiterer Stolperstein ist der Tunnelblick innerhalb der Gruppe, der neben Stereotypen und vorgeblicher Rationalität auch zu sehr selektiver Wahrnehmung von Informationen führen kann – wie für einen echten Goldgräber, für den nun einmal alles aussieht wie eine Spitzhacke und auch so benutzt wird.

Beim Erzielen einer Entscheidung im angestrebten Konsens zeigt sich für Janis schließlich ein starker Druck in Richtung Konformität und Übereinstimmung, oft durch direkte Aufforderung an Andersdenkende, die Position zu wechseln und die Sicht der anderen einzunehmen. Die Gruppe immunisiert sich gegen abweichendes Verhalten. Dies führt in der Folge auch dazu, dass oft abgeschwächte, entschärfte oder mehrdeutige Meinungen geäußert oder gleich verschwiegen werden – also die Schere im Kopf –, um einer offenen Festlegung und möglicher Konfrontation und Rechtfertigung zu entgehen. Hier greift auch das Zerrbild der Einstimmigkeit, das innerhalb der Gruppe hergestellt wird durch gegenseitige Beobachtung der Reaktion der anderen auf vorgebrachte Meinungen und Vorschläge – wenn keiner was sagt oder andere leicht zustimmend nicken, dann stimmt es schon. Der letzte Faktor in Janis' Liste behandelt die Mischung aus Ideologie und Macht, nämlich wenn innerhalb der Gruppe Gedankenwächter oder Fackelträger der guten Sache aktiv werden, die für sich vor allem eine Aufgabe sehen: die Nummer eins vor den falschen Fragen und Gedanken zu schützen – mitunter aus ganz eigennützigen Motiven.

Doch wie kann man (sofern man es will) das Aufkommen von Groupthink verhindern? Viel hängt vom formellen oder informellen Führer, dem Vorsitzenden der Gruppe, ab. Seine Aufgabe ist zum Beispiel, sich nicht zu früh auf eine bevorzugte Lösung zu versteifen. Ebenso wirksam ist es, wenn ein Gruppenmitglied als *Advocatus Diaboli* auftritt und die anderen zu gedanklichen Alternativen auffordert – wie in der katholischen Kirche, aus der dieser „Anwalt des Teufels" stammt. Damit wurde bis zur Abschaffung der Funktion im Jahre 1983 diejenige Person aus dem Kreise der Geistlichen bezeichnet, deren Aufgabe es war, in einem Verfahren der Selig- oder Heiligsprechung gegen die ausgewählte Person Argumente zu sammeln und im Verfahren vorzutragen. Diese Funktion kann ebenso wirksam sein wie unabhängige und aufgeteilte Gruppen oder die Möglichkeit von verdeckten Feedbacks. Bewährt hat sich schließlich nicht zuletzt auch die „frische Luft" von außen, indem man unabhängige Dritte heranzieht. Vielleicht war es diese Erfahrung, die bei John F. Kennedy zu einer Erkenntnis führte, die von ihm überliefert ist und den Nutzen der Vielfalt von Meinungen beschreibt: Die Weisheit eines Führers und seine Sicherheit liegen in der Vielzahl seiner Berater.

Wie wir gesehen haben, kann es durchaus manipulative Züge tragen, wenn uns Gruppen von etwas überzeugen wollen. Das Problem ist, es sehen zu wollen und sehen zu können, was wirklich beabsichtigt ist. Nur selten können wir die wahren Motive so klar und direkt erkennen wie bei den *Jubelpersern*, die im Juni 1967 den Schah von Persien bei seinem Berlinbesuch durch gezielten Jubel unterstützen sollten.

Gerade einmal rund 40 begeisterte Anhänger des Schahs durften sich innerhalb der Absperrungen mit ihren Begrüßungsplakaten für den Schah postieren. Man hielt sie für Studenten, später wurden sie von vielen als Mitarbeiter des persischen Geheimdienstes angesehen. Sie kamen nicht nur, um zu jubeln, sondern wussten auch, was sie bei Störungen und Protesten zu tun hatten. Denn noch bevor der Schah in Berlin ankam, hörte man aus der Menge der umstehenden Menschen Rufe wie „Mörder" – und die Proteste steigerten sich, als der Schah vor dem Rathaus in Berlin eintraf. Kaum hatte er es betreten, zeigten die Jubelperser ihr wahres Gesicht: Sie nahmen die Plakate von den Haltestöcken herunter und schlugen mit diesen Stöcken und mit Stahlruten auf die Demonstranten hinter den Absperrungen ein.

Am Abend dieses Tages wurde in Berlin bei einer Demonstration gegen den Schah der Student Benno Ohnesorg von einem Polizisten erschossen. Der 2. Juni 1967 veränderte die Geschichte der Bundesrepublik.

„Konformität gegen Überzeugung."

- Mengen beeindrucken uns. Mehrheiten beeinflussen uns.
- Es ist für jeden schwer, sich gegen Mehrheitsmeinungen zu behaupten.
- Konformität wird belohnt.
- Menschen mit weniger ausgeprägtem Selbstbewusstsein sind leichter zu beeinflussen.
- Wir alle gehören zu unterschiedlichen Gruppen, die unsere Meinungen und unser Verhalten beeinflussen.

Bleiben Sie kritisch:

- Ist das Thema wichtig genug?
- Meinen Sie das wirklich – oder wollen Sie nur Stress vermeiden?
- Was erreichen Sie durch Anpassung – was müssen Sie dafür aufgeben?
- Schadet die Umsetzung der Gruppenmeinung anderen, dem Unternehmen oder mir?
- Werden kritische Stimmen womöglich unterdrückt?

10

DAS EINDRUCKS-PARADOX

Schöne Menschen sind klüger. Warum siegt Auftritt über Aussage?

Selbst Anhänger des US-Präsidenten George Bush junior werden hier nicht widersprechen: G. W. Bush ist ein gutes Beispiel dafür, wie man auf andere Menschen überzeugend wirkt, unabhängig von der Richtigkeit dessen, was man behauptet. Bush wiederholt dieselben Aussagen immer wieder. Mit der Zeit überzeugen wiederholte Behauptungen genau durch diese Häufigkeit. Die Botschaften sind einfach und schlicht, jeder kann sie verstehen und das, was so konkret und präzise formuliert wird, muss demzufolge doch richtig sein. Das wichtigste Element sind die Bilder, die ich dazu geliefert bekomme. Bush wurde und wird, wo immer möglich, als Führer der Nation und als imposante Persönlichkeit inszeniert. Er tritt in Uniform auf und zeigt sich so in der Pose des Helden. Er hält eine Rede auf dem Flugzeugzeugträger „USS Abraham Lincoln", und für diesen perfekt inszenierten Auftritt vor einem idealen Bühnenbild wurde sogar ein Team erfahrener Fernsehproduzenten engagiert. Dort auf dem Flugzeugdeck vor der Brücke, mit allen angetretenen Dienstgraden und vor dem Banner mit der Botschaft „Mission accomplished" (Auftrag erfüllt) verkündete Bush am 1. Mai 2003 das Ende der Kampfhandlungen im Irak. Bush war auf dem Höhepunkt seiner Popularität, und selbst kritische Stimmen schwiegen. Nur die Realität hielt sich nicht an das Drehbuch. Wie man weiß, war der Krieg alles andere als beendet, sondern ging erst richtig los.

Ob jemand recht hat mit dem, was er sagt, das können wir manchmal regelrecht sehen. Zumindest glauben wir das und denken, wer unsicher wirkt, der wird auch schlechte Karten haben, wenn es um seine Sache geht. Beim Pokerspiel kann es ein guter Bluff sein, im richtigen Leben ist es oft das genaue Gegenteil. Selbst für erfahrene Politiker gilt diese Wahrnehmung, wie ein Bericht der Reporterin Ingrid Müller-Münch in der *Frankfurter Rundschau* über den Auftritt des Oberbürgermeisters einer deutschen Großstadt anschaulich zeigt: „Doch seine Gelassenheit war nichts als Tünche. Das merkte man an seinen Händen, die immer wieder in einer Art ritueller Handlung durch sein pechschwarzes Haar strichen. Das bekam sein Stift zu spüren, den er zwischen den Fingern hin und her rollte, während er in einem nicht nachvollziehbaren Rhythmus über seine Hosenbeine wischte."

Es geht uns nicht anders als einer aufmerksamen Zeitungsreporterin: In Bruchteilen von Sekunden machen wir uns ein Bild von anderen Menschen, einschließlich der Zuschreibung von persönlichen Eigenschaften. Wir entscheiden spontan, was von dem anderen zu halten ist. Ein Relikt der menschlichen Entwicklung, nützlich und schwierig zugleich.

Doch es ist nun einmal so: Körpersprache ist die älteste Form der Kommunikation, sie ist lange vor der gesprochenen Sprache entstanden. Wir achten bei ihr, oft sogar unbewusst, auf all das, was nicht durch die Wörter ausgedrückt wird: Gestik, Mimik, Blickkontakt, Körperhaltung, Lautstärke, Tonfall und Modulation der Stimme, alles zusammen die Körpersprache. Zur Körpersprache gehören weitere „künstliche" und damit noch stärker bewusst gestaltete Elemente wie Kleidung, Frisur, Kosmetik und Schmuck. Gerade diese Signale werden eingesetzt, um unser Rollenverständnis („seriös", „kreativ") für andere auszudrücken oder ihnen Mitteilungen über unsere Persönlichkeit („cool", „wichtig") zu machen.

Der erste Eindruck ist recht hartnäckig. Korrigiert werden kann er – jedoch oft nur, wenn sich eine Gelegenheit dazu bietet. Manchmal bleibt daher der erste Eindruck auch der letzte. Es ist also leichter, sich von Beginn an um einen guten ersten Eindruck zu bemühen. Der positive erste Eindruck ist die beste Grundlage für die weitere Entwicklung der Beziehung.

Die zuerst wahrgenommenen Kriterien sind das Alter, das Geschlecht und die Attraktivität. Vor allem werden hier die Mimik, der Gang, der Geruch und die Stimme beachtet. Lachen wird als Freundlichkeit interpretiert, ein fester Blickkontakt als Selbstsicherheit. Für die Klugheit ist die Sprechweise ein wichtiger Indikator, besonders flüssige und saubere Formulierungen unterstützen diesen Eindruck. Lautes Sprechen wird als Anzeichen für Geselligkeit und Selbstsicherheit gedeutet, ruhige Bewegungen als weiteres Merkmal für Selbstsicherheit und ausladende Bewegungen für Geselligkeit.

Deutliche Signale überstrahlen undeutliche, ein dominantes Signal kann alle anderen überstrahlen. Die betreffende Person wir dann schnell nach diesem einen Merkmal beurteilt. Und da gibt es zum Teil sehr eindeutige Beziehungen zwischen den Merkmalen und unserer Interpretation. Attraktivität wird häufig mit Klugheit und Kompetenz assoziiert, körperlich anziehende Menschen verdienen im Schnitt mehr Geld, sie werden bei Einstellungen bevorzugt, bei einer Geldsammlung oder bei einer Werbekampagne stoßen sie auf mehr positive Resonanz, sogar Kleinkinder betrachten die Abbildungen attraktiver Menschen für längere Zeit als die weniger gut aussehender Zeitgenossen. Sogar im Märchen sind Figuren wie Schneewittchen immer guten Charakters und stets von anmutiger Gestalt und Schönheit.

Doch auch wenn Sie keine Märchenschönheit sind, ist der persönliche Eindruck keine Schicksalsfrage dessen, was einem die Natur mitgegeben hat. Es fängt schon damit an, dass man einen anderen Menschen nicht nur sieht, sondern auch hört. Mit der Körpersprache unterstützen Sie wirkungsvolles Handeln am besten durch eine klare und ausreichend laute Stimme. Sprechen Sie deutlich und verständlich. Formulieren Sie einfache, kurze Sätze. Sprechen Sie eher langsam, auf keinen Fall steigern Sie das Tempo im Verlauf des Gesprächs. Auch die Stimme kann einen positiven Eindruck verstärken. Tonfall, Lautstärke, Modulation oder Stimmhöhe sollten Ihren Gesprächspartnern, dem Thema und dem Raum angemessen sein. Wichtige Aspekte zum richtigen Einsatz der Stimme sind die richtige Atmung, die Ausnutzung der Fähigkeit zur stimmlichen Modulation und die Entwicklung der Artikulation. Konzentrieren Sie sich auch auf das Sprechen – nicht nur auf den Inhalt. Entscheidend für die Wirkung des Gesprochenen sind das Sprechtempo, die Betonung, die Modulation und Pausen.

Margaret Thatcher wollte reden, doch sie hatte damit nicht den Erfolg, den sie sich wünschte. Zwar fiel Reden der Hinterbänklerin im englischen Parlament nicht schwer, doch es klang einfach nicht – ihre hohe Stimme überschlug sich, sobald sie lauter und energischer werden wollte. Und sie stellte fest, dass man ihr nicht mehr richtig zuhörte. Mithilfe eines speziellen Trainers senkte sie ihre Stimme über einen längeren Zeitraum um eine halbe Oktave – ein Gewaltakt, der fast einem männlichen Stimmbruch entsprach. Doch zusammen mit besonderem Sprechtraining ergab es jenen charakteristischen Thatcher-Tonfall, den die Männer in der englischen Politik über 20 Jahre lang fürchteten. Sie wurde die „Eiserne Lady“ – von der Tochter eines Milchladenbesitzers aus kleinen Verhältnissen war da nichts mehr zu hören.

Auch die Körperhaltung spielt dabei eine gewichtige Rolle, deshalb sind gerader Stand oder aufrechtes Sitzen ebenso hilfreich. Nehmen Sie Blickkontakt auf und verwenden Sie den Namen des Angesprochenen. Um Ihren Worten besondere Bedeutung zu verleihen, können Sie auch aufstehen oder ein wenig auf den anderen zugehen. Die persönliche Intimdistanz sollte dabei nicht unterschritten werden – kommen Sie anderen im wahrsten Sinn des Wortes „nicht zu nahe“.

Gefühle haben überall auf der Welt eine ähnliche Entsprechung in unserem Gesicht. Daher gibt es für den mimischen Ausdruck eine weitgehende Übereinstimmung in der Deutung der Ausdrücke durch andere, unabhängig von einzelnen Personen oder der kulturellen Zugehörigkeit. Die *Basisemotionen* wie Freude (Lächeln, Lachen), Trauer (Weinen), Wut, Ekel, Überraschung oder Angst werden von allen Menschen nahezu gleich ausgedrückt und auch von allen Menschen gleich interpretiert. Komplexere Gesichtsausdrücke sind Mischungen der sechs Grundformen. Grinsen beispielsweise ist eine Kombination aus leichter Drohung, Furcht und Unterwerfung: Lächeln unter Freilegen der oberen Zahnreihe.

Mit all diesen Faktoren ist Körpersprache unmittelbarer und damit auch schwieriger zu manipulieren als die gesprochene Sprache. Dennoch haben wir sicher alle einmal bemerkt, dass manche Menschen diese Signale sehr geschickt einsetzen können. Doch es gibt trotzdem Hinweise auf die gewollt eingesetzte Täuschung. Anzeichen dafür sind zum Beispiel Brüche im Verhaltensmuster, wenn etwa Körperhaltung und Mimik nicht zusammenpassen, oder wenn die Versicherung ungeteilter Wertschätzung mit einer leichten Vergrößerung der Distanz einhergeht – wer sagt, dass er zu uns steht, der rückt nicht von uns ab, sobald er das sagt. In solchen Fällen ist die Körpersprache aufschlussreicher als das gesprochene Wort.

Ein weiterer Anhaltspunkt des Zweifels kann aufkommen bei schlechtem Timing, etwa wenn sich die *Begeisterung* erst nach einer kurzen Wartezeit tatsächlich in der Mimik widerspiegelt und „Brüche“ in den Mikroemotionen bemerkbar sind, weil die Körpersprache um Sekundenbruchteile zu spät gedanklich „nachkontrolliert“ wird. Sofern Sie abrupte Veränderungen in der Körpersprache wahrnehmen, können Sie auch auf Veränderungen in der Befindlichkeit Ihrer Partner schließen. Um diese Täuschungen erkennen zu können, müssen Sie sich jedoch sehr intensiv auf Ihren Gesprächspartner konzentrieren. Je mehr Aufmerksamkeit Sie anderen widmen, umso besser können Sie Signale des Körpers erkennen.

Doch am Ende ist der ganze Körper selbst ein starker Sender für Bedeutungssignale über den Menschen. Nehmen wir nur das Gewicht – an der Frage fit oder fett entscheidet sich oft die Einordnung einer Person mit ihren Eigenschaften. Für Paul Campos, Jurist an der Universität von Colorado und Autor von „The obesity myth", (Der Fettleibigkeits-Mythos) ist das Dünnsein inzwischen eine soziale Chiffre für Kasteiung und Selbstdisziplin einer Elite, die es sich leistet und auf den offensichtlichen Mangel bei anderen herabsieht. Eine soziale Distinktion im Alltag und Berufsleben, die Vorteile verschafft und nebenbei den täglichen kleinen Egokick bringt: „Ich bin schlank – und du nicht."

Und so langsam wirkt diese Eindrucksmanipulation. Sonja Bischoff, Professorin für Betriebswirtschaft aus Hamburg, befragt seit 20 Jahren Führungskräfte zum Zusammenhang von Karriere und äußerem Erscheinungsbild. Die Karriere einer Sichtweise wirft auch ein Licht auf Selbstbild und Fremdbild der Befragten: War 1986 für nur rund fünf Prozent das Erscheinungsbild wichtig, so waren es 1991 bereits 14 Prozent und 1998 bereits 22 Prozent, die Attraktivität für einen wesentlichen Faktor der beruflichen Entwicklung hielten.

Denn unser Bild erfolgreicher Männer und Frauen hat sich geändert. Dünn ist erfolgreich, noch besser ist dünn und muskulös. Dafür legt man sich immer früher unters Messer für Waschbrettbäuche und Muskelimplantate. Der dicke Kapitalist mit Zigarre ist Salatessern und Wassertrinkern gewichen. Wer Macht über andere haben will, muss erst mal die Macht über sich selbst zeigen. Wer schlank ist, signalisiert: Ich fresse nicht, mein Lustgewinn sind Arbeit und Erfolg. Dieter Zetsche, der schlanke, groß gewachsene Chef von Daimler und ehemals Chrysler, initiierte vor Jahren das Projekt „Fit zum Führen" und ließ 1994 vernehmen: „Ein fitter Vorgesetzter motiviert sein Team und nimmt seine Vorbildfunktion bewusst wahr." Wer schlank ist, managt sich selbst besser – und auch andere, so der nahe liegende Kurzschluss.

Unter solchen Voraussetzungen hätte der frühere EnBW-Chef Utz Claassen bei Daimler wohl kaum eine vergleichbare Position errungen. Wahrscheinlich noch nicht einmal ein eigenes Büro. Denn der als „Kampfkugel" verspottete Chef des

Energiekonzerns war dick, und er war es wohl schon immer. Er machte sein Abitur mit 17 und der Note 0,7 als Landesbester, mit 22 sein Diplom und mit 26 den Doktor, war mit 31 Finanzvorstand von Seat und danach erfolgreicher Sanierer des MDAX-Konzerns Sartorius. Bis Ende September 2007 war er Vorstandsvorsitzender von EnBW. Daneben lehrte er als Honorarprofessor und schrieb zur Entspannung ein Buch über Hirnforschung. Alles in allem ist er eine ziemlich dicke Provokation für seine trainierten Kollegen. Denn trotz aller Kritik ist er erfolgreich, aber das sind andere auch. Claassen polarisierte vor allem durch seine Art, öffentlich sichtbar zu sein. Dies hatte er nicht nur seiner Persönlichkeit zu verdanken, sondern wohl auch den, so ist zu hören, bis zu 20 von ihm beschäftigten PR-Beratern.

Oder nehmen wir Steve Ballmer. Der CEO von Microsoft stieß fünf Jahre nach der Gründung als erster Nichttechniker dazu. Auf der *Fortune*-Liste der reichsten Menschen steht er auf Platz elf. Und wer einmal sah, wie er total verschwitzt einen Saal mit Tausenden von Mitarbeitern zum Kochen bringt („Developers, Developers, Developers"), der hat keinen Zweifel an seiner Motivationskraft und seiner Vorbildfunktion. Steve Ballmer hat eine Glatze, und er ist dick. Wer mit ihm arbeitete, geht für ihn durchs Feuer. Man sollte ihn nie unterschätzen, wie überhaupt keinen dicken Menschen. Die Ansicht, sie seien träge und leicht beherrschbar, kostete Julius Cäsar das Leben. Am Ende verblutete er nicht an dem einen Stich seines „Sohnes" Brutus, sondern an den vielen Dolchstößen seiner dicken Senatoren.

Jedoch: Der Attraktivitätsfaktor schlägt schon in der Kindheit zu: Den putzigen, schönen Kleinkindern wird mehr Aufmerksamkeit zuteil, als Schulkind bringt bessere Noten nach Hause, wer dem Schönheitsideal des Kulturkreises entspricht. Eine positive Rückkopplung, die sich im Berufsleben fortsetzt, wie die *Wirtschaftswoche* feststellt und dazu eine Befragung anführt, die die Syracuse University New York bei über 1 300 Personaldirektoren aus den USA und Großbritannien machte: 93 Prozent der befragten Personalchefs sind davon überzeugt, dass schöne Menschen schneller einen Job finden.

Der Wirtschaftswissenschaftler Daniel Hamermesh von der University of Texas in Austin veröffentlichte eine arbeitswissenschaftliche Untersuchung, die zu einem ähnlichen Ergebnis kommt: Als gut aussehend eingestufte Personen verdienten bei ansonsten vergleichbarer Qualifikation bis zu fünf Prozent mehr als Kollegen, die als durchschnittlich attraktiv galten. Dies führt mitunter zu erstaunlichen Kapriolen wie dem „Mister Bundestag“ oder die Suche nach „Deutschlands schönstem Manager“. Das Magazin *Wirtschaftswoche* fand ihn 2001 in der Person des damaligen Telekom-Chefs Ron Sommer. Dabei hätten die Aktionäre der Telekom sicher einen hässlichen Manager lieber gehabt, wenn der ihnen den dramatischen Wertverlust ihrer Aktien unter Sommers Amtszeit erspart hätte. Und der Sieger des Jahres 2003, Josef Ackermann von der Deutschen Bank, wurde Anfang des Jahres 2004 mit seinem Victoryzeichen während des Mannesmann-Prozesses sogar für längere Zeit zum Buhmann des Kapitalismus.

Zumindest in einem Punkt brauchte sich Ackermann nicht zu sorgen: Die Körpergröße steht bei ihm in keinem Verhältnis zum Einkommen – anders als bei den Probanden, die die Guildhall University in London untersuchte. Dort fand man heraus, dass von 11 000 befragten Männern jene mit einer Körpergröße über 182 Zentimeter auch ein durchschnittlich um sechs Prozent höheres Gehalt bekommen als Kollegen mit nur durchschnittlichem Wuchs.

Ein Trost: Wer klein ist, dafür aber wenigstens Haare auf dem Kopf hat, den hält man schon bei der Betrachtung von Porträtfotos für größer, als er wirklich ist. Dies fand der Psychologe Ronald Henss von der Universität Saarbrücken heraus. Dieser Effekt schlägt sich sogar ganz praktisch in Karrierechancen nieder. In seinen Untersuchungen legte Henss ansonsten gleiche Bewerbungsmappen vor, die sich nur im Passbild unterschieden: einmal mit einem manipulierten Foto des Bewerbers mit Halbglatze oder sogar ohne

Haupthaar. Bewerber mit vollem Haar konnten deutlich mehr Einladungen zum Vorstellungsgespräch verzeichnen. Zudem hielt man sie für mehr an der Karriere interessiert, für größer und für jünger als in Wirklichkeit. Und die Frauen? Hier ist die Haarfarbe mit entscheidend – wer etwa rotes Haar trägt, muss auch heute noch mit ablehnenden Reaktionen rechnen. Vor diesem Hintergrund wäre es ein echter Fortschritt, wenn Bewerbungen wie in den USA und Großbritannien ohne Foto zur Regel würden – so manche unbewusste Selbstmanipulation aufseiten der Personalchefs hätte ebenso ein Ende wie der Versuch mancher Bewerber, durch Vortäuschung des Erwünschten einen Vorteil zu erlangen.

„Die Macht der versteckten Signale."

- Die Körpersprache prägt unser Bild von anderen Menschen mehr als alle übrigen Faktoren zusammen.
- Die äußere Erscheinung wird von uns meist mit inneren Qualitäten gleichgesetzt.
- Wir nehmen stereotype Paarungen vor: „dick = träge" oder „schön = gut".
- Der erste Eindruck dominiert oft unsere weitere Beziehung zu der Person.
- Gut aussehende und körperlich größere Menschen sind im Durchschnitt beruflich erfolgreicher.

Was machen Sie daraus für sich?

- Prüfen Sie Ihre Wahrnehmung anderer Menschen kritisch auf simple Fehler.
- Prüfen Sie kritisch, wie andere Sie wahrnehmen.
- Achten Sie auf Ihr Äußeres. Mit geringen Mitteln lässt sich oft viel erreichen.
- Gestalten Sie den ersten Eindruck gezielt!
- Trainieren Sie Ihre Körpersprache.

11

DIE TUE-GUTES-NUMMER

Wenn du Geld willst, gib zuerst. Oder: Warum kann man uns mit Wohltätigkeit leichter ausnehmen?

Eine alltägliche Situation: Sie bummeln durch ein Einkaufszentrum, in Ihrem Weg stehen ein paar junge Menschen und einer hält Ihnen eine Sammeldose hin. Manche von uns geben etwas, manche geben nichts – jedenfalls ziemlich unabhängig vom Zweck der Sammlung.

Und jetzt noch einmal: Sie bummeln durch ein Einkaufszentrum. Ihnen kommt ein junger lächelnder Mensch entgegen und schenkt Ihnen eine weiße Rose. Einfach so. Kurz danach stehen in Ihrem Weg ein paar junge Menschen und einer hält Ihnen eine Sammeldose hin. Fast alle von uns geben etwas, ziemlich unabhängig vom Zweck der Sammlung. Warum ist das so?

Oder denken Sie an die Zeit kurz vor Weihnachten: Mit der Post trifft bei Ihnen ein Umschlag ein mit einer Bitte um Unterstützung für einen guten Zweck. Ein entsprechendes Überweisungsformular liegt bei, Sie brauchen nur noch die Summe einzusetzen. Fünf bis zehn Prozent der Angeschriebenen überweisen hier eine Spende. Weihnachten ist ja die Zeit für Spenden.

Und auch hier noch mal die Zeit kurz vor Weihnachten: Mit der Post trifft bei Ihnen ein Umschlag ein mit der Bitte um Unterstützung für einen guten Zweck. Ein entsprechendes Überweisungsformular liegt bei, Sie brauchen nur noch die Summe einzusetzen. Dem Brief liegen zusätzlich Weihnachtspostkarten bei, manchem gefallen sie, mancher findet sie vielleicht ein wenig kitschig. Etwa 30 Prozent der Angeschriebenen überweisen hier eine Spende. Weihnachten ist ja die Zeit für Spenden, aber durch die Postkarten fühlen sich viel mehr angesprochen. Warum ist das so?

Wenn wir in solchen Fällen gerne spenden, so finden wir es auch immer toll, wenn andere sich für wohltätige Zwecke einsetzen. Das Geschäft lebt von und mit Prominenten. Veronica Ferres engagiert sich für Power-Child, Jürgen Klinsmann kämpft mit Agapedia für verwaiste Kinder in Osteuropa, Biolek hat die Alfred-Biolek-Stiftung ins Leben gerufen und Verona Feldbusch setzt sich für die SOS-Kinderdörfer ein. Auf der Feldbusch-Pooth-Hochzeit traten im Gegenzug Kinder aus Bolivien an und sangen – hier wird der unmittelbare Nutzen wenigstens deutlich. Doch manchmal ist der Nutzen weniger klar ersichtlich wie bei einer Reihe prominenter Figuren: Die erhalten für ihr Erscheinen bei wichtigen wohltätigen Anlässen beileibe nicht nur Gotteslohn, sondern ein durchaus substanzielles Honorar, manchmal in Form von Huckepackverträgen für Werbeauftritte.

Offen bleibt auch die Frage, wie viel Geld von den vielen Veranstaltungen im Benefizgeschäft tatsächlich bei den Bedürftigen landet. In der *Frankfurter Allgemeinen Sonntagszeitung* rechnet die Autorin Anna von Münchhausen vor, dass häufig nur die Nettoeinnahmen tatsächlich für wohltätige Zwecke gespendet werden. Und das sind die Erlöse aus Tickets, Tombola und Extraspenden, aber abzüglich der Kosten für Saalmiete, Tischdekoration, Lichtdesign – und allzu oft auch üppiger Honorare, nicht zuletzt für die Veranstalter selber. Und Bernd Beder, Geschäftsführer des Deutschen Spendenrats, einer Art TÜV für Wohltätigkeitsorganisationen, springt hier bei: „Ich habe noch nie die Abrechnung einer solchen Veranstaltung gesehen."

Das Geschäft mit der Wohltätigkeit in all seinen Erscheinungsformen von den Spendendosen bis zum Star hat allein in Deutschland ein geschätztes Volumen von zwei Milliarden Euro. Den Großteil der Beiträge spenden Omi, Papi und Tochter von nebenan – aus Mildtätigkeit und aus einem oft eher schmalen Geldbeutel. Spenden und Wohltätigkeit sind immer indirekte Hilfsbereitschaft. Unser Drang, anderen beizustehen, wird hier auf ferne Zwecke und Menschen gelenkt. Wie funktioniert das?

Auch wenn uns sofort mindestens ein konkretes Gegenbeispiel einfällt, so scheint der Mensch dennoch grundsätzlich hilfsbereit zu sein. Für dieses Phänomen bietet die Wissenschaft uns eine Reihe von Erklärungen an. Zum einen gibt es die Perspektive der Evolution: In der menschlichen Entwicklungsgeschichte war es immer sinnvoll, uns nahestehenden Menschen zu helfen. Wenn wir die Chancen von uns verwandten Menschen verbessern, verbessern wir damit die Chancen unseres Genpools, sich zu verbreiten. Indem wir anderen helfen, verstärken wir auch bei ihnen die Bereitschaft, ihrerseits wiederum uns zu helfen. Der Naturforscher Frans de Waal zeigt in umfangreichen Studien mit Primaten und anderen höheren Affen beispielsweise, dass die eigenen Chancen, gelaust zu werden, dadurch drastisch steigen, dass man als Affe seinerseits anderen den Pelz laust. In neurologischen Laborversuchen konnte gezeigt werden, dass in Hilfesituationen diejenigen Hirnareale besonders aktiv sind, in denen Empfindungen von Belohnung verarbeitet werden.

Das erklärt übrigens auch den Dreh mit der Rose und den Weihnachtskarten, den wir zu Anfang beschrieben. Wenn uns zuvor ein Geschenk gemacht wird, auch wenn es nur ein kleines oder sogar wenig erwünschtes ist, dann fühlen wir die Verpflichtung, uns zu revanchieren. Am leichtesten können wir uns dieser Verpflichtung entledigen, wenn wir einen Euro in die Sammelbüchse stecken oder wenn wir eine entsprechende Geldsumme überweisen. Die Karten kann man schließlich schlecht wegwerfen, und zurückgeschickt hat sie bisher auch kaum jemand. Andererseits kann man die Karten ja auch nicht einfach behalten! Die Lösung: Man zahlt es im besten Sinne heim.

Ein weiterer wichtiger Faktor ist die Nähe. Wenn es den Spendensammlern gelingt, uns die Hilfsbedürftigen nahezubringen, dann sind wir eher bereit, zu helfen. Das trifft immer dann zu, wenn der Spendenzweck in unser Wohnzimmer gelangt, etwa mit dem Fernsehen, mit einer bekannten Persönlichkeit wie Karlheinz Böhm. Oder weil Menschen betroffen sind, mit denen uns etwas verbindet wie die Menschen in Ostdeutschland bei der Oderflut.

Eine andere Erklärung bietet uns der verhaltensökonomische Kosten-Nutzen-Ansatz an: Wenn der Aufwand für die Hilfe relativ gering ist, dann sind wir eher bereit, anderen zu helfen. Besonders dann, wenn die Hilfsbedürftigen ihre Lage nicht verschuldet haben. Und wenn wir dann auch noch von dem Akt des Helfens profitieren können – und sei es nur immateriell durch ein gutes Gefühl – dann werden wir helfen. Darum funktioniert das Sammeln von Spenden vor den hohen Festtagen besser als zu einem beliebigen Zeitpunkt im Jahr. Darum ist es leichter, Geld zu sammeln, als tatkräftige Hilfe einzuwerben.

Geld ist quasi eine Stellvertreterhandlung. Und darum ist es so wohltuend, wenn man mit seiner Hilfe sichtbar wird. Keiner der Prominenten – von Bill Gates über Angelina Jolie bis zu Herbert Grönemeyer – tut sein gutes Werk im Verborgenen. Natürlich ist einem der Presserummel gar nicht recht, aber wenn sich doch die eigene Prominenz so gut für den guten Zweck einsetzen lässt? Und wenn man dabei auch noch ein wenig an eben dieser Bekanntheit arbeiten kann? Und ganz nebenbei ein gutes Gefühl haben darf, weil man ein guter Mensch ist? Dann lohnt sich das Helfen offenbar für alle Beteiligten wie eine spieltheoretische Win-win-Situation. Im Lauf unserer individuellen Entwicklung haben wir zudem gelernt, dass unsere Gesellschaft helfendes Verhalten fordert und belohnt. Hier tut also jemand eindeutig das Richtige. Er erfüllt eine hoch angesehene gesellschaftliche Norm – und das noch öffentlich sichtbar.

Und dann gibt es noch Menschen, die sich schuldig fühlen. Sie sind eher geneigt, anderen zu helfen. Diese Seite in uns bringen Bilder von Katastrophen zum Klingen, diese Bilder helfen aggressiven Spendensammlern wie World Vision, Tierschutzorganisationen und anderen bei ihrer Arbeit. Wenn ich den potenziellen Spendern ein schlechtes Gewissen machen kann, habe ich schon halb gewonnen.

Wir sind immer dann eher bereit, zu helfen, wenn wir persönlich und direkt angesprochen werden. Darum steht auf den erfolgreichen Briefen unser Name und der erfolgreiche Brief endet mit einem zwar faksimilierten, aber immerhin handschriftlich aussehenden Schlusssatz. Der Spendensammler, der in der Fußgängerzone Blickkontakt aufnimmt, auf uns zugeht und uns direkt anspricht, wird mehr sammeln als einer, der lediglich mit der Büchse klimpernd durch die Menge zieht.

Das ist im Übrigen auch die beste Methode, um Hilfe zu bekommen, wenn Sie wirklich einmal in Not sind – nicht die klimpernde Büchse, sondern die direkte Ansprache. Etwa wenn Sie bedroht werden inmitten einer Menschenmenge. Wie sehr es stimmt, zeigte der tragische Fall von Kitty Genovese in den USA. Im New Yorker Stadtteil Queens wurde sie 1964 auf dem Heimweg von einem Mann mit einem Messer angefallen und niedergestochen. Das Verbrechen geschah nur wenige Meter von ihrer Wohnung entfernt. Als Kitty Genovese nach den ersten Messerstichen zu schreien begann, wurden viele Menschen aufmerksam. Wie später ermittelt wurde, wurden insgesamt 38 Nachbarn zu Zeugen des Vorfalls. Doch keiner versuchte zu helfen, niemand rief auch nur die Polizei. Insgesamt dauerte das schreckliche Geschehen 45 Minuten, und niemand rührte sich. Als dann doch endlich jemand die Polizei rief, war Kitty Genovese bei deren Eintreffen bereits tot.

Was lernen wir daraus? Nicht selten können mehrere Menschen an einem Ort Zeuge einer Situation werde, in der jemand Hilfe benötigt. Das kann ein Überfall sein, aber auch ein Anfall bei bestimmten Krankheiten. Sobald andere Menschen dabei sind, neigen wir dazu, anzunehmen, dass schon einer dieser anderen Menschen helfen wird. Nicht wenige haben auch die Befürchtung, dass sie sich ungeschickt anstellen könnten, und das vor den Augen der anderen Passanten. Und die Chance auf Hilfe sinkt immer dann drastisch, wenn die Situation nicht ganz klar ist – ist da jemand wirklich in Not oder streitet er nur lautstark mit ihr?

Dass der Fall Genovese von 1964 auch heute unverändert aktuell ist, berichtete der *Spiegel* Mitte 2008: die Jamaikanerin Esmin Elizabeth Green, Mutter von sechs Kindern, saß 24 Stunden lang unbeachtet im Wartebereich eines New Yorker Krankenhauses. Dann fiel die Frau vom Stuhl, blieb auf dem Boden liegen und starb schließlich. Das Wartezimmer war videoüberwacht, dort hielten sich Patienten, Personal und auch Wachleute auf. Erst rund eine halbe Stunde nach ihrem Tod wird Esmin Green bemerkt. Schwestern und Sicherheitspersonal probieren eine Art Erster Hilfe an der Verstorbenen aus, erkennen die Fruchtlosigkeit ihres Bemühens und fälschen schließlich den medizinischen Bericht. Esmin Green starb Medienberichten zufolge an einer Lungenembolie. Ein Spaziergang oder ein Glas Wasser zur rechten Zeit hätte sie wohl retten können.

Sollten Sie selbst bedroht oder gar angegriffen werden, oder benötigen Sie aus anderen Gründen einmal Hilfe, dann gibt uns die Sozialpsychologie eine paradox anmutende Regel: Rufen Sie bitte niemals einfach um Hilfe. Stattdessen sprechen Sie nach Möglichkeit eine bestimmte Person konkret an und formulieren Sie möglichst klar, was zu tun ist: „Der Mann in dem hellen Mantel bedroht mich! Rufen Sie die Polizei!" Oder: „Ich habe Schmerzen, rufen Sie einen Arzt!" – „Mir ist schwindlig! Halten Sie mich fest!" Dieses Verhalten erhöht Ihre Chancen auf Beistand um ein Vielfaches – auch wenn wir hier gar nicht in Vorleistung getreten sind mit einem kleinen Geschenk.

„Altruistisch sein oder wirklich helfen?"

- Menschen sind grundsätzlich hilfsbereit.
- Wir helfen eher Personen, die uns nahestehen oder sympathisch sind.
- Wir helfen ebenso Personen, die unser Mitleid erregen.
- Wir helfen desto eher, je weniger wir uns für die Hilfeleistung anstrengen müssen.
- Die Anwesenheit Dritter, besonders großer Gruppen, hemmt unsere Hilfsbereitschaft.

So geht es besser:

- Denken Sie nach: Braucht der andere wirklich Hilfe? Und wie sollte diese Hilfe aussehen?
- Lassen Sie sich kein schlechtes Gewissen machen. Lassen Sie sich einen guten Zweck nicht durch Werbegetöse oder Prominente einreden.
- Wenn andere Menschen in Not sind, helfen Sie. Verlassen Sie sich nicht auf Dritte.
- Wenn Sie selber Hilfe brauchen, sprechen Sie andere Personen direkt an.
- Formulieren Sie, wenn möglich, die genaue Art der benötigten Hilfe.

12

DER BEWERBER-NEXUS

Dynamische(r) kompetente(r) Mitarbeiter(in) gesucht. Oder: Warum sind manche Kandidaten erfolgreicher?

Wer kennt nicht das gemischte Gefühl von Hoffnung und Unsicherheit, das einen befällt, wenn man sich um einen neuen Job bewirbt? Vor allem, wenn man die erste Hürde der Papierauswahl übersprungen hat und es endlich so weit ist: Das Bewerbungsgespräch findet statt. Hier kann man zeigen, wer man ist. Oder leider auch nicht.

Versetzen Sie sich als männlicher Bewerber einmal in folgende Situation: Im Bewerbungsgespräch kommt Ihr zukünftiger Chef scheinbar wie von selbst auf das Thema Fußball zu sprechen. Sie haben dann von Ihrem Engagement als Jugendtrainer beim VfL 07 erzählt, Ihr potenzieller Chef von seiner Zeit als Mittelfeldspieler beim BSV. Jetzt ist er großer Fan vom FC 04 und besucht regelmäßig die Bundesligaspiele des Vereins. Irgendwie haben Sie dann kaum noch über Ihre Qualifikationen und über den Job gesprochen, und trotzdem war Ihre Bewerbung erfolgreich. Sie bekamen ein Angebot.

Eine andere Situation, in die beide Geschlechter sich gleichermaßen hineinversetzen können: Im Bewerbungsgespräch wurden Sie nach einigen lockeren Bemerkungen zum Einstieg gefragt, ob Sie etwas zu trinken wünschten. Als Sie dann nach einem grünen Tee fragten, guckte die Sekretärin schon so komisch. Dann ist Ihnen beim Anheben der Tasse auch einiges herausgeschwappt und auf dem Firmenprospekt gelandet. Ein dummer Zufall, das kann jedem von uns doch mal passieren. Irgendwie kam das Gespräch danach nicht richtig von der Stelle, und am Ende des Vorstellungstermins entließ man Sie mit der Nachricht, das Unternehmen werde sich zu gegebener Zeit bei Ihnen melden: „Sie brauchen uns nicht anzurufen. Wir kommen auf Sie zu." Ob Sie sich da noch Hoffnungen machen dürfen? Ihre fachlichen Qualifikationen für den Job und Ihre praktischen Erfahrungen sind nämlich ziemlich gut.

Eine weitere Situation, die vielen bekannt sein dürfte, die in Großkonzernen arbeiten und sich im Haus für höhere Aufgaben bewerben. Im anstrengenden, ganztägigen Assessment-Center haben Sie sich wacker geschlagen. Besonders mit der Präsentationsaufgabe sind Sie hervorragend klargekommen. Die aktuelle Marketingstrategie für Polen haben Sie sorgfältig analysiert und den Beobachtern genau belegt, warum das gewählte Vorgehen keinesfalls erfolgreich sein kann. Die Strategie hat noch nicht einmal die aktuellen Erkenntnisse von BWL-Professor Doppelberg an der FH Reutenscheid berücksichtigt! Man muss sich doch wirklich fragen, welcher Anfänger diesen Plan formuliert hat. Danach gab es zwar ein paar kritische Fragen, besonders vom ebenfalls anwesenden Leiter Marketing Ausland, aber dank Ihres exzellenten Hintergrundwissens konnten Sie gut Rede und Antwort stehen. Warum genau es aber bei Ihnen dann doch nicht geklappt hat mit der Teilnahme an dem besonderen Executive-Programm, das ist Ihnen trotz des ausführlichen Feedbacks nicht so ganz klar geworden.

Als Personalverantwortlicher analysieren Sie die Unterlagen der Bewerberin. Alles nicht schlecht, aber auch nicht wirklich gut. Was Ihnen allerdings auffällt und auch gefällt, ist der Umstand, dass die Eltern der Bewerberin eine kleine Firma für elektronische Einspritzpumpen haben. Bei dieser Herkunft liegt ihr das unternehmerische Denken bestimmt im Blut. Und dann hat sie auch noch einen MBA an der Wharton Business School absolviert. Sie wissen, da war auch der Vorstandsvorsitzende Ihres Unternehmens. Und der weiß es bestimmt zu würdigen, wenn man den Wert der Abschlüsse „seiner" Universität zu schätzen versteht!

Vier exemplarische Situationen, die das Problem von unterschiedlichen Seiten betrachten und immer wieder auf einen Punkt kommen. Denn wie wenige andere Situationen steht die Personalauswahl vor den praktischen Problemen von Wahrnehmung, Macht und Manipulation und ihren Auswirkungen. Dabei sind die Gewichte zwischen Selbsttäuschung und Fremdtäuschung durchaus nicht einseitig verteilt. Jeder täuscht sich und andere, so gut er kann. Denn Personaleinstellung ist immer wieder der Sieg der Hoffnung über die Erfahrung – und zwar für beide Seiten. Es lohnt sich daher, einmal zu betrachten, welche Bandbreite die Fehler in der professionellen Beurteilung von Menschen im Beruf haben können. Nicht zuletzt, um zu wissen, womit man rechnen muss.

Aus der Organisationsforschung wie dem praktischen Personalmanagement ist bekannt, dass viele Führungskräfte die Tendenz haben, bei der Einschätzung von Mitarbeitern grundsätzlich zu milde oder zu streng zu urteilen, also eine Art Schlagseite in eine Urteilsrichtung haben. Dieser *Maßstabfehler* bezeichnet als Nivellierungsfehler das bei Wissenschaftlern bekannte *Gaußphänomen.* Wieder andere wollen sich nicht festlegen und geben Urteile fast nur im Mittelbereich einer Beschreibungsdimension ab – alles guter Durchschnitt, mal eins höher, mal eins niedriger. Problematisch dabei ist, dass dieser Tendenz relativ unabhängig von den tatsächlichen Leistungen der beurteilten Person stattgegeben wird.

Ein spezieller *Mildefehler* kommt häufig darin zum Ausdruck, wenn Personen, die man kennt, nicht so streng beurteilt werden wie jene, die einem eher unbekannt sind, weil man weniger Kontakt mit ihnen hat. Mitarbeiter von weit entfernten Zweigstellen oder Expatriates im Auslandseinsatz wissen leider, was das bedeutet: Wer wirklich Karriere machen will, macht sie am besten in Sichtweite des Chefbüros in der Zentrale.

Eine häufig auftretende Fehlerart, die die Beurteilung von Menschen beeinflusst, sind *Kontrastfehler*. Das bedeutet, dass bei Vergleichen von Mitarbeitern untereinander ein besonders guter oder ein schlechter Mitarbeiter als „Maßstab" genommen wird. In diesem Vergleich schneiden andere zwangsläufig schlecht oder besonders gut ab. Den tatsächlichen individuellen Leistungen kommt man damit nicht näher.

Gewichtungsfehler kennzeichnen die Tendenz, besonderen negativen oder positiven Informationen mehr Gewicht beizumessen. Die unterschiedlichen Informationen werden dann nicht gleichwertig nebeneinander gesehen, bestimmte Faktoren bestimmen stärker das Ergebnis der Beurteilung als andere.

Der sogenannte *Haloeffekt* entsteht dann, wenn sich Personen von isolierten Merkmalen blenden lassen, die alle anderen Verhaltensweisen „überstrahlen". Die Gesamtbeurteilung verschiebt sich dann entsprechend in eine positive oder negative Richtung. Nehmen Sie das Eingangsbeispiel mit dem Fußball – so jemand wird schon der Richtige sein. Oder ganz klar die Falsche: Wenn schon der Tee verschüttet wird – was darf man dann von so einem Trampel noch alles erwarten?

Viele Beurteiler verfügen über ein durch Erfahrung gefestigtes Menschenbild. Doch bei Licht betrachtet handelt es sich dabei in der Regel um massive Stereotype oder sogar um Vorurteile. Die tatsächlichen Beobachtungen werden dann diesem Menschenbild angepasst und nicht entsprechend ihrer tatsächlichen Bedeutung gewichtet. Eine Verzerrung der Beurteilung entsteht durch solche impliziten Persönlichkeitstheorien und Stereotype.

Was bei Personen wirkt, funktioniert ebenso bei Unternehmen. In seinem Buch „Der Halo-Effekt" weist der US-amerikanische Autor Phil Rosenzweig nach, wie leicht Firmen mit guter Performance viele positive Eigenschaften unterstellt werden. Das führt dann zu Publikationen wie den Legendenbüchern „Auf der Suche nach Spitzenleistungen", das vor über 20 Jahren den Ruf von Tom Peters als

Managementguru begründete. Bei fast allen dort erwähnten Unternehmen fiel auf, dass kurze Zeit danach erhebliche wirtschaftliche Probleme entstanden. Und der bekannte deutsche Managementautor Reinhard Sprenger berichtete 2007 in einem Gespräch, Peters habe viele Jahre später zugegeben, dass eine ganze Reihe seiner Erfolgsbeispiele auf Hörensagen beruhten, die er nicht nachprüfte.

Eine besondere Wirkung übt auch der *Ähnlichkeitseffekt* aus. Mitarbeiter, die in einzelnen Merkmalen Ähnlichkeiten mit ihren Führungskräften aufweisen – oder im Lauf der Zeit erlernt haben, diese zu entwickeln – können eher mit Sympathie und Akzeptanz rechnen als Kollegen, bei denen dies nicht festgestellt wird.

In einer anderen Ausprägung führt dies zum *Überdeckungseffekt*: Davon ist die Rede, wenn ein Mitarbeiter sich besonders bemüht, in einer Beobachtungssituation einen möglichst vorteilhaften Eindruck zu hinterlassen. Dies ist oft in der Probezeit festzustellen, oder häufig genug schon jedes Mal, wenn ein Vorgesetzter den Raum betritt – achten Sie einmal darauf bei sich selbst und anderen.

Korrekturfehler führen dazu, dass früher abgegebene Beurteilungen beibehalten werden. Abweichende Beobachtungen oder neue Aspekte bleiben dann unberücksichtigt oder gehen mit geringerem Gewicht in das Gesamturteil ein. Dem Beurteilenden erspart dies, sich in einen Widerspruch mit früheren Entscheidungen und damit mit sich selbst zu setzen. Es bleibt, wie es immer war: richtig.

Alles andere als unerheblich ist es auch, in welcher Reihenfolge Sie zum Vorstellungsgespräch oder zum Assessment-Center antreten. Wenn nämlich der erste Bewerber einen guten Eindruck macht, wird es für alle nachfolgenden deutlich schwieriger, diese Marke zu überspringen. Wenn Sie als letzter Kandidat auflaufen und wiederum einen guten Eindruck machen, dann haben Sie gute Chancen, den Beurteilern besonders deutlich im Gedächtnis zu bleiben. Eine Erfahrung aus der Marktpositionierung („caught-in-the-middle“) zeigt sich auch bei Kandidaten in solchen Verfahren, nämlich das sogenannte *Mitte-Problem*: Wer in der Mitte der Reihenfolge dran ist, hat es immer schwerer.

Nicht zu vernachlässigen ist auch die Stimmung der Beurteiler. Je nach Umgebung (zum Beispiel angenehm oder lästig), je nach Tageszeit (hungrig, müde) oder nach der Tagesform (gut gelaunt, in Eile, kritisch) treffen die Kandidaten im Einzelfall auf sehr unterschiedliche Bedingungen.

Oder denken wir an den tendenziellen Fehler, von äußerlichen Merkmalen auf innere Werte zu schließen: Was schön ist, ist auch gut. In einer Untersuchung bat der US-Psychologe Cunningham männliche Versuchspersonen, Fotos mit Gesichtern von 16 weiblichen Personen zu beurteilen. Jeweils vier der Fotos waren aufgrund einer Voruntersuchung bereits identifiziert und in die Kategorien sehr attraktiv, recht attraktiv, mäßig attraktiv und wenig attraktiv eingeteilt worden. Nachdem die Versuchspersonen zunächst eine Einschätzung der Attraktivität vornahmen, wurden sie anschließend gebeten, jede der 16 abgebildeten Frauen im Hinblick auf verschiedene Persönlichkeitsmerkmale (beispielsweise klug, gesellig, selbstsicher, bescheiden) zu beurteilen, und zwar auf jeweils sechsstufigen Skalen. Abschließend wurden die Probanden gefragt, welcher der Personen auf den Fotos man am ehesten einen Job geben würde. Und ebenso die Frage, mit welcher davon man bevorzugt zu Abend essen würde. Cunningham konnte mit seiner Untersuchung zeigen, dass nicht nur ein weit verbreitetes Schönheitsstereotyp existiert, sondern darüber hinaus, dass wir „schönen" Menschen in der Regel auch weitere positive Eigenschaften zuschreiben, und zwar in sozialer wie auch intellektueller Hinsicht. Nach dem Motto: Was schön ist, ist auch gut (und klug)!

Ein sehr interessanter und häufiger Faktor, welcher das Urteil gerade in Auswahlsituationen beeinflusst, wird als *Rosenthaleffekt* beschrieben: In breit angelegten experimentellen Untersuchungen analysierte der amerikanische Psychologe Robert Rosenthal, welchen Einfluss der Versuchsleiter in Experimenten auf das Verhalten von Versuchspersonen und sogar Versuchstieren hat. Rosenthal und seine Mitarbeiter beschäftigten sich mit der Frage, inwieweit sich vorhandene Erwartungen (Hypothesen) in Bezug auf bestimmte Merkmale von Probanden oder Versuchstieren (zum Beispiel Intelligenz) auf das tatsächliche Verhalten dieser Probanden auswirken können. Mit Ratten und auch mit Menschen wurden einfache Lernexperimente durchgeführt. Die Lernfähigkeit war in allen untersuchten Gruppen jeweils zufällig verteilt. Den Versuchsleitern wurde allerdings zuvor vermittelt, dass sie „intelligente" oder eben „dumme" Probanden in ihrer Gruppe hätten. Als Ergebnis dieser Suggestion unterschieden sich die objektiven Leistungswerte der Gruppen dann tatsächlich signifikant voneinander: Jene Tiere oder Probanden wiesen überlegene Leistungen auf, von denen die Experimentatoren auch gute Leistungen erwartet hatten. Aus heutiger Sicht sind die Befunde in der Weise zu interpretieren, dass die besondere Fürsorge, die den „intelligenten" Ratten oder Probanden zuteilwurde, für die besseren Lernerfolge verantwortlich war. Rosenthal und seine Forschergruppe konnten somit zeigen, dass spezifische Erwartungen, die eine Person im Hinblick auf das Verhalten anderer mitbringt, sich stark auf das tatsächliche Verhalten dieser Personen auswirken können, und zwar im Sinne einer sich selbst erfüllenden Prophezeiung. Deshalb wird der Rosenthaleffekt auch als *Pygmalioneffekt* bezeichnet oder als *Andorraphänomen* in Anlehnung an die Handlung des Romans „Andorra" von Max Frisch. Wie wichtig es ist, sich der besonderen Bewandtnis des Rosenthaleffekts klar zu werden, zeigt sich zum Beispiel in der Schule: Dort unterliegen Lehrer stets der Gefährdung, nicht die tatsächliche Leistung von Schülern zu bewerten, sondern nach anderen Faktoren zu urteilen.

Die Beurteilung unterliegt dabei einer „stickiness", also dem Phänomen, dass sie an einem kleben bleiben wie ein Etikett an einer Packung im Supermarkt – und mitunter genauso schwierig zu entfernen sind. Wer das Label „stark", „durchschnittlich" oder „leistungsschwach" einmal erhalten hat, kommt nur schwer wieder in eine andere Kategorie.

Ein besonderes Problem besteht darin, dass es auch negative Selbsterfüllungen gibt, die als *Versagersyndrom* in die Managementliteratur eingegangen sind. Wer als schwach eingestuft wurde, obwohl es nicht der Fall ist, erfüllt die geringeren Erwartungen mit der Zeit durch tatsächlich geringere Leistungen. Die Führungskraft ist daran nicht unschuldig, sondern befördert mit einem mangelhaften Führungsstil sogar noch diese Entwicklung.

Dies beschrieben die beiden Autoren Jean-François Manzoni und Jean-Louis Barsoux von der bekannten franzözischen Managerschule INSEAD in Fontainebleau bei Paris. Sie betrachteten mehr als 3 000 Manager und ihre Formen der Interaktion mit ihren Mitarbeitern. Dabei stellte sich heraus, dass Manager in Leitungsfunktionen mit Personalverantwortung bewusst anders mit Mitarbeitern umgehen, die sie für schwach halten. Sie legten sie an eine bewusst kürzere Leine, etwa indem sie ihnen deutlich detaillierte Vorgaben und Anweisungen mitteilten, im persönlichen Kontakt bei Sitzungen und Besprechungen vorrangig fachliche und Inhaltsfragen behandelten und vor allem das Reporting intensiver nutzten durch häufigeres Abfragen des Sachstandes. All dies verstanden die befragten Manager jedoch als Hilfestellung für den vermeintlichen Minderleister. Damit ging einher, dass auch gute Impulse und Ideen der betreffenden Mitarbeiter eher nicht zur Kenntnis genommen und befolgt wurden, sondern stattdessen nach einem für jede Situation vorhandenen Plan des Chefs zur Lösung verfahren wurde.

Doch damit verkehrt sich Führung in ein Abhängigkeitsverhältnis, mit dem der betreffende Mitarbeiter nur klarkommen kann, wenn er sich in sein Schicksal fügt. Damit erlahmt Eigeninitiative, vorhandene Fähigkeiten verkümmern graduell, was Mediziner und Psychologen seit Martin Seligman als *erlernte Hilflosigkeit* bezeichnen. Damit entsteht die paradoxe Situation, dass Mitarbeiter auch deshalb mangelhafte Leistungen zeigen, weil ihre Vorgesetzten für alles eine Lösung haben, statt diese zu fordern und angemessen zu bewerten. Mit einem Wort: Chefs erzeugen ihr eigenes Elend, und häufig kreieren sie dabei sogar ihre eigenen Versager, so das Fazit von Manzoni und Barsoux.

Wie sich herausstellte, waren eine Reihe von Grundhaltungen, Fehlwahrnehmungen und Beurteilungsfehlern stets mit dabei. Auch aus anderen Studien ist etwa der *Arroganzfehler* bekannt, durch den die eigene Meinung von vornherein als eher zutreffend eingeschätzt wird und durch Erklärungen wie große berufliche Erfahrung, die erreichte Position und einzelne Spitzenleistungen nachträglich rational erklärbar gemacht werden soll. Ebenso ist der *Egozentriefehler* bekannt, der besonders leicht begangen werden kann, indem der Beurteilende von sich selbst auf diejenigen schließt, deren Leistung er bewerten soll. Das führt dazu, dass er Dinge, die er kann oder die ihm selbst sogar leichtfallen, bei Mitarbeitern ebenfalls voraussetzt, ohne sich zu fragen, ob die Voraussetzungen auch wirklich gleich sind. Ein weiterer Fehler besteht darin, die Leistungen der Vergangenheit zur Grundlage einer Aussage über künftige Leistungen zu machen. In diese Falle tappen selbst erfolgreiche Manager bei sich selbst, wenn sie Aufgaben übernehmen, die eine Nummer zu groß sind, für sie selbst aber nur eine Fortschreibung ihrer erfolgreichen bisherigen Arbeit. So kann es dazu kommen, dass man befördert wird oder Jobs wechselt, bis man die Stufe der eigenen Unfähigkeit erreicht hat und versagt, was Laurence J. Peter mit seinem „Peter Principle“ als Grundkonstante des modernen Managements beschrieb.

Wie können Mitarbeiter der Machtlosigkeitsfalle entkommen oder besser erst gar nicht erst hineintappen? Es fängt schon damit an, nicht den gleichen Fehler zu machen wie die vorgesetzte Person, die einen beurteilt. Denn man selbst beurteilt für sich ja auch den Chef – wer hierbei auch auf Labels mit Merkmalen, Absichten und Eigenschaften setzt, macht seine Vorgesetzten zur Projektionsfläche der eigenen Erwartungen und Befürchtungen.

Wenn Sie feststellen, dass Sie in der Wahrnehmung Ihrer Vorgesetzten in einer zu kleinen oder zu tiefen Schublade sind, kann leicht ein weiterer Fehler gemacht werden. Nämlich dann, wenn man aus Vorsicht, mangelndem Selbstvertrauen oder schlichter Furcht sein Verhalten in genau diese Bahnen lenkt, die den Eindruck dann noch verstärken. Dies kann im Überbewerten von Reaktionen des Chefs bestehen, in der Kaffeesatzleserei im Verhalten des Vorgesetzten mit dem Zurechtreimen der Gründe. Am problematischsten ist das Abtauchen, weil man ja sowieso keine Chance beim Chef hat – ohne zu realisieren, dass man damit nur den bestehenden Eindruck bestärkt. Wer die Wahrnehmung der eigenen Person und seiner Leistung bei Vorgesetzten verändern will, muss erst recht aus der Deckung kommen – und Punkte machen, wo es nur geht.

Was können Sie nun tun, wenn Sie selbst bei der Bewerberauswahl oder bei der Beurteilung von Mitarbeitern solchen Vorurteilen nicht so schnell auf den Leim gehen wollen? Welche Grundsätze gilt es dabei zu beachten?

Zunächst einmal brauchen Sie ein qualifiziertes Anforderungsprofil, das beschreibt, was Sie überhaupt beurteilen wollen. Die Qualität des Anforderungsprofils bestimmt auch entscheidend die Qualität des weiteren Auswahl- oder Beurteilungsprozesses. Das Anforderungsprofil beschreibt die fachliche Qualifikation, die Erfahrung und die soziale Kompetenz einer Person. Je präziser Sie das Profil gestalten, desto besser werden Ihre Ergebnisse im Auswahlprozess sein.

Das Bewerbergespräch ist immer noch die bevorzugte Methode zur Auswahl von Personen für eine Stelle. Selbst wenn im Unternehmen ergänzende Tests eingesetzt werden oder ein Assessment-Center durchgeführt wird, ein ausführliches Gespräch mit dem Bewerber ist immer der erste Schritt.

Bereiten Sie sich also gründlich auf das Gespräch vor. Anhand der Ergebnisse Ihrer Anforderungsanalyse erstellen Sie eine Liste mit wichtigen Fragen an den Bewerber. Sie sollten diesen Interviewleitfaden immer in derselben Reihenfolge mit den Bewerbern abarbeiten. Ideal ist, wenn Sie auch noch über eine Checkliste verfügen zu allgemeinen Themen des Gesprächsverhaltens, zur Körpersprache und anderen Faktoren. Wenn Sie dann nach dem Gespräch jeden Bewerber anhand dieser Liste beurteilen, werden Sie schon viel weniger leicht in die klassischen Fallen tappen.

Auch mit guter, selbstkritischer Beurteilung ist allerdings kein Kraut gewachsen gegen vorsätzliche, gezielte Fehlbeurteilungen. Dies kommt leider immer wieder vor und offenbart die vermeintliche Führungskraft als Mikropolitiker, um es mit einem Begriff des Soziologen Horst Bosetzky zu belegen. Die Bevorzugung von Günstlingen oder das Wegloben von kritischen oder schwachen Mitarbeitern, das Ausbremsen durch gezielte Unterbewertung bei Mitarbeitern, die einem gefährlich werden könnten, Egoismen innerhalb von Unternehmensbereichen oder Abteilungen oder der schlichte Kuhhandel nach der Devise „ich deinen, du meinen“ zeigt mehr über den wahren Zustand der Unternehmenskultur als die bunten Broschüren und Zeitungsanzeigen.

„Die kann das!"

- Bei der Beurteilung anderer Menschen machen wir oft die unterschiedlichsten Fehler.
- So etwa Kurzschlüsse (Fußballer sind immer gute Teamspieler) oder die Blendung durch den Kontext (gut angezogen = kompetent).
- Wir urteilen oft mehr aufgrund unserer pauschalen Erfahrungen statt anhand konkreter Beobachtungen in der Situation.
- Unsere Erwartungen bestimmen in erheblichem Maße das, was uns Bewerber oder Mitarbeiter dann auch zeigen.
- Einmal gebildete Meinungen revidieren wir nur schwer.

Was können Sie tun?

- Machen Sie sich Ihre bevorzugten Beurteilungstendenzen klar.
- Überprüfen Sie Ihre Erfahrungen anhand der Realität.
- Ein konkretes und differenziertes Anforderungsprofil ist bei der Auswahl von Bewerbern ein Muss!
- Machen Sie nach Einstellungen oder Beförderungen den Erfolgs-Check in der Praxis!
- Trauen Sie Ihren Mitmenschen mehr zu – fördern durch Fordern!

13

DER PROMI-FAKTOR

Ich wäre gern auch so. Oder: Warum orientieren wir uns an Stars?

Kate Moss hat das Designerteam sehr inspiriert beim Entwurf ihrer ersten Modekollektion, sagte der Hersteller. Und gekauft wurde die Kollektion wie verrückt, mehr noch als die von Madonna, natürlich entworfen für einen anderen Hersteller.

Die Zeitung mit den großen Buchstaben berichtet uns von Uschi Glas' schwerem Kampf um ihre Ehe, man lässt den Sohn von Erik Zabel öffentlich „Papa, ich verzeihe dir!" bekennen. Das *Manager Magazin* stellt fest, dass Martin Bangemann nicht mehr wirklich gefragt ist, räumt dem Bericht darüber aber eine ganze Seite im Heft ein. Wir erfahren, welche Manager welche Uhren tragen und was Karin Katerbau, Mitglied des Vorstandes der Comdirect Bank, ansonsten aber nicht gerade als Autoexpertin aufgefallen, vom neuen Alfa Spider hält. Der *Stern* befragt Ferfried von Hohenzollern über sein Leben nach Tatjana Gsell und bringt fünf Seiten über den Boxer Arthur Abraham und seinen Kampf um physische und mentale Form. Das Magazin *Park Avenue* klärt uns darüber auf, wie Juliette Lewis lebt und warum Tinsley Mortimer wichtig ist. Der *Focus* portraitiert den aus dem Hut gezogenen Siemens-Chef Peter Löscher und lässt uns auch noch wissen, wie Yoga das Leben von Ralf Bauer, einem Schauspieler, beeinflusst.

All das ist wohl nicht wirklich wichtig, und einige der dort genannten Menschen werden Sie vielleicht nicht einmal kennen. Uns zumindest geht es immer wieder so. Gleichwohl sind sie alle wichtig genug, um in diesen Blättern genannt zu werden. Und wenn sie es vorher nicht waren, dann sind sie es nach dem Bericht.

Dabei fällt auf, dass es in den Beiträgen nur begrenzt um die Bereiche geht, in denen die Stars und Sternchen zu Hause sind. Ralf Bauer spricht eben nicht über das Schauspielern, sondern über Yoga. Und Karin Katerbau informiert uns nicht über das, was sie aus ihrer Erfahrung über Finanzdienstleistungen zu sagen hätte, sondern sie beurteilt ein Auto.

Wir erfahren auch häufig nicht nur, was die wichtigen Menschen in ihren jeweiligen Domänen tun und entscheiden, wir erfahren, wie sie gekleidet sind, was sie speisen und wo sie Urlaub machen. Wir erfahren nicht nur von ihren beruflichen Entscheidungen und Erfolgen, wir werden darüber unterrichtet, wer ihre Karriere beeinflusst hat und mit wem sie verheiratet sind. All diese Details sind wichtig und interessant für das Publikum.

Direkt neben den journalistischen Beiträgen setzt sich diese Tendenz fort, und zwar auf den Anzeigenseiten: Dirk Nowitzki wirbt für die ING DiBa, Reinhold Beckmann für die WWK, Johannes B. Kerner teilt mit seiner Frau die ausdrückliche Vorliebe für Geflügelwurst und das komplette Team von Werder Bremen tritt an für die Citibank. Bayern München dagegen wirbt für die Telekom, Joachim Löw für die Metro Group und Brad Pitt für TAG Heuer.

Irgendwie haben alle diese Menschen nicht viel mit den Produkten gemeinsam, sie sind im Zweifel auch nicht sonderlich reich an Kenntnissen über das, was sie bewerben. Es scheint aber wichtig und für die Unternehmen nützlich zu sein, mit eben diesen Prominenten in die Schlacht um die Aufmerksamkeit des Publikums zu ziehen.

Götz George, ein echter Star und herausragender Schauspieler, ist inzwischen von diesem Rummel um wenig relevante Personen schwer genervt: „Die Menschen, die heute populär sind“, wetterte er in einem Interview mit einer TV-Zeitschrift, „das sind Friseure, Talkmaster und Frauen mit aufgepumpten Brüsten und Köche. Köche! Wenn man zu einem Event eingeladen wird, steht man plötzlich neben

Friseuren, Köchen, Telenovela-Sternen und anderen Knalltüten."

Doch warum wirken Stars, und wie wirken Stars auf uns? Denn egal ob aus dem Showbusiness, aus der Politik, der Wirtschaft oder aus den Medien selbst – es ist offensichtlich, dass sie auf uns wirken, denn es ist die Grundlage ihrer Existenz in dieser Rolle.

Eine wichtige Rolle bei dieser Wirkung spielt das sogenannte *Modelllernen*. Denn Stars sind öffentliche Modelle für erfolgreiches Verhalten. Es ist kein Zirkelschluss, sondern einfach der Grund – denn sonst wären sie ja keine Stars. Sie müssen also einiges richtig gemacht haben. Der Psychologe Albert Bandura wies nach, dass Lernen nicht nur durch eigenes Verhalten mit Belohnung oder Strafe stattfindet, sondern eben auch dadurch, dass wir Modelle beobachten. Die Wahrscheinlichkeit, dass wir das beobachtete Verhalten in unser Repertoire übernehmen, wird dann von den Erfolgen oder Misserfolgen des Modells beeinflusst. In verschiedenen Versuchen wies er schlüssig nach, dass die Verstärkung des Verhaltens sowohl Einfluss auf das Lernen als auch auf die Ausführung des gelernten Verhaltens hat.

In einem Versuch arbeitete Bandura beispielsweise in einem Kindergarten mit Kindern, und die Modelle waren männliche Erwachsene. In einer Beobachtungsphase sahen die Kinder in einem Film, wie das Modell sich einer menschengroßen Puppe gegenüber aggressiv verhielt und die Puppe beschimpfte. In einer Gruppe wurde das Modell gelobt und belohnt, in einer zweiten Gruppe wurde das Modell getadelt und gestoßen. Eine dritte Gruppe sah die Szene ohne den belohnenden oder bestrafenden Schluss.

Danach wurden die Kinder mit einer ähnlichen Puppe zehn Minuten lang allein gelassen und ihr Verhalten wurde beobachtet. Im Anschluss daran wurden die Kinder befragt: Die Kinder aller drei Gruppen hatten das Verhalten wahrgenommen und konnten davon detailliert berichten oder das Verhalten reproduzieren. In den zehn Minuten wurde das kritische Verhalten allerdings nur von den Kindern häufiger gezeigt, die das Verhalten in Verbindung mit der Belohnung beobachtet hatten.

Auch für die Zeit nach dem Kindergarten scheint es kaum etwas zu geben, was lohnender und erstrebenswerter ist, als berühmt und bekannt zu sein. „Deutschland sucht den Superstar“, „Germany’s next Top-Model“ und andere Sendungen dieses Genres zeigen uns stets aufs Neue, was man tun muss, wie man sich verhalten muss, wie ich mich kleiden muss, um ein Star zu sein oder den Stars möglichst nahe zu kommen.

Es ist nur logisch, dass ich damit beginnen werde, mich im Kleinen, im alltäglichen Konsum dem Verhalten der Stars anzunähern. Wenn mehr schon nicht geht, dann will ich wenigstens das T-Shirt von Kate Moss, die Trainingshose von Madonna oder das Bier von Günter Jauch. Und es liegt nahe, dass die Unternehmen und ihre Werbung sich dieser erfolgreichen Muster bedienen.

Denn Prominenz ist soziale Dominanz, was eine weitere ergänzende Erklärung aus dem Bereich der Evolution darstellt. Für den Menschen lautet die kausale Kette etwa so: Wer prominent ist, ist wichtig. Und an diesen sozial dominanten Menschen möchte auch ich mich in meinem Alltagsleben orientieren. Ob es mein Chef ist, dessen Kleidungsstil ich imitiere und an dessen Präsentationsstil ich mein Verhalten ausrichte, oder ob es Gwen Stefani ist, der ich als „Stil-Ikone“ nacheifere.

Es gibt eine ganze Reihe von Versuchen, die diese Theorien bestätigen. Eine besonders aufschlussreiche Studie publizierte Robert Deaner, ein amerikanischer Neurobiologe, im Jahr 2005. Er führte Versuche mit Rhesus-Makaken durch. Dabei fand er heraus, dass die Affen-Männchen bereit waren, einen Teil ihres heiß geliebten Kirschsafts an andere abzugeben, wenn sie dafür Bilder ihres Gruppenchefs ansehen durften.

Nun dürften nur wenige von uns bereit sein, jetzt als direkte Parallele den eigenen Weinvorrat herzugeben für ein Foto des Vorstandsvorsitzenden, und der Versuch wurde ja auch mit Affen gemacht. Dennoch: Deaners Versuch trägt zur Erklärung bei, warum wir so gerne Nachrichten über prominente und wichtige Menschen hören und sehen wollen. Und auch, warum wir uns in unserem Verhalten bevorzugt an diesen Modellen orientieren und nicht an uns nahestehenden Personen – immerhin eine Gruppe, von der man dies sehr viel eher annehmen sollte.

Es hat einen Grund, warum wir uns bevorzugt an den Menschen orientieren möchten, die für uns wirklich wichtig sind. Schon in früheren Zeiten war die Sache klar: Da handelte es sich um den Häuptling oder um den Medizinmann, um einen Adeligen oder einen Kirchenfürsten, einen Helden wie Siegfried oder eine unbeugsame Gestalt wie Hagen von Tronje. Heute ist unsere Welt auf der Ebene der möglichen Protagonisten vielfältiger, und wir orientieren uns für ein Urteil an den Medien und an der Werbung. Und jede Branche, so klein sie auch sein mag, hat ihre eigenen Stars. Ein Star ist inzwischen jeder, der etwas Besonderes schafft oder von dem dies zumindest behauptet wird oder der wenigstens den Anschein erweckt. Und für solche Stars geben wir gerne ein wenig von unserem Kirschsaft – unsere Zeit und unser Geld für das Fernsehen, für das Kino oder für die Produkte, die die Stars selber nutzen und die damit für uns wichtig sind.

Und wir geben dafür auch unsere Arbeitsleistung, nämlich wenn der Star unser Chef ist. Selbst Abteilungen haben Stars – und ebenso die „armen Hunde“, die „Fragezeichen“ und die „Geldmaschinen“, die den Umsatz bringen wie in der klassischen Strategiematrix der Unternehmensberatung Boston Consulting. Wenn Mitarbeiter, die sich in Projekten besonders hervorgetan haben, mit dem CEO ein Mittagessen zusammen einnehmen, dann ist Aufmerksamkeit ein innerbetriebliches Zahlungsmittel für beide Seiten – schaut her, ich habe es geschafft und lunche mit dem Chef. Für diesen wiederum ist die *Face Time*, also die Zeit, in welcher die Mitarbeiter leibhaftigen Kontakt mit der Führungsebene haben, ein knappes Gut und damit wertbesetzt. Wer es erhält, darf sich schon etwas darauf einbilden.

Unternehmen setzen diese Mechanismen auch ein, wenn Konzernlenker auf die öffentliche Bühne treten. Klar ist:

Der Vorstandsvorsitzende stellt für viele das Gesicht des Unternehmens dar, und nicht nur in seinem Selbstverständnis repräsentiert er es gegenüber der Umwelt. Viele Menschen und Medienkonsumenten wollen wissen, was die Chefs für Menschen sind. Dieses Interesse wurde erkannt, als kostengünstige authentische Kommunikation bewertet und entsprechend befriedigt mit Inszenierungen im Sinne des Soziologen Erving Goffman, quasi als laufendes Business-Theater mit täglich mehreren Vorstellungen.

Ein paralleler Effekt ist die immer stärkere Personalisierung in Medienerzeugnissen. Köpfe sind zu Abbildern von Inhalten geworden: Je besser sich eine Botschaft oder ein Ereignis mit einer Person verbinden lässt, umso eher hat es Aussicht darauf, als Nachricht wahrgenommen zu werden. Das gilt nicht nur für die Stars der populären Kultur, sondern auch für Wirtschaftsmeldungen. Ein Blick in die Wirtschaftsmedien zeigt Ressorts wie „Köpfe“ oder „Menschen“ mit bevorzugt persönlichen Inhalten.

Die Büchse der Pandora wurde zu Zeiten der New Economy in der zweiten Hälfte der 90er-Jahre geöffnet, als Privatheit zum medialen Zahlungsmittel wurde. Start-up-Unternehmer waren bewunderte und respektierte Rollenmodelle zu einer Zeit am Beginn des Internet-Hypes und vor der Globalisierung. Da wollten angestellte Vorstände nicht zurückstehen. Den „Casual Fridays“ und den lockeren Bekleidungsvorschriften der Jungunternehmen folgten sogar Konzerne wie Bertelsmann, wo der damalige Vorstandschef Middelhoff eine Zäsur einleitete, als er bei einem offiziellen Termin mit Presse und Fotografen ohne Krawatte am dunkelblauen Hemdkragen erschien.

Damit wird er auch zur Projektionsfläche dafür, was das Unternehmen an Erfolgen vorzuweisen hat. Sein Erfolg – und sei es beim Segeln wie bei Oracle-Chef Larry Ellison – strahlt als Erfolg auf das Unternehmen. Genauso fällt sein Misserfolg auf alle zurück, was die Mitarbeiter des US-Mischkonzerns Tyco nach der Verhaftung ihres über Jahre gefeierten CEOs Dennis Kozlowski ebenso erfahren mussten wie die über

400 000 Mitarbeiter von Siemens in den Wirren um schwarze Kassen und Bestechung beim Weltkonzern.

Die Gesellschaft richtet an Spitzenführungskräfte von Unternehmen inzwischen immer größere Erwartungen, die außerhalb des eigentlichen Feldes des Managements liegen. Seit Führungskräfte die Grenzen der Wirtschaftspresse verlassen haben und sich politisch, immer mehr aber auch gesellschaftlich exponieren, verlassen auch die Maßstäbe der Bewertung die bisherigen ökonomischen Kategorien (Gewinn = guter Manager, Verlust = schlechter Manager) und bewegen sich in Richtung auf moralische Kategorien – guter Manager = guter Mensch! Dabei ist die Vorstellung irrig, dass es nur Bilanzmanipulationen gebe und nicht auch manipulative Inszenierungen von gesellschaftlicher Verantwortung. Noch ist nicht genau zu erkennen, ob es Vorständen gelingen wird, auch schlechte unternehmerische Leistung zu relativieren durch das Erreichen oder Einhalten von moralischen Publikumserwartungen – und welchen Einfluss dies auf die Beurteilung der Vergütungshöhe haben wird.

„Mehr Schein als Sein."

- Wir neigen dazu, unser Verhalten am Beispiel wichtiger oder prominenter Menschen auszurichten.
- Werbung, Marketing und Medien nutzen Prominente zum Transport von Botschaften.
- Prominente verbreiten Botschaften in der Regel gegen ein Entgelt und selten aus Überzeugung.
- In der Öffentlichkeit sehen Sie immer nur einen inszenierten Ausschnitt des Verhaltens prominenter und mächtiger Menschen.
- Wir nehmen oft nur die positiven Aspekte unserer Vorbilder wahr.

Was können Sie tun?

- Suchen Sie sich Ihre Vorbilder und Modelle gezielt aus.
- Denken Sie kritisch darüber nach, warum gerade diese Menschen für Sie ein gutes Beispiel sind.
- Orientieren Sie sich in verschiedenen Bereichen an unterschiedlichen Vorbildern.
- Wir alle verändern uns mit der Zeit. Halten die alten Vorbilder mit Ihrer Veränderung Schritt?
- Machen Sie manches nur, weil X oder Y das auch so tut? Achten Sie darauf, ob Sie sich mit Ihrem Verhalten wirklich wohlfühlen.

14

DAS ÜBERREDUNGS-MUSTER

Eigentlich wollte ich ja nicht.
Oder: Warum lassen wir uns doch immer wieder überreden?

„Sie sind der Einzige, dem ich das Projekt anvertrauen kann." Kennen Sie diesen Satz? Dann wissen Sie, dass Sie damit nicht nur die Aufgabe übernommen haben, Sie haben sich auch viele Überstunden eingehandelt. Trotzdem werden Sie sich besonders anstrengen – schließlich sind Sie der Einzige, der es kann in den Augen Ihres Chefs. Das hat er gesagt, und Sie wollen dies auch bleiben. Er hätte es auch anders sagen können: „Ich bin mir nicht sicher, ob Sie den Kunden wirklich für uns gewinnen können." Und schon engagieren Sie sich wesentlich stärker für diesen Auftrag, als Sie ursprünglich wollten, denn Ihnen liegt eigentlich ein anderer Kunde viel mehr am Herzen.

Immer wieder lassen wir uns von anderen überreden. Andere Menschen können uns in unserem Verhalten oft stärker beeinflussen, als uns lieb ist. Und trotzdem erwischen wir uns immer wieder dabei, dass wir uns „rumkriegen" lassen. Und auch uns selber gelingt es oft genug, andere Menschen von uns, von unserer Meinung oder von unserem Produkt zu überzeugen.

Wie funktioniert Überredung oder Überzeugung? Eine wichtige Rolle spielt die Quelle einer Botschaft. Je vertrauenswürdiger eine Quelle ist, desto eher werden wir an die Botschaft glauben. Ein Artikel in der *Frankfurter Allgemeinen Zeitung* erscheint uns vielleicht glaubwürdiger als ein Beitrag zum selben Thema in der *Super Illu*. Und einem Arzt vertrauen wir in Gesundheitsthemen vermutlich eher als der Kassiererin im Supermarkt. Um uns zu überzeugen, muss eine Quelle für uns Expertise besitzen und Vertrauenswürdigkeit. Experten wird eine solche Kompetenz im Thema generell zugetraut, ebenso Menschen, die persönliche Erfahrungen gesammelt haben. Vertrauenswürdigkeit schreiben wir einer Quelle auf der Basis von Stereotypen zu. So sind Angehörige bestimmter Berufsgruppen für uns generell vertrauenswürdiger als andere. Krankenschwestern vertrauen wir stärker als Autoverkäufern, Polizisten stärker als Politikern. Und immer wieder gern einer besonderen Spezies, die das Spiel von Überredung und Überzeugung für eine gezielte Wahrnehmung so gut beherrscht, dass wir erst zu spät dahinterkommen, was sie in Wirklichkeit sind: Hochstapler.

Dr. O. zum Beispiel. Der war gern gesehen bei der FDP in Itzehoe. Er verfügte über exzellente Umgangsformen, er war gewandt in der Konversation, er war Akademiker mit Doktortitel und er arbeitete auch noch für die Vereinten Nationen. Ein absoluter Glückstreffer. Und dann erklärte er auch, in Wahrheit für den BND zu arbeiten. Nicht nur die FDP war begeistert. Doch wie der *Spiegel* berichtete, täuschte der inzwischen als Hochstapler verurteilte Dortmunder beinahe nach Belieben vor allem Menschen, die sich auf ihr Urteilsvermögen etwas zugutehalten wie Rechtsanwälte und Banker, Militärs und Immobilienmakler. So wies er ein Ehrendoktor-Diplom der „Yorkshire University Tortola“ vor und ebenso eine Vermögensbestätigung der internationalen Großbank HSBC über die Summe von 3,5 Milliarden Euro – ein eigentlich unvorstellbar hoher Betrag für eine einzelne Person, und selbst bekannte russische Oligarchen haben so viel nicht einfach herumliegen.

Mehr Schein als Sein war schon immer hilfreich für eine entsprechende Karriere, und wohl nicht selten sogar die Voraussetzung. Ganz Geschickte schaffen es, Qualifikationen nahezulegen, ohne dabei wirklich zu lügen. „Nach dem Besuch des Gymnasiums habe ich eine Ausbildung für den gehobenen Verwaltungsdienst gemacht und mit dem Diplom abgeschlossen", heißt es auf der Homepage des ehemaligen baden-württembergischen Ministerpräsidenten Erwin Teufel. Diplom klingt nach Studium, doch Abitur hatte er allerdings nicht gemacht. Nun, das hat er ja auch nicht behauptet. Oder klingt es doch so? Dann ist das sicher unbeabsichtigt.

Dabei fällt auf, dass gerade Führungskräfte und Berater immer öfter versuchen, durch akademische Namenszusätze einen vorteilhafteren Eindruck zu erlangen. Das Wirtschaftsmagazin *Capital* dokumentierte gleich mehrere Titelhelden: etwa den Berater Dr. Karsten Bredemeier, der sich mit einem in Deutschland nicht anerkannten Professorentitel der „Euroswiss Universität" aus Schaffhausen in der Schweiz schmückte. Kein Wunder, gilt doch die Eidgenossenschaft wegen ihrer laschen Gesetzeslage als Mekka der Briefkasten-Universitäten in Europa. So stolperte auch Udo Klein-Bölting, CEO von BBDO-Consulting, über einen Doktortitel der notorischen Universität Teufen. Und beim Armaturenhersteller Grohe hatte Finanzvorstand Thorsten Knopp reichlich Probleme mit dem Doktortitel der Universität Herisau.

Doch es muss nicht immer die Schweiz sein: Der Berater und Dozent Frank Heinrich, einst Leiter der Programmplanung bei RTL, führte einen Doktortitel der „World University for Development of Science, Education and Society" mit Sitz in Moskau und Brüssel sowie einen Professorentitel, der ihm „von der Moskauer Attestationskommission" verliehen worden sei, wie er auf Nachfrage versicherte. Schon bei diesen Namen müssten sich erste Zweifel rühren. Und manche verleihen sich diese Titel auch einfach selbst: Patrick Imbardelli, Asien-Pazifik-Chef der Intercontinental-Hotelkette, prunkte lange Zeit mit einem nicht vorhandenen Bachelor of Science sowie einem MBA der renommierten amerikanischen Cornell University. Immerhin reagierte der Hotelkonzern konsequent und trennte sich von dem betrügerischen Manager. Doch so beispielhaft reagieren nicht alle Unternehmen als Auftrags- oder Arbeitgeber. Frank Schabel von der international tätigen Personalberatung Hays urteilt rigoros: „Schwindler sind nicht glaubwürdig, die Basis für eine vertrauensvolle Zusammenarbeit ist dahin."

Ein anderes Feld: Immer mehr Männer legen sich unters Messer, stellt ein Bericht im *Manager Magazin* fest. Das hebt das Selbstwertgefühl und fördert den beruflichen Erfolg, gerade bei Führungskräften. Das präsentable Äußere ist in vielen Branchen zum Karrierefaktor geworden. Studien zeigen, dass nach solchen Operationen nicht nur das Selbstwertgefühl profitiert, sondern auch der Berufserfolg. Das Ziel solcher Operationen liegt meist darin, das wahrgenommene Alter vom tatsächlichen zu entkoppeln. Wird hier eine Attraktivität vorgegaukelt, die es gar nicht wirklich gibt? Oder ist es nur eine kleine Manipulation der Wirklichkeit?

Warum fallen wir immer wieder auf Menschen herein, die Versprechungen machen und diese dann doch nicht halten? Warum ist es so leicht, uns etwas glauben zu machen?

Ein Grund liegt sicher darin, wie wir andere Menschen wahrnehmen. Wir haben Erwartungen, Schemata, Skripte. Diese Modelle beschreiben, wie jemand sein muss, um eine bestimmte Rolle auszufüllen. Und wenn der erste Anschein stimmt, dann suchen wir bevorzugt nach bestätigenden und nicht nach kritischen Informationen. Wir kennen diesen systematischen Fehler als *Erwartungseffekt*. Leistungen einer Person, von deren Kompetenzen wir überzeugt sind, werden selbst bei gleicher oder schlechterer Qualität fast immer besser bewertet als die Leistungen einer Person, von deren Kompetenzen wir weniger überzeugt sind.

Ein gesundes Misstrauen zeigen wir häufig dann, wenn wir wissen oder erfahren, dass eine Person davon profitiert, uns zu überzeugen. So verliert die Werbewirksamkeit von Prominenten erheblich, wenn sie für zu viele oder für zu viele verschiedene Produkte werben. Ein weiterer entscheidender Faktor sind die Sympathiewerte einer Person. Je mehr wir einen Menschen mögen, desto leichter kann er uns überzeugen. Wichtige Aspekte, die diese Sympathie bestimmen, sind die Attraktivität einer Person und ihre Ähnlichkeit zu uns.

Je attraktiver desto überzeugender. Je mehr Ähnlichkeiten wir entdecken, desto überzeugender.

Es gibt verschiedene Techniken, uns zu überzeugen. Wir können dabei zwischen drei wesentlichen Methoden unterscheiden: Die erste baut auf Freundlichkeit und Hilfsbereitschaft. Typische Verhaltensweisen sind Unterstützung, Aufmerksamkeit, Kompromissbereitschaft und emotionale Argumentation. Die zweite baut auf kraftvolles Auftreten. Verhaltensweisen sind das Verlangen nach Ergebnissen, Befehle und Herausforderungen oder Drohungen. Die dritte ist die logische Technik. Hier werden Fakten präsentiert, Autoritäten werden zitiert, Regeln und Normen werden bemüht. Der Stil der Beeinflussung ist also entweder dominant oder zurückhaltend, er sucht Nähe oder er schafft Abstand.

Der Verkäufer wird als typischer Beruf gesehen, in dem man andere Menschen überzeugen muss. Wie die einschlägige Forschung inzwischen herausfand, wird die Wirkung vieler Patentrezepte, magischer Formeln oder „todsicherer" Techniken bei weitem überschätzt. Eine Verkaufssituation ist eine soziale Interaktion. Und Verhalten, das in anderen sozialen Situationen erfolgreich ist, wird häufig auch zum Erfolg führen, wenn es darum geht, ein Produkt oder eine Leistung zu verkaufen. Stärker als der eine erfolgreiche Dreh wirken meist die schon dargestellten Faktoren *Expertise* und *Vertrauenswürdigkeit*. Wenn man die Akzeptanz der Person aufgrund dieser beiden Faktoren mit Nähe verbinden kann, hat man in der Regel gute Chancen, andere Personen zu überzeugen.

Und es gibt eine weitere Person, die wir immer wieder überzeugen müssen: uns selbst. Doch wie verändern wir unsere Einstellungen und wie überzeugen wir uns von der Notwendigkeit bestimmter Handlungen?

Die weitaus meisten Experimente zur Veränderung von Einstellungen beruhen auf der *Theorie der kognitiven Dissonanz* des US-Psychologen Leon Festinger. Üblicherweise wird dabei eine Veränderung der Einstellung oder der Meinung untersucht. Die Veränderung kann als Meinungsäußerung gemessen werden oder aufgrund tatsächlichen Verhaltens. Die

Theorie geht davon aus, dass wir immer wieder Dinge tun, die gegen unsere Überzeugungen verstoßen. Beispielsweise essen wir Schokolade, obwohl wir doch gerade eine Diät machen. Wir befinden uns dann in einem Zustand der Dissonanz. Dieser Zustand ist für uns unangenehm und wir versuchen dementsprechend, diese Dissonanz zu verringern oder aufzuheben. Dazu haben wir verschiedene Möglichkeiten: Wir können unsere Einstellung ändern („Ich brauche eigentlich gar keine Diät zu machen"), die Wahrnehmung unseres Verhaltens ändern („Ich habe kaum von der Schokolade gegessen"), unterstützende Wahrnehmungen hinzufügen („Schokolade ist nahrhaft"), die Bedeutung der Dissonanz herunterspielen („Hauptsache, es schmeckt!") oder wir schränken unsere Möglichkeiten ein („Was sollte ich denn machen? Die Schokolade hatte Claudia doch extra für mich gekauft"). Wenn Ihnen das ein oder andere bekannt vorkommt, dann bestätigt das Festingers Theorie – und zeigt Ihnen, dass Sie trotz allem wie ein normaler Mensch handeln.

Wie die Dissonanzforschung empirisch zeigen konnte, sind Ausmaß und Wahrscheinlichkeit zu erwartender Veränderungen unserer Einstellungen direkt abhängig von dem Ausmaß empfundener Dissonanz. Was heißt das? Wenn wir große Anstrengungen unternehmen, um ein Ziel zu erreichen, dann wird uns das Ziel als wichtiger und wertvoller erscheinen. Beispiele dafür sind besonders harte Arbeit für eine Prüfung oder das mühsame Ringen um die Mitgliedschaft in einem Verein. Wenn wir eine schwierige Entscheidung getroffen haben, wird uns die gewählte Alternative als richtiger und wichtiger erscheinen. Beispiele sind die Entscheidung für einen von mehreren Arbeitgebern oder der Entschluss, zu heiraten.

Auf dieser grundsätzlichen theoretischen Basis beruhen auch mehrere kleinere Tricks, die dabei helfen, uns zu überreden. Sie alle handeln von dem Wunsch nach Konsistenz und der Vermeidung kognitiver Dissonanzen.

So zeigten die US-Psychologen Freedman und Fraser bereits Mitte der 60er-Jahre, wie man eine Person dazu bewegen kann, etwas zu tun, das diese eigentlich nicht tun wollte. In ihrem Versuch gelang es den Wissenschaftlern, eine Einwilligung nur mit einer Bitte zu erreichen. Eine Person, die einmal bei einem kleinen Anliegen eingewilligt hat, wird mit großer Wahrscheinlichkeit auch bei einem nachfolgenden größeren Wunsch Folge leisten. Dieses Prinzip wurde unter der Bezeichnung *Foot-in-the-door-technique* bekannt. Ein Beispiel dafür ist die Bereitschaft, einer Person Auskunft über einen Weg zu geben. Ich bin dann eher bereit, diese Person auch dorthin zu begleiten, als wenn man mich direkt darum gebeten hätte. Wir überzeugen uns in dieser Situation davon, dass wir hilfsbereite Menschen sind und dass man darum dem Bittsteller auch diesen Gefallen schuldet.

Das Zauberwort heißt *Konsistenz*. Worum geht es hier? Bei Untersuchungen zur Konsistenz betrachten Psychologen das Bedürfnis der Menschen, konsistent zu handeln und auch so wahrgenommen zu werden. Das bedeutet, dass aktuelles Verhalten mit bisherigen Handlungen übereinstimmt. Der Grund: Konsistentes Verhalten ist gesellschaftlich hoch angesehen, es weist auf gute Eigenschaften hin wie einen festen Charakter. Inkonsistenzen sind besser bekannt unter Bezeichnungen, die wir alle nicht gern über uns selbst hören würden und daher vermeiden – wer gilt schon gern als erratisch, sprunghaft oder unberechenbar? Zudem erleichtert konsistentes Verhalten den Alltag in einer komplexen Umgebung dadurch, dass die Fülle von Informationen aus der Umwelt reduziert wird. Wir mögen daher Dinge und vor allem auch Menschen, die sich nicht dauernd unvorhersehbar ändern.

Unter welchen Voraussetzungen können solche kognitive Dissonanzen entstehen? Zum Beispiel durch eigene Bindung an einen Sachverhalt. Wenn wir uns selbst für etwas entscheiden konnten, müssen wir auch die Verantwortung für unser Verhalten übernehmen – das ist auch der Grund, warum in Unternehmen die Führungskräfte gemeinsam im Gespräch mit Mitarbeitern Ziele festlegen, die erreicht werden sollen. Wenn wir dann ein Auseinanderklaffen von Wunsch und Wirklichkeit spüren, kommen wir da nicht so einfach raus. Wenn wir aber etwas vorgeschrieben bekommen, zu etwas genötigt oder gar gezwungen werden, haben wir ein Hintertürchen, die Dissonanz abzuleiten („Das Verkaufsziel hat sich der Chef ausgedacht – völlig unrealistisch"). Äußerer Druck führt zu keiner wirklichen Änderung unserer Einstellung, sondern nur zum kurzfristigen Bemühen, den Druck abzufedern.

Wenn wir dann auch noch öffentlich oder in schriftlicher Form unser „Bekenntnis" ablegen, wird eine Inkonsistenz für andere sichtbar. Warum wohl werden Auszeichnungen erfolgreicher Verkäufer nicht einzeln im Chefbüro, sondern vor allen anderen Mitarbeitern vorgenommen? Zum einen, um allen zu zeigen, wer die Besten waren – zum anderen aber, um den schwächeren Kollegen nicht zu ersparen, dass ihre schlechtere Leistung öffentlich erkennbar wird. Das wollen wir vermeiden und richten unser Verhalten entsprechend aus – wir strengen uns mehr an, denn keiner will gern sein Gesicht verlieren.

Gerade erfolgreiche Mitarbeiter, die bereits ausgezeichnet worden sind, kennen den *Mere-Ownership-Effekt*, auch wenn die wenigsten von dieser wissenschaftlichen Bezeichnung wissen. Ein drohender Verlust von etwas, das wir bereits haben, wird stärker erlebt als ein möglicher Gewinn von etwas, das wir noch nicht haben und erreichen wollen. Verlust ruft eine Dissonanz hervor zum vorherigen Besitz – wer vorher nichts hatte, bemerkt keine Dissonanz. Im Klartext: Wer einmal „Verkäufer des Monats" im Außendienst oder „Mitarbeiter der Woche" beim Paketdienst war, hat etwas zu verlieren, von dem er weiß, wie gut es sich anfühlt. Deshalb werden solche Wettbewerbe in regelmäßigen Abständen durchgeführt, damit möglichst viele die Chance bekommen, etwas gewinnen zu können, das sie nicht mehr verlieren möchten.

Konsistenzen und Dissonanzen werden auch wichtig beim Konsumentenverhalten im Marketing und der Werbung, denn Verkaufsstrategien nutzen das Streben nach Konsistenz und das Vermeiden kognitiver Dissonanz.

Haben Sie sich schon einmal gefragt, warum Unternehmen oft Werbung machen bei Menschen, die das Produkt bereits gekauft haben? Die sogenannte Nachkaufwerbung ist ein wichtiger Baustein zur Erreichung von Konsistenzen im Verkauf. Denn jeder Kunde befürchtet, sich womöglich falsch entschieden zu haben. Durch diese kognitive Dissonanz einer Furcht vor falschen Entscheidungen sind gerade Kunden besonders offen für jede Art von Information, die ihre getroffene Entscheidung zum Kauf als richtig bestärkt. Ein Beispiel: Sie haben bereits eine Stereoanlage, die vor fünf Jahren 1 000 Euro kostete. Die ist ganz ordentlich, aber nicht wirklich toll. Jetzt kaufen sie eine Anlage für 3 000 Euro – und stellen daheim fest, dass sie nicht dreimal so gut klingt wie die bisherige. Wie kann diese Dissonanz aufgehoben werden? Nun, zum Beispiel durch einen schlauen Hersteller, der Sie als neuen Besitzer in einen besonderen Zirkel aufnimmt, der nur Käufern dieser Anlage offensteht und regelmäßig mit Informationen versorgt, welche neue Musik darauf besonders gut klingt. Oder Ihnen mitteilt, wie viele andere sich ebenfalls für dieses Produkt entschieden haben – Sie wissen ja bereits, dass Milliarden Fliegen nicht irren können. Ebenso kann man Sie mit allerlei technischen Daten versorgen, die klarmachen, dass die Anlage mehr leistet, als viele Menschen hören können. Besser als die alte Anlage ist sie damit doch – und darauf kommt es an, damit beide zufrieden sind. Der Fantasie der Marketingkommunikation sind hier keine Grenzen gesetzt.

Auf Gewinnspiele zum Beispiel setzt das sogenannte *Forced-Compliance-Prinzip*: Wenn Sie einem Produkt eher indifferent oder ablehnend gegenüberstehen, kann ein Gewinnspiel eine kognitive Dissonanz aufbauen, die durch eine positivere Einstellung zu diesem Produkt aufgelöst wird („Wenn die sogar Weltreisen auch an mich verlosen, können die ja nicht ganz schlecht sein").

Gut bekannt ist auch der *Low-Ball-Effekt*, bei dem die Aufmerksamkeit der Kunden durch besonders günstige Preise erregt wird. Wie wir selbst schon erfahren haben, sind diese Angebote oft schnell ausverkauft – was wir erst im Laden merken. Doch wenn wir schon mal da sind nach dem Anlocken, hat ein guter Verkäufer jetzt die Möglichkeit, uns als potenzielle Käufer auch andere gute Produkte zu zeigen, mit denen wir uns auch inhaltlich beschäftigen. Obwohl der ursprüngliche Anreiz für den Kauf nicht mehr besteht, gehen wir oft nicht einfach wieder weg, sondern schauen uns nach Alternativen um. Durch diese Selbstrechtfertigung und den anschließenden Kauf vermeiden wir die Dissonanz, auf einen Lockvogel hereingefallen zu sein („Was ich dann gekauft habe, war mindestens genauso gut wie das, wofür ich ursprünglich gekommen war"). Kommt Ihnen das bekannt vor? Es muss nicht nur so sein, dass Geiz geil ist – auch wer einmal Kunde von Autohäusern oder Heiratsvermittlungen war, dürfte bereits mit diesem Prinzip Bekanntschaft gemacht haben.

„Früher oder später kriegen wir dich!"

- Die von uns wahrgenommene Glaubwürdigkeit der Quelle sowie Sympathie und Nähe sind wichtige Elemente für erfolgreiche Überzeugung.
- Bestimmte Personen(gruppen) sind für uns generell glaubwürdiger.
- Wir bevorzugen es, konsistent zu handeln (einmal ja, immer ja).
- Dissonanz entsteht, wenn ich gegen meine Prinzipien handele.
- Ich versuche dann meist, durch eine Veränderung meiner Einstellung oder Erklärungen diese Dissonanz zu verringern.

Darauf können Sie achten:

- Wer will Sie überzeugen? Wie profitiert er davon?
- Konsistentes Handeln muss nicht sein. Denken Sie in Alternativen.
- Haben Sie nur Angst, eine Chance zu verpassen? Oder ist es wirklich ein gutes Geschäft?
- Lassen Sie sich nicht durch – oft wenig werthaltige – Beigaben über den Wert der Sache an sich täuschen.
- Wollen Sie sich wirklich so entscheiden – oder suchen Sie nur nach Rechtfertigungen?

15

DER GEWINNER-BONUS

So sehen Sieger aus.
Oder: Warum wirkt der richtige Anzug so überzeugend auf uns?

Positive und überzeugende Selbstpräsentation ist ein wichtiges Anliegen für jeden von uns. Das wissen wir schon lange aus der vergleichenden Verhaltensforschung. Einen imposanten Eindruck auf andere versuchen wir durch einen grimmigen Gesichtsausdruck und eine besonders aufrechte Haltung zu vermitteln. Wir erreichen das ebenso durch künstliche Betonung der Schulterbreite und der Körpergröße, das findet sich bei den Waika-Indianern im Amazonasgebiet ebenso wie bei dem japanischen Kabuki-Schauspieler oder bei fast jeder Uniform. Und von der Uniform hat dieses Element seinen Weg in unsere modernen Anzüge und Business-Kostüme gefunden.

Besonders in den westlichen individualistischen Kulturen ist die Übereinstimmung unseres privaten Selbstbildes mit dem öffentlichen Selbstbild von entscheidender Bedeutung. Neben dem Verhalten ist es wichtig, dass wir „gut" aussehen. Und darum lohnt es sich, unserer Kleidung und unseren Accessoires Aufmerksamkeit zu widmen. Die richtige Kleidung markiert unseren Weg auf der Karriereleiter nach oben. Oder sie unterstreicht unsere Rolle.

Das haben andere schon lange vor Ihnen erkannt – und auch erfolgreich umgesetzt: Der klassische Dreiteiler markiert den Weg des Joseph Fischer vom Steine werfenden Protestler und Taxifahrer zum Außenminister und inzwischen zum Gastprofessor in den USA. Auf den Parteievents der Grünen ließ er den Anzug dann wohlweislich wieder fort und agitierte heftig schwitzend vom Podium herab seine Parteigenossen.

Jassir Arafat, einer journalistischen Zwangskopplung gemäß stets als „Palästinenserführer“ bezeichnet, hat sich mit all seiner Kraft für das unterdrückte Volk der Palästinenser eingesetzt und dafür vielerlei Härten in Kauf genommen. Doch wie es heißt, trug er nur maßgeschneiderte Kampfanzüge von Brioni, die er mehrmals am Tag wechselte. So führt man ein darbendes Volk aus seinem Elend. Mit dem richtigen Outfit wird manchmal auch ein wenig nachgeholfen: Bei Klaus Kleinfeld wurde nach der Amtsübernahme als Siemens-Chef auf Fotomaterial des Konzerns die Rolex wegretuschiert. Es muss wohl mindestens eine Person gegeben haben, die sie wohl als nicht mehr passend befand für die Topführungskraft im Siemens-Konzern.

Die große und immer noch zunehmende Bedeutung von Kleidung und Outfit, der richtigen Kleidung natürlich und den richtigen Accessoires, erkennen wir auch an der Frequenz, mit der diese Themen in der Presse behandelt werden. Hier nur eine kleine Auswahl: Das *Manager Magazin* bietet regelmäßig Exklusivberichte über hochwertige Business-Kleidung an oder eine Stilkritik über das Outfit deutscher Topführungskräfte, wahlweise Berichte über Uhren. Die *Financial Times Deutschland* füllte ihre Ausgaben im Sommer 2006 mit einer Serie „Trendlabels“, der *Stern* berichtet immer wieder über Männermode und passende Bekleidung, das *Focus spezial* „Mann!“ informiert uns in jedem Jahr wieder über Mode und Accessoires. Und die Modemacherin Victoria Strehle brandmarkte in einem Interview die schlimmsten modischen Fehler der Männer („Sie kaufen oft zu groß, zu weit ... viele ziehen auch ihre Hosen zu hoch ...“), in Frauenzeitschriften ist das Thema „Businessmode und Accessoires“ inzwischen schon fast zur Standardrubrik geworden oder wir lernen: „Ein erfolgreiches Meeting beginnt vorm Kleiderschrank.“ Wie Ihnen der Blick in einen gut sortierten Zeitschriftenladen zeigt, finden sich in schneller Folge stets weitere Berichte zu diesen Themen.

Die *Frankfurter Allgemeine Sonntagszeitung* kürt alljährlich „Die schlimmsten Outfits des Jahres". Gewinner sind dann Stars wie die US-amerikanische Schauspielerin Kirsten Dunst („worst dressed") oder Prinzessin Stéphanie von Monaco („Trash Queen"), aber auch einheimische C-Promis wie Gülcan Kamps („Albtraum in Weiß") oder Inka Bause („Frau sucht Geschmack"). Was wieder einmal zeigt: Wie wir uns kleiden, ist definitiv nicht egal.

Die richtige Kleidung und die Wahl des passenden Zubehörs sind tatsächlich wichtig. Beides gehört zum sogenannten *Signalling*. Michael Spence, einer der drei Wirtschaftsnobelpreisträger des Jahres 2001, erklärt das Phänomen so: Man signalisiert durch den Dresscode, dass man seine berufliche Verantwortung ernst nimmt.

Wir leben in einer hochkomplexen Umwelt – in einem Universum von Signalen, die wir nicht alle wahrnehmen, geschweige denn bewerten können. Darum neigen wir dazu, diese Komplexität – oft sogar drastisch – zu reduzieren. Wir konzentrieren uns auf Schlüsselreize und bilden Kategorien. Vorteile dieser Kategorisierung sind eine ökonomischere Wahrnehmung, die Interpretation des Wahrgenommenen auf einer Ebene, die über die bloße Information hinausgeht, und die Möglichkeit, Kategorien zu komplexeren Einheiten zu kombinieren. Diese Kategorien sind natürlich individuell geprägt und kulturell bedingt, dementsprechend haben sie willkürlichen Charakter.

Manche Signale sind sehr einfach: „Sie … tragen Jeans, rauchen Zigarren oder reden zu laut: Problemgäste in Spitzenrestaurants." Die *Frankfurter Allgemeine Sonntagszeitung* erleichtert uns die Identifizierung nicht passender Gäste allein anhand der Beinkleidung und einfacher Verhaltensmerkmale. Und zu große Nachlässigkeit nicht nur im Verhalten, sondern auch in der Wahl der Kleidung war für manche ein weiteres Signal, dass Paul Wolfowitz als Präsident der Weltbank vielleicht doch nicht der Richtige war. Im Januar 2007 war er noch im Amt, da erschienen zahlreiche Meldungen wie folgende aus der *FAZ*: „Als der 63 Jahre alte Wolfowitz vor der berühmten Selimiye-Moschee in Edirne seine Schuhe auszog, fielen die Blicke auf ein Loch in seinen Socken, aus dem eine große Zehe hervorlugte."

An anderer Stelle wurde dieses Missgeschick wie folgt kommentiert: „Wer Herr über die Finanzen der Welt ist, sollte zuerst auch Herr über die eigene Erscheinung sein." Schon von dem legendären Bankier Warburg wird überliefert, dass er seine Stellvertreter düpierte, indem er ein entscheidendes Geschäft platzen ließ. Seine Begründung: „Haben Sie sich den Herrn genau angesehen? Er trägt zwei verschiedene Socken! Würden Sie mit so jemandem ein riskantes Geschäft wagen?" Und weit über die Socken hinaus scheint Paul Wolfowitz mit seinen Auftritten kein glückliches Händchen zu haben: Im Sommer 2007, so berichtet der *Spiegel*, veröffentlichten türkische Zeitschriften Fotos, die ihn bei einem entspannten und offensichtlich amüsanten Bootstrip zeigten. Allerdings nicht mit der von Wolfowitz so nachhaltig protegierten Lebensgefährtin, sondern mit einer türkischen Börsenexpertin.

Dress- und Benimmcodes zeigen also, ob der Mensch die ungeschriebenen Regeln in seiner Gruppe, zum Beispiel auf der Chefetage, kennt und beherrscht. Unsere Wahrnehmung von korrektem Verhalten ist davon abhängig, was andere Menschen tun, die wir als relevant für uns ansehen. Wir mögen Menschen, die uns ähnlich sind – und das gilt für unterschiedliche Bereiche wie Meinungen, Persönlichkeit, Background oder Lebensstil.

Ingo Wilts, Kreativdirektor bei der Modemarke Boss, stellt dementsprechend fest: „Bunte Hemden in der Kombination mit bunten Krawatten sehen selten gut aus. (...) Kurze Ärmel unter einem Business-Anzug sind nicht zeitgemäß. Falls dazu noch eine Krawatte kommt, ist die Peinlichkeit perfekt." Ähnliches gilt für Frauen, so Wilts: „Accessoires ... sind sehr wichtig, denn sie offenbaren den Stil einer Frau. Wenn die etwa zu einem edlen Outfit eine billige Nylontasche trägt, wirkt das wie bei einem Mann, der schlechte Schuhe zu einem guten Anzug anzieht." Wir lernen also: Es gibt immer noch sehr präzise und sehr klare Vorstellungen davon, was „gut angezogen“ bedeutet. Und die Spannbreite der Variationen ist geringer, als viele gerne akzeptieren möchten.

Das zeigt sich auch, wenn Profis das Wort haben wie der Modeschöpfer Nino Cerruti. Er interpretierte die Outfits ausgewählter deutscher Führungskräfte und kam zu dem Urteil: Viele Manager wollen um keinen Preis auffallen, sie vergessen dabei allerdings, dass Kleidung auch ein persönliches Statement sein soll. Die Bekleidung von Dieter Zetsche kommentiert er so: „Der Mann demonstriert, wie wichtig die Haltung ist, mit der Kleidung präsentiert wird. Ein schlichter und formeller Anzug wirkt auf diese Weise höchst modisch.“ Immerhin hat ihm dies wohl bisher geholfen, auch so schwierige Aufgaben wie die Trennung von Chrysler und Daimler zu bewältigen. Hingegen wird der durchaus erfolgreiche, aber mit wenig Fortüne behaftete Klaus Kleinfeld mit Cerrutis Worten auf die Plätze verwiesen: „Wir sollten uns an das Gesicht einer Person erinnern, nicht an den Schlips, den sie trägt. In diesem Fall sind Zweifel angebracht.“

Im Alltag testen wir diese Annahmen, die wir aufgrund der Merkmale gebildet haben. Wir erwarten eine Korrelation zwischen der Kategorie und den Eigenschaften der konkreten Person. Die Erwartung prägt natürlich wiederum unsere Wahrnehmung, das heißt, dass wir leichter Informationen aufnehmen, die wiederum unsere Erwartungen bestätigen. Es findet eine Verzerrung in Richtung unseres Stereotyps statt. Auch merken wir uns diese Wahrnehmungen leichter als abweichende Informationen.

Hier wirkt zusätzlich wieder der Haloeffekt: Von Merkmalen und Signalen schließen wir sofort auf Eigenschaften der Person, nur eine geringe Zeitspanne entscheidet über Sympathie und Ablehnung. Dementsprechend sind äußere Merkmale wie der Dresscode stets auch Symbole der Autorität und der Macht. Anhand der „richtigen“ Kleidung und der Accessoires erschließt der Betrachter die Bedeutung und den Einfluss der Person, man vermutet einen bestimmten sozialen oder finanziellen Background. Und ebenso gilt natürlich: Der

Mensch, der die richtige Kleidung trägt und die richtigen Accessoires hat, der zeigt uns dadurch klar und deutlich, was wir von ihm halten sollen. Er vermittelt uns, zu welcher Gruppe er gehört – oder zumindest gehören möchte. Jetzt ist es an uns, zu entscheiden: Ist er so wie wir, erkennen wir ihn an als zu uns gehörend, sehen wir zu ihm hinauf oder gar auf ihn herab? Damit wir nicht auf den letztgenannten Gedanken kommen, sondern die beiden anderen Alternativen nehmen – auch aus diesem Grund sind Versicherungsvertreter häufig besser gekleidet als ihre potenzielle Kundschaft.

Manche tradierte Regel hat einen ungewöhnlichen Ursprung: So haben die Männer den Anzug den Franzosen zu verdanken – weniger den Schneidern, mehr ihrer Revolution von 1789. Bis dahin gab es eine klar definierte Kleiderordnung mit präzisen Regeln, welcher Stand welche Kleidung tragen durfte. Nach der Revolution galt jeder, der noch bunt daherkam, als dekadent. Kleidung hatte praktisch zu sein und seriös zu wirken. Etwa um 1860 hatte sich dann – in Paris, naturellement – der Anzug aus einheitlichem Material durchgesetzt. Seitdem ist Männermode uniform. Originalität kann man meist nur durch Details demonstrieren. Dazu zählen etwa handgefertigte Knopflöcher und Knöpfe aus Horn oder aus Perlmutt.

Auch für uns selbst ist die Wahl des richtigen Outfits wichtig. Jeder und jede von uns kennt das gute Gefühl, „richtig“ angezogen zu sein. Ich steigere dadurch mein Selbstwertgefühl und fühle mich in der Situation deutlich sicherer. Wir alle können uns bestimmt an einen Anlass erinnern, zu dem wir irgendwie unpassend gekleidet waren. In unserer Erinnerung schaute man uns nicht gerade bewundernd an. Oder denken Sie daran, wie Sie sich fühlten, als Sie gerade aus der Dusche stiegen, weil das Telefon klingelte und Sie ein dienstliches Telefonat führen mussten. So wie wir gekleidet sind, so fühlen wir uns auch. Und wir kennen sogar einige unserer Kollegen, die auch im häuslichen Arbeitszimmer einen Anzug tragen, wenn sie an dem Tag viele dienstliche Gespräche zu führen haben.

Wie setze ich denn die richtigen Akzente, werden Sie sich zu Recht fragen. Zuerst einmal orientieren wir uns dabei an dem allgemein akzeptierten „comme il faut“. Abweichungen und individuelle Veränderungen sind grundsätzlich in Ordnung – entscheiden Sie selbst, was passend ist und was Ihnen, der Situation oder den Gesprächspartnern angemessen ist. Natürlich auch abhängig von der Branche ist das jeweilige Outfit – vom Banker wird eher eine andere Schale erwartet als vom Modedesigner oder vom Marketingmann.

Wir sollten in jedem Fall darauf achten, den optischen Kerneindruck unseres Jobs nicht durch das falsche Outfit zu überblenden. Ein Bankangestellter mit bunter Krawatte und buntem Hemd sendet die falschen Signale. Eine Sportartikelverkäuferin wirkt im Business-Kostüm in ihrer Abteilung sicher deplatziert – mit den neuesten gelgedämpften Laufschuhen aber nicht. Und im Managementseminar vermittelt ein Teilnehmer im Jogginganzug nicht wirklich den Eindruck von aufmerksamer Anspannung und Konzentration auf die Veranstaltung. Dazu kommt die Frage, ob wir das Unternehmen und seine Marktstellung wie seinen Charakter durch die Wahl unserer Kleidung angemessen unterstreichen. Praktisch heißt das, dass der Marketingchef von Red Bull an einer anderen Latte gemessen wird als der Marketingchef der Volksbank Sprockhövel. Gleichwohl werden wir beide messen – auch an ihrem optischen Eindruck auf uns.

Nicht wenige Unternehmen machen hier eine sehr klare und einheitliche Aussage: Sie verordnen den Mitarbeitern eine Uniform. Spontan fällt uns dabei das Militär oder die Polizei ein, aber auch Flugunternehmen wie die Lufthansa oder Paketdienste wie UPS tun dasselbe. Und in der Klinik erkennen Sie in den meisten Fällen die Ärztin wie den Krankenpfleger sofort an der Kleidung. Der Öffentlichkeit wird damit signalisiert: Dieser Mensch gehört zu uns. Er repräsentiert unser Unternehmen und unsere Vorstellungen davon, wie man den entsprechenden Job gut macht. Der Mensch hat die Autorität der Organisation mit der Uniform verliehen bekommen und repräsentiert sie uns gegenüber. Unternehmen, die einen bestimmten Maßstab bei der Bekleidung möchten, sich aber aus den verschiedensten Gründen gegen eine Uniform entschieden haben, tun sich immer wieder schwer damit, ihren Mitarbeitern gegenüber eine sichere Vorstellung von adäquater Bekleidung zu vermitteln. Es sind dabei nicht nur die geschmacklichen Stilblüten in vielen Filialen kleinerer Geldinstitute oder die Bekleidung der Mitarbeiter in den Amtsstuben der Republik. So machten Weltkonzerne in Japan die Erfahrung, dass mit der Übernahme des amerikanischen „Casual Friday" eine heillose Verwirrung bei den Männern in die Büros einzog. Denn die wussten davor genau, dass man einen Anzug bei der Arbeit trägt. Doch was war nun genau „casual"? Freiheit war auch hier Freiheit des Versagens: Von kurzen Hosen bis zum traditionellen Yukata-Mantel wurde alles getragen. Erst als die Unternehmen wieder Anweisungen gaben, pendelte sich das Polohemd mit sportlicher Baumwollhose und passenden Schuhen als Richtlinie ein.

Dabei gilt stets: Wer es schafft, sich der Wirkung von Kleidung und Accessoires bewusst zu bedienen, um seine Stärken zu unterstreichen, der verschafft sich auch im Job eine Reihe von Vorteilen. Nur wer sich wohlfühlt in seiner Kleidung, strahlt Kompetenz und Selbstbewusstsein aus. Immer häufiger werden sogenannte „Personal Shopper" auch von Unternehmen gebucht, die sicherstellen wollen, dass ihre Führungskräfte nicht nur Topleistungen erbringen, sondern auch entsprechend daherkommen.

Wie machen Sie es also richtig, wenn Ihnen diese Segnungen des Aufstiegs bislang noch verwehrt blieben? Gehen wir die Möglichkeiten durch: Als Anzug kommt ein Einreiher oder ein Zweireiher infrage, Einreiher lassen sich leichter, weil auch offen tragen. Zweireiher sind grundsätzlich formaler. Klassisch ist das einreihige Sakko mit zwei oder drei Knöpfen, drei Knöpfe wirken etwas stärker streckend. Der Zweireiher hat immer zwei Schließknöpfe und darüber ein weiteres „blindes" Knopfpaar. Sie können eine Weste dazu tragen, sie wird immer geschlossen, der unterste Knopf bleibt auf. Farblich eine sichere Wahl sind die Unifarben Schwarz, Grau und Blau. Sie wirken seriöser, sind unkompliziert zu tragen und die Wahl der Krawatte fällt auch deutlich leichter.

Zum Anzug gehört das richtige Hemd: Der Blick des Betrachters wird rasch auf die Fläche zwischen Anzug und Gesicht gelenkt. Entscheidend ist die Wahl des richtigen Kragens und der Farbe des Hemdes. Hemden mit Button-down-Kragen sind eher sportlich, sie gehören zum sportlichen Sakko. Zu einem gut geschnittenen Hemd gehört so viel Kragenweite, dass Sie bequem einen Finger zwischen Kragen und Hals schieben können. Und ein gutes Hemd hat Manschetten, die links noch genügend Platz für die Armbanduhr lassen. Am „einfachsten“ sind weiße Hemden, mit dieser Farbe können Sie keine Fehler machen. Auch blaue Hemden sind häufig eine gute Wahl. Buntere Farben sind immer ein Risiko. Abstand nehmen sollten Sie von dunklen Farben, besonders aus etwas größerer Entfernung wirkt das Gesicht dadurch deutlich heller und blasser. Der Eindruck auf den Betrachter ist selten positiv.

Natürlich tragen Sie zum Geschäftsanzug eine Krawatte – in Ton und Dessin passend zu Hemd und Anzug. Vermeiden Sie nach Möglichkeit schreiende Farben, vermeiden Sie unbedingt „lustige“ Muster – solche mit Comicfiguren, Golfspielern vielleicht oder mit dummen Sprüchen. Krawatten mit Firmenlogo oder anderen Werbeaufschriften sind weniger empfehlenswert. Achten Sie beim Binden der Krawatte auf die richtige Länge – sie darf nicht zu kurz sein und sollte im Stehen etwa bis zum Gürtel reichen. Mutige tragen eine Fliege, doch achten Sie darauf, dass sie zu Ihrem Gesicht passt.

Schuhe sind schwarz oder braun, anderes kommt nicht infrage – auch zum blauen Anzug sollten Sie keine blauen Schuhe tragen. Zum geschäftlichen Outfit passen nur Schuhe mit Ledersohle. Grundsätzlich gilt, dass Ihre Schuhe umso eleganter wirken, je glatter das Leder ist. Wichtiger ist, dass Sie Ihre Schuhe gut pflegen – sauber geputzt und glänzend ist gut. Der Gürtel wiederum sollte zu den Schuhen passen – schwarzer Gürtel zu schwarzen Schuhen, braun zu braun. Als Material im geschäftlichen Umfeld kommt nur Leder infrage, die Farbe der Schließe kann auf die Farbe anderer Metalle wie der Uhr oder der Manschettenknöpfe abgestimmt werden. Immer unvollständig und damit unpassend ist eine Hose mit Schlaufen, aber ohne Gürtel. Zu den Schuhen gehören Strümpfe, Socken in der passenden Farbe, einfarbig oder allenfalls mit einem dezenten Muster. Socken sollten immer so lang sein, dass auch bei übereinandergeschlagenen Beinen eine haarige bleiche Männerwade nicht sichtbar werden kann.

Und was ist mit den Damen? Von dem Gesagten gilt vieles im übertragenen Sinne auch für sie. In einschlägigen Untersuchungen finden Wissenschaftler immer wieder bestätigt, dass weibliche Führungskräfte in sexy Kleidung für weniger intelligent und kompetent gehalten werden als weniger aufreizend gekleidete Kolleginnen. Bewerberinnen im korrekten Businessdress wird signifikant mehr Gehalt angeboten als den weniger gezielt gekleideten Kolleginnen. Im Einzelnen heißt das, im geschäftlichen Rahmen auf übertreibende Attribute zu verzichten. Das betrifft sowohl zu viel oder zu großen Schmuck, zu kurze Röcke oder zu tiefe Ausschnitte. Ebenso gehören zur „vollständigen" Kleidung auch Strümpfe. Damit besteht korrekte Kleidung aus einem Kleid, einem Kostüm, einem Hosenanzug oder einer Hose mit Bluse oder Pullover. Gleichwohl sollte die Kleidung modisch sein: Eine zu biedere Auswahl unterstreicht nicht unbedingt Ihren professionellen Charakter oder Ihre Dynamik. Schuhe dürfen zwar Absätze haben, aber nach Möglichkeit keine High Heels. Im geschäftlichen Umfeld gelten drei bis fünf Zentimeter als ideale Absatzhöhe bei Frauen. Kleingewachsene Männer hingegen sollten nicht einmal daran denken – wer sich sichtbar größer machen will, ist so überzeugend wie der Träger eines sogenannten Mottenfiffis, eines billigen Toupets.

Sie sehen: Kleidung ist eine Sprache für sich, und mit der Wahl unserer Kleidung dokumentieren wir die Zugehörigkeit zu einer Gruppe. Und es verhält sich wie mit der gesprochenen Sprache: Je perfekter wir diese beherrschen, je weniger Fehler wir machen, desto besser die Akzeptanz.

Wer sich nicht verspricht, der zeigt auch seine Klarheit im Denken und Handeln.

Wenn Sie diese und einige weitere vielleicht für Ihre Zielgruppe spezifische Regeln beachten, werden Sie auch einen entsprechend positiven Eindruck machen. Sie haben damit die nötigen Voraussetzungen für Aufmerksamkeit und Akzeptanz geschaffen.

„Perfekt statt peinlich."

- Bei unserer Einschätzung anderer Menschen achten wir auf die Bekleidung.
- Es gibt in der Gesellschaft recht klare Vorstellungen davon, was es bedeutet, „gut" oder „richtig" gekleidet zu sein.
- Unterschiedliche Unternehmen und unterschiedliche Positionen haben verschiedene Dresscodes.
- Unsere Bekleidung bringt oft mehr zum Ausdruck, als wir glauben möchten.
- Unpassende Details fallen besonders stark auf.

So machen Sie es richtig:

- Richten Sie sich nach dem Dresscode Ihres Unternehmens und Ihrer Branche.
- Bringen Sie Ihre Individualität besser durch gekonnte Details zum Ausdruck.
- Investieren Sie besser in Qualität als in Menge oder Topmodisches.
- Achten Sie auf den guten Sitz und die Sauberkeit Ihrer Kleidung.
- Kleidung und Accessoires sollten zusammenpassen.

16

DAS EMOTIONS-ELEMENT

Das spür ich einfach. Oder: Warum bewirken Gefühle oft mehr als Fakten?

Ein heller Sandstrand vor einem türkisfarbenen Meer. Im Hintergrund ein Hotel inmitten von Palmen. Im Vordergrund zwei ältere Herren in Badehose auf ihren Liegen: der ehemalige Škoda-Vorstand Helmuth Schuster und Klaus Joachim Gebauer, früher Leiter Personalprojekte bei Volkswagen. Die Bildunterschrift hat drei Zentimeter große Buchstaben und lautet: „VW bei der Arbeit".

Ein Bild sagt eben mehr als tausend Worte. Schon das Wort „Klimakatastrophe" in Verbindung mit sich vom Gletscher ablösenden Eisbergen, Eisbären auf Eisschollen inmitten einer weiten Wasserfläche, das löst bei vielen von uns zunächst einmal Angstgefühle aus. Nach aktuellen Untersuchungen wird eine Kaufentscheidung zu 34 Prozent durch das Design, also durch die reine Optik, geprägt. Die Möglichkeit für Hersteller, ein sogenanntes Preispremium zu erzielen, also einen höheren Preis als den gängigen Marktpreis, wird weniger durch zusätzliche Eigenschaften des Produkts bestimmt, sondern durch die Optik. Experten schätzen hier einen Anteil von 64 Prozent bis etwa 47 Prozent. Beispiel gefällig? Nun, statistisch gesehen könnten Sie es sogar besitzen – nämlich den iPod von Apple. Im Wesentlichen ein MP3-Player wie andere auch, aber diese Optik! Oder denken Sie an etwas, das statistisch nicht so häufig anzutreffen ist – den Mercedes CLS. Eine Mercedes-Limousine, wie noch keine aussah und die selbst so manchen bis dahin standhaften Daimler-Verächter schwach werden ließ. Eigentlich eine E-Klasse, wenn auch deutlich teurer, aber diese Optik!

Diese Überlagerung der Sinne findet auch beim Hören statt. Man muss gar nicht so weit gehen wie der gefürchtete Musikkritiker und Wagner-Gegner Eduard Hanslick, der über Tschaikowskys Violinkonzert sagte, es bringe uns auf die schauerliche Idee, ob es nicht auch Musikstücke geben könnte, die man stinken hört. Es reicht bereits ein Probevorspiel: Wenn sie sich für eine neue Anstellung in einem Orchester bewarben, mussten Profimusiker lange Zeit „offen" vorspielen, das heißt sichtbar auf der Bühne. Obwohl es eindeutig um den Höreindruck ging, standen sie dabei unter dem verzerrenden Effekt des optischen Eindrucks. Dies führte dazu, dass bei bestimmten Instrumenten Männer eindeutig bevorzugt wurden. Es ist eben auch wesentlich imposanter, wenn ein großer, kräftiger Mann auf der Posaune spielt, als wenn eine zierliche kleine Frau dasselbe tut. Inzwischen hat man die Situation bei den meisten ernst zu nehmenden Orchestern geändert: Alle Musiker spielen hinter einem Paravent vor. Der äußere Eindruck spielt keine Rolle mehr, und der Effekt ist erstaunlich: Plötzlich bekommen mehr Frauen deutlich bessere Urteile über ihr Können. Mit einer Ausnahme, die auch nach Jahren noch beschämt: der Fall der Amerikanerin Abbie Conant. Sie wurde nach einem verdeckten Vorspiel als Solo-Posaunistin bei den Münchner Philharmonikern aufgenommen, nachdem sie 32 Männer in der Ausscheidung auf die Plätze verwiesen hatte. Der greise Maestro Sergiu Celibidache, lange Jahre Chef der Münchener Philharmoniker und in München kultisch verehrt, wollte aber lieber einen Mann auf diesem Posten. Es folgte eine 14 Jahre dauernde Auseinandersetzung bis hin vor die Gerichte, deren ganze Art weder dem Dirigenten, vielen ihrer Orchesterkollegen und erst recht nicht der Stadt München zur Ehre gereichte.

Richard Peterson ist von der Ausbildung her Psychiater. Sein Geld verdient er in San Francisco inzwischen damit, dass er Anlageberatern hilft, Fehler in ihrem Anlegeverhalten aufzuspüren. Auf der Basis von detaillierten Fragebogen und im Dialog werden sich seine Klienten darüber klar, warum sie bestimmte Positionen in ihrem Investment-Portfolio aufbauen oder warum sie verkaufen. Auch erfolgreiche Finanzleute neigen offenbar dazu, von „ihrem Bauch gesteuert“ Börsenmoden hinterherzulaufen oder eine bestimmte fixe Idee stur und lernunfähig durchzuziehen. Und auch die Elite der Finanzwelt neigt dazu, die eigenen Fähigkeiten zu überschätzen. In einem wegweisenden Experiment überprüften Jonathan Cohen und Sam McClure an der Universität Princeton mithilfe eines Magnetresonanztomografen, welche Gehirnbereiche bei bestimmten Aufgaben aktiviert waren. Bei Aufgaben, die mit der Verwendung von Geld zu tun hatten, war erwartungsgemäß der Präfrontalkortex aktiv, also die Hirnregion, die mit dem bewussten Abwägen unterschiedlicher Handlungsalternativen zu tun hat. Doch immer dann, wenn es um schnelle Reaktionen ging, dann wurde ebenso das limbische System aktiviert. Dieses System ist entwicklungsgeschichtlich sehr alt und steuert entsprechend einfache Reaktionen. Was uns einst vor dem Säbelzahntiger rettete, war nie gedacht für sekundenschnelle Entscheidungen über Milliarden von Dollar.

Wir neigen dazu, komplexen Entscheidungen aus dem Weg zu gehen und einfache Koppelungen zu bevorzugen. So gehen Menschen beispielsweise eher an einem Regal mit 30 Sorten Marmelade vorbei und vermeiden die komplizierte Entscheidung. Dagegen bleiben sie stehen vor einem Regal mit nur sechs Sorten – diese Entscheidung ist deutlich einfacher. Je komplexer und je wichtiger eine Entscheidung wird, desto mehr Stress entsteht für den Entscheider. Und immer dann nehmen wir unsere Emotionen zu Hilfe. Wenn wir zwischen verschiedenen Optionen auswählen sollen, lässt sich im Tomografen des Princeton-Experiments erkennen, dass die Hirnareale aktiv sind, die für kognitive Prozesse zuständig sind. Wenn aber Emotionen ins Spiel kommen, etwa unsere Lieblingssorte Joghurt oder eine Marke, die uns besonders garstig schmeckt, dann wird spontan das limbische System aktiviert. Wir entscheiden „aus dem Bauch“ heraus.

Und diese spontanen Entscheidungen sind gar nicht so selten wichtiger und richtiger für uns. Zwei US-amerikanische Psychologen, Timothy Wilson und Jonathan Schuler, ließen Versuchspersonen aus einer Reihe von Postern ihr jeweiliges Lieblingsbild aussuchen. Ein Teil musste spontan entscheiden, ein Teil durfte lange nachdenken. Das ausgewählte Poster nahmen die Teilnehmer anschließend mit nach Hause. Eine telefonische Nachbefragung offenbarte, dass die Teilnehmer aus der „spontanen" Gruppe ihr Lieblingsbild auch tatsächlich daheim aufgehängt hatten, aus der „nachdenklichen" Gruppe hatte dies kaum jemand getan.

Unsere Gefühlswelt ist Teil von wirtschaftlichen Strategien in der Werbung: So wirbt der Textilkonzern Benetton mit dem Foto eines zum Tode Verurteilten, um uns bewusst zu erschrecken und unsere Aufmerksamkeit auf seine Produkte zu lenken. Joanne K. Rowlings jeweils neuestes Harry-Potter-Buch hat sicher auch deswegen so außerordentliche Resonanz, weil vorab nur ganz wenig über das Buch zu erfahren ist und alle neugierig auf den Inhalt sind. Wir haben Mitleid mit den Kindern in der Dritten Welt und spenden deswegen gerne Geld, oft ohne genauer hinzusehen. Die Charity-Kampagnen von Unternehmen wollen hingegen, dass wir uns gut fühlen: Zwar sammelt Blend-a-med für ein SOS-Kinderdorf-Gesundheitszentrum in Lateinamerika (eine Tube gleich ein Cent-„Baustein" für das Dorf), doch man tut es allerdings mit einem Kindergesicht, das strahlend hellhäutig ist und die Identifikation erleichtert – alles Beispiele für gezielte, durchaus manipulierende Zugänge zu unseren wirtschaftlichen Entscheidungen über den Umweg unserer Gefühlswelt.

Doch wie geraten wir unter diesen Einfluss, welche Voraussetzungen macht man sich dabei zunutze? Asiatische Philosophien und Körpertechniken sehen traditionell im „Hara" – der Bauchregion – die eigentliche Mitte des Körpers. Unsere Entscheidungen treffen wir „aus dem Bauch heraus". Wenn wir glücklich oder verliebt sind, haben wir „Schmetterlinge im Bauch". Amerikaner und Engländer kennen das „gut feeling“. Gestützt wird diese Orientierung durch neue wissenschaftliche Befunde: Im Bauch befinden sich mehr Nervenzellen als im Gehirn, sie produzieren eigene Botenstoffe (die die Übermittlung von Signalen zwischen den Nervenzellen ermöglichen, aber ebenso massiven Einfluss auf unser Wohlbefinden nehmen). Dieses System arbeitet recht autonom: Von diesem Teil unseres Nervensystems gehen mehr Signale in Richtung Großhirn als von dort empfangen werden. Das Bewusstsein, sachliches Verständnis oder die bewusste Steuerung von Entscheidungen ist somit weniger wichtig, als wir gemeinhin glauben möchten.

Dagegen sind im Gehirn unsere Emotionen natürlich vorrangig lokalisiert. Emotionen gehen mit Bedürfnissen und Wünschen einher und damit sind sie eng mit den Motiven für unser Handeln verbunden. Emotionen haben eine unser Handeln bestimmende Rolle. In Situationen, die eine schnelle Reaktion erfordern, werden wir stärker von unseren Emotionen als von unserem Intellekt gesteuert. In unklaren Situationen ohne gelerntes Entscheidungsmuster werden wir aufgrund unserer Gefühle agieren. Wenn wir andere Menschen treffen, wird ein entscheidender Anteil der Sympathie oder Antipathie aufgrund emotionaler Reflexe und anhand von Elementen wie dem Körpergeruch bestimmt.

Die Wissenschaft erklärt uns Entscheidungsprozesse mittlerweile so: Alle menschlichen Entscheidungen sind letztendlich vom Gefühl bestimmt. Der Verstand, dessen Arbeit uns bewusst ist und deshalb in seiner Bedeutung gerne überschätzt wird, ist nur Berater, der gewissermaßen Vorschläge erarbeitet. Das Entscheidungszentrum aber liegt im limbischen System. In bekannten Alltagssituationen entscheiden wir sogar vorwiegend aufgrund unserer Erfahrungen und ohne den Effekt, dass wir diese Steuerung überhaupt bewusst zur Kenntnis nehmen. Für komplexe Prozesse gibt es eine Art „Autopiloten“, der uns ganze Handlungsstränge ohne bewusstes Nachdenken erledigen lässt. Ohne diese Automatik würde uns schon die Komplexität des Autofahrens oder der morgendlichen Hygiene überfordern.

Die Wissenschaft unterscheidet dabei vier grundsätzliche Typen von Emotionen:

- **Stolz, Scham oder Schuldgefühle** in Situationen, in denen wir unser Verhalten oder unsere Leistung an inneren oder externen Standards messen.
- **Freude, Ärger oder Frustration**, wenn wir Ziele erreichen oder eben leider nicht erreichen.
- **Liebe, Sympathie, Hass, Eifersucht oder Neid** in Situationen mit anderen Menschen.
- **Glück, Unglück, Furcht oder Angst**, wenn unsere Bedürfnisse befriedigt oder frustriert werden.

Emotionen sind immer mit der Veränderung physiologischer Faktoren verbunden. Der Blutdruck steigt an oder die Herzschlagfrequenz sinkt, wir schwitzen oder zittern.

Emotionen üben einen wichtigen Einfluss auf unsere soziale Wahrnehmung und unser soziales Verhalten aus. Emotionen haben eine Funktion als soziale Signale, sie lassen unseren Partnern in der Interaktion Handlungstendenzen erkennen. Emotionen werden deshalb auch häufiger mit Absicht aus taktischen Gründen eingesetzt. In einer aufschlussreichen Feldstudie konnte beispielsweise festgestellt werden, dass Sportler ihr triumphierendes Grinsen erst dann aufsetzten, wenn sie sich zu den anderen umdrehten.

Wenn Menschen Erregung verspüren, interpretieren sie ihr Gefühl häufig anhand der Reaktionen anderer Menschen. Nur aufgrund unserer eigenen Körperwahrnehmung können wir unsere Gefühle schlecht einordnen. Beispielsweise gehen sowohl große Freude wie auch starker Ärger mit identischen körperlichen Symptomen einher: Beschleunigung der Pulsfrequenz, Zittern und starkes Schwitzen. Wenn wir unsere Emotion nicht nur anhand der Körperwahrnehmung deuten, sondern auch anhand der Beobachtung anderer, dann hat das zur Folge, dass in einer Gruppe alle Menschen ähnliche Emotionen erfahren.

Der beste Indikator für Emotionen ist häufig das nonverbale Verhalten. Dies gilt auch bei Menschen, die sich bemühen, ihre Emotionen nicht zu zeigen. Die Bewegungen der Gesichtsmuskulatur, die Gestik oder unsere Stimme vermitteln geübten Beobachtern eine Fülle an Informationen über unsere Emotionen.

Gerade in Verkäuferkreisen sehr beliebt ist in den letzten Jahren eine Sammlung von Methoden, deren Protagonisten eine Art Hintertür in das menschliche Bewusstsein proklamieren und die gerne bereit sind, es gegen Geld zu vermitteln: Die Rede ist von NLP, dem *neurolinguistischen Programmieren*. Was da alles versprochen wird, zeigt ein Blick in entsprechende Seminarangebote und einschlägige Literatur zum Thema. Seien es „Pokertricks mit NLP" oder „Mit NLP-Techniken Stresserkrankungen entgegenwirken", die Verheißung von „Führungserfolge durch Authentizität – Die Psyche prägen, den Kunden führen" oder „Submodalitäten: Vom Gehirnbesitzer zum Gehirnbenutzer" – stets ist die Botschaft ähnlich, dass man mithilfe von NLP-Techniken das Verkaufen zu einem Lebensstil machen kann. „Lernen Sie an einem Tag die Strategien der besten Verkäufer der Welt ..." und so weiter! So versprechen es uns die Anbieter. Dieses Sammelsurium ist nur ein kleiner Auszug aus aktuellen Angeboten im Internet. Deshalb erscheint ein kleiner Exkurs zum neurolinguistischen Programmieren angebracht. Ist NLP eine wundersame Technik, die es jedem ermöglicht, sich besser darzustellen, andere besser zu verstehen und zu beeinflussen? Denn ganze Heerscharen von Trainern verdienen ihr Geld mit diesem Versprechen und mit der Vermittlung entsprechender Techniken.

Eine eindeutige und für alle gültige Antwort darauf kann es nicht geben. Tatsache ist, dass NLP – stärker als andere Kommunikationstechniken – Wert auf die Wahrnehmung und auf die Beeinflussung auf der Ebene der Körpersprache legt. NLP basiert auf der Vorstellung, dass sich jeder Mensch sein eigenes Bild von der Welt erarbeitet. Diese Landkarte wird zur individuellen Realität. Wenn es Ihnen nun gelingt, die Landkarte des anderen Menschen zu erkennen, so finden Sie einen besseren Zugang zu ihm und „seiner Welt" („Rapport").

Eine Grundlage von NLP ist die Annahme, dass jeder Mensch einen bestimmten Kommunikationskanal bevorzugt. Wenn Sie diesen Kanal erkennen, können Sie in der gleichen Weise kommunizieren („Pacing"). Das beschreibt den Versuch, sich ähnlich zu verhalten wie Ihr Partner. Die Gefahr besteht darin, den anderen nachzuäffen oder ihn zu irritieren.

Wichtige Techniken im NLP arbeiten mit diesem Ansatz. Ziel ist dabei weniger das – semantische – Verstehen und Interpretieren der Körpersprache anderer, sondern mehr der – funktionelle – Weg, sich auf die individuell *unterschiedlichen* körpersprachlichen Signale der Partner einzustellen („zu kalibrieren") und diese zur Intensivierung der eigenen Kommunikation zu nutzen.

Die *Technik des Spiegelns* beispielsweise beruht auf der Erkenntnis, dass Menschen mit intensivem Kontakt zueinander (zum Beispiel Eltern und Kinder, Mitglieder eines Teams) ein hohes Maß an Symmetrie in ihren körpersprachlichen Signalen aufweisen. Das Spiegeln versucht nun, über die Simulation der körpersprachlichen Signale des Partners den Kontakt aufzubauen. Die Anpassungen an den Gesprächspartner beispielsweise in Lautstärke, Sprechtempo, Körperhaltung, Gestik und Atemrhythmus führen demnach zu einem intensiven Kontakt – unabhängig von inhaltlichen Übereinstimmungen. Auf der sprachlichen Ebene vollzieht sich das Spiegeln insbesondere in der Anpassung der Adjektive und Verben an den bevorzugten Wahrnehmungsstil des Partners. NLP nimmt eine Einteilung nach dem bevorzugten Wahrnehmungsstil vor – das heißt dem bevorzugten kognitiven Kanal Hören, Sehen, Fühlen, Riechen, Schmecken. Es gibt dementsprechend visuelle, auditive und kinästhetische Typen, diese einschließlich der olfaktorischen und gustatorischen Ausprägungen, also des Geruchs und des Geschmacks. Durch geschicktes Spiegeln reflektieren Sie die Welt Ihres Partners. Sie versuchen, sich damit seiner Wahrnehmung und Empfindung anzunähern.

Bei Ungeübten und Personen ohne eigene Botschaft wirkt die Technik des Spiegelns allerdings leicht lächerlich, da sie zu einer körpersprachlichen und verbalen Echolalie wird („Ich bin Studentin der Volkswirtschaft." – „Sie sind Studentin." – „Ja, und ich möchte später im Marketing eines internationalen Unternehmens arbeiten." – „Sie wollen später im Marketing arbeiten." – „Ich werde in einem Jahr meine Diplomarbeit beenden." – „Sie sind in einem Jahr fertig." ...). Der eigene Beitrag des Gesprächspartners ist gleich null und die Wirkung über einen längeren Zeitraum hinweg verheerend.

Und dann verspricht NLP uns vielleicht auch ein wenig viel. Da kommen uns folgende einfachen und eindeutigen, allerdings sehr weitreichenden Interpretationen in den Sinn. Um hier nur ein kleines Beispiel der Schlichtheit der Analyse zu zitieren: „Der Blick ist nach oben rechts gerichtet: Die Person konstruiert Bilder, die in die Zukunft gerichtet sind. – Der Blick ist seitlich nach links gerichtet: Die Person erinnert sich an Töne, Stimmen, Laute, Geräusche aus der Vergangenheit." Sie glauben es nicht? Dann noch einen aus derselben Kategorie: „Der Blick ist nach unten links gerichtet: Die Person führt einen inneren Dialog, sie spricht zu sich selbst." Sie merken es schnell: In dieser Form ist das alles ziemlich überinterpretiert, es ist aber dafür so klar und einfach. Solche Patentrezepte werden vom verkäuferischen Boulevard immer wieder gerne genommen. Und von all jenen Adepten, die auf einfache und todsichere (?) Lösungen stehen.

Nun soll es durchaus erfolgreiche Anwendungen von NLP-Techniken geben, doch diese setzen ein breites Repertoire an Verhaltensweisen voraus und die Bereitschaft, dass das eigene Verhalten und eigenes Befinden in den Hintergrund treten. Ernsthaft eingesetzt kann und will NLP nicht dazu führen, dass jemand nur durch den geschickten Einsatz von Techniken andere Menschen beeinflussen kann. Ein manchmal gerne gegebenes Versprechen, aber in der Realität leider nicht zu halten.

Die Bedeutung unserer Emotionen für unser Verhalten wird vielfach unterschätzt. Wir sehen uns bevorzugt als rationale Geschöpfe und meinen deswegen, dass wir unser Verhalten auch immer rational steuern können. Sogar ökonomische Theorien oder kognitive Entscheidungstheorien ignorieren häufig die Rolle von Faktoren wie Bedauern oder Begierde, Stolz oder Spaß.

Vor diesem Erklärungshintergrund wird klar, warum Emotionen auslösende oder steuernde Gestaltungselemente uns sehr ansprechen – seien es Bilder („Stellen Sie sich vor ...), die Schilderung persönlicher Erlebnisse („Ich war dabei. Ich habe mit eigenen Augen gesehen ...), Angst machende Szenarien („Denken Sie nur an Ihre Versorgungslücke im Alter ...") oder eben die Aussicht auf eine fantastische Belohnung („Wenn Sie bei uns mitmachen, kann dieser Porsche schon bald Ihnen gehören!"). Kein Wunder, dass sie häufig mehr bei uns bewirken als die nüchternen Zahlen, Daten und Fakten. Warum auch nicht – aber nur, wenn wir damit nicht über den Tisch gezogen werden.

„Emotional intelligent."

- Alle unsere Entscheidungen sind letztlich emotional bestimmt.
- Wir meiden bevorzugt komplexe Entscheidungen und bevorzugen einfache Situationen.
- In Alltagssituationen entscheiden wir vorwiegend aufgrund unserer Erfahrungen.
- Im bewussten Teil unseres Bewusstseins werden Vorschläge für die eigentlichen Entscheidungen entworfen.
- Die konkrete Ausprägung unserer Gefühle (Freude oder Angst?) interpretieren wir oft anhand der Reaktion unserer Mitmenschen.

Wie setzen Sie diese Erkenntnisse um?

- Bleiben Sie realistisch: Selbst die coolsten Typen sind viel emotionaler, als wir glauben möchten.
- Vertrauen Sie öfter einmal Ihrem „Bauchgefühl".
- Achten Sie auf die Körpersprache – über diesen Weg erfahren Sie oft mehr als aus den Worten.
- Beachten Sie die Emotionen anderer.
- Bleiben Sie Patentrezepten gegenüber misstrauisch!

17

DIE HUMBUG-HOFFNUNG

Heilslehren und Patentrezepte. Oder: Warum gehen wir Gurus und Geheimwissen auf den Leim?

Wenn Sie eine Tageszeitung aufschlagen und lesen, dann erfahren Sie zwei Dinge: was gestern anderen passierte (das steht in den Nachrichten und den Berichten) und was heute Ihnen passieren wird (das steht nämlich im Horoskop). In vielen Medien finden wir so etwas, denn die Leser wollen es.

Nehmen wir das Sternzeichen Löwe: „Venus könnte heute Schwung in Ihr Leben bringen und für eine Abwechslung sorgen. In einer ausgezeichneten Verfassung sind Sie von der Gesundheit her. Die jetzige Phase würde sich für anstrengende Arbeiten eignen." Aha. Nun, abgesehen von dem eigenwilligen Deutsch: Wissen wir denn jetzt wirklich, was wir zu tun haben? Dafür war das Horoskop vielleicht ein wenig zu kurz. Dann schauen wir in eine Frauenzeitschrift aus Hamburg und finden auf Seite 220 zum Sternzeichen Widder: „Ihre Erwartungen an Ihre Beziehungen halten Sie nicht unbedingt zurück, teilweise entladen sich Ihre Wünsche geradezu eruptiv. Und genau da lauert die Falle. Weil Sie sich immer dann am sichersten fühlen, wenn Sie die Beziehungsdynamik vorgeben, leider aber in Schwierigkeiten geraten, wenn Ihr Gegenüber all Ihre Bedingungen erfüllt. Ihr Standardspruch ‚Ich würde ja gern, aber dein Verhalten lässt es nicht zu' funktioniert nicht mehr. Sie müssen Farbe bekennen. Vielleicht wäre es weniger anstrengend, von vornherein partnerschaftlich miteinander umzugehen." Das war doch schon sehr ausführlich, fast wie ein Gespräch unter guten Freundinnen. Wenn Sie eine Frau und Widder sind, dann erinnern Sie sich bitte an den Mai 2007: War es nicht genau so wie beschrieben? Gab es eine Situation, auf die das zutraf?

Ja? Na, sehen Sie, Sie haben es doch gleich gewusst. Nein? Dann gehören Sie vielleicht zu jenen, die Horoskope als Quatsch bezeichnen, wenn Sie auch damit nichts anzufangen wussten. Wie viele Menschen es dennoch brennend interessiert, zeigt ein Blick in Google: Allein in deutscher Sprache sind rund 32 Millionen Nennungen unter „Horoskop" zu finden und deuten an, dass wohl eine gewisse Nachfrage besteht.

Das gilt sogar für Unternehmen: Immer wieder ist unter Personalfachleuten im vertraulichen Gespräch davon zu hören, dass sie von Unternehmen wissen, die für die Auswahl von neuem Personal fragwürdige nicht wissenschaftliche Methoden anwenden. So wird eine grafologische Beurteilung der Handschrift von Kandidaten eingeholt oder eine astrologische Beratung erbeten. Wenn aufgeklärte Menschen in der Illustrierten regelmäßig Horoskope lesen, so ist das gelinde gesagt erstaunlich. Wenn es in Unternehmen geschieht, dann ist dies bereits sehr beunruhigend. Denn zwischen dem Geburtsmonat und damit auch dem Sternzeichen eines Menschen und seiner Persönlichkeit gibt es keinen nachweisbaren Zusammenhang. Das ist das Ergebnis einer großen Studie eines dänisch-deutschen Forscherteams, in der die Daten von mehr als 15 000 Teilnehmern analysiert wurden. In ihrer Studie fanden die Wissenschaftler überhaupt keine Hinweise auf einen solchen Einfluss. Wer solche Instrumente zur Grundlage seiner Unternehmensführung macht, muss sich die Frage gefallen lassen, welche Absichten und Ziele damit verfolgt werden, welche Weltanschauung und vor allem welches Menschenbild von diesen Managern vertreten wird.

Der Schicksalswirkung von Horoskopen nahmen sich auch eine Reihe anderer Wissenschaftler an. Vor einigen Jahren untersuchten die Astronomen Culver und Ianna für ihr Buch „Gemini Syndrom" die Vorhersagen bekannter Astrologen und astrologischer Organisationen, die über einen

Zeitraum von fünf Jahren publiziert worden waren. Dabei kam einiges zusammen, nämlich über 3 000 Prognosen, die meist über bekannte Persönlichkeiten abgegeben wurden, Politiker etwa oder Filmstars. Doch bei nur rund zehn Prozent dieser Prognosen passierte überhaupt etwas, was man näherungsweise als Eintreffen der Prognose ansehen könnte. Und bei vielen dieser wenigen „Treffer“ handelte es sich wiederum um äußerst vage Formulierungen, die man genauso gut auch anders hätte interpretieren können.

Wenn vergleichbare Daten vorliegen, lässt sich dies gut erforschen. Eine andere Studie analysierte daher die Bestände aus zwei Datenbanken, die besonders zusammengestellte Informationen über mehr als 15 000 Menschen enthielten. Dabei handelte es sich um 4 321 Männer mittleren Alters, die am Vietnamkrieg teilgenommen hatten und von denen Intelligenzquotient, Geburtstag und ein Persönlichkeitsprofil bekannt waren, sowie um 11 448 Jugendliche im Alter zwischen 15 und 24 Jahren, von denen Geburtsmonat und Intelligenz erfasst wurden. Auch bei dieser vergleichbaren Gruppe von Menschen war das Ergebnis ziemlich eindeutig: Es gab überhaupt keinen statistisch bedeutsamen Zusammenhang zwischen Geburtszeitpunkt und Charakterzügen oder Intelligenz.

Doch warum glauben viele Menschen an die Astrologie? Sie tun dies wohl vor allem deshalb, weil sie meinen, astrologische Texte würden ihre Persönlichkeit überraschend zutreffend beschreiben. Doch die Texte von Horoskopen enthalten oft das, was Wissenschaftler als sogenannte „Barnumaussagen“ bezeichnen. Namensgeber des Effekts ist der amerikanische Zirkusbesitzer P. T. Barnum, der mit seiner Devise „Ein bisschen was für jeden!“ weithin bekannt wurde. Als *Barnumeffekt* wird der Umstand bezeichnet, dass die meisten Menschen häufig gerade recht allgemein gehaltene Charakterbeschreibungen als zutreffend für sie selbst ansehen.

Bereits 1948 führte der Psychologe B. R. Forer das erste Experiment dazu durch. Er gab seinen Studenten einen Persönlichkeitstest, ebenso bekam jeder eine Auswertung dazu. Doch diese bestand aus einem für alle identischen Text, den Forer aus Zeitungshoroskopen entnommen hatte. Die Studenten sollten nun auf einer Skala von 0 bis 5 bewerten, wie angemessen der Inhalt als Beschreibung ihrer Persönlichkeit wäre, wobei der Wert „5“ ein „sehr gut“ bedeutete. Das Ergebnis: Mit 4,26 bewerteten die Studenten im Durchschnitt, wie der Text auf sie selbst zutraf. Dieser Test wurde viele Male mit unterschiedlichen Studenten wiederholt, wobei der Durchschnitt immer über 4,2 lag.

Hier zeigt sich eben dieses Merkmal typischer Barnumtexte: Sie sind äußerst vage und machen mehrdeutige Aussagen, die auf möglichst alle Menschen zutreffen können, wie beispielsweise die Sätze: „Sie verfügen über ungenutzte Fähigkeiten“ oder „Einige Ihrer Ziele sind etwas unrealistisch“, ebenso wie „Manchmal sind Sie extrovertiert, umgänglich und gesellig, während Sie zu anderen Zeiten introvertiert, misstrauisch und zurückhaltend sind.“ Mal ehrlich, das ist doch bei Ihnen auch so, oder? Stimmt – es fällt einfach schwer, hier zu widersprechen, so allgemein gehalten sind die Aussagen. Daher meinen auch etwa 80 bis 95 Prozent aller Menschen, solche Aussagen träfen auf sie zu. Dass es Astrologen und Hellsehern immer wieder leichtfällt, ihre Mitmenschen mit ihrer scheinbar „erstaunlichen Menschenkenntnis“ zu verblüffen, das überrascht uns jetzt sicher nicht mehr so sehr.

Selektive Wahrnehmung ist ein weiterer Effekt, der eine große Rolle spielt. Denn selbstverständlich findet man in Horoskopen auch solche Aussagen, die ganz klar überhaupt nicht zutreffen. Diese werden im Allgemeinen jedoch entweder gar nicht erst wahrgenommen oder sofort wieder vergessen. Entsprechende Tests zeigen immer wieder, dass Menschen dazu neigen, Zutreffendes oder das zu ihrer Überzeugung Passende deutlich stärker zu beachten als Unzutreffendes. Diese selektive Wahrnehmung kann das Gefühl vermitteln, der Astrologe hätte vorwiegend richtige Aussagen gemacht, obwohl das gar nicht stimmt.

Der bekannte amerikanische Mythen-Jäger James Randi, ein gelernter Zauberkünstler, arbeitet seit Jahren an der Entlarvung scheinbarer parapsychologischer Phänomene und angeblich übersinnlicher Erscheinungen. So ließ er unter anderem den Gabelverbieger Uri Geller auffliegen. In seinem Buch „Flim-Flam" schildert er ein Beispiel, in dem ein „Gedankenleser" das Publikum mit Details aus dem Leben einzelner Zuschauer beeindruckt. Randi nahm sich später zwei der Zuschauer vor, denen er eine Videoaufzeichnung der Show zeigte. Beim erneuten Nachzählen kamen die beiden Zuschauer darauf, dass gerade eine einzige von 14 Behauptungen des Mediums zutraf – zuvor waren sie überzeugt gewesen, fast alle Aussagen des Hellsehers wären richtig gewesen. Denn sie waren überzeugt von der Begabung des Mediums, daher hatten die Zuschauer nur das wahrgenommen, was zu ihrer Überzeugung passte – alles andere wurde sofort vergessen. Vor diesem Hintergrund fragen wir uns dann natürlich, ob es nur billige Reklame ist, wenn Uri Geller in einem Interview mit dem *Stern* zum Besten gibt, wie er Ölkonzernen bei der Suche nach neuen Lagerstätten hilft. Und sollte diese Aussage nicht nur Hokuspokus sein, dann ist schon die Frage danach erlaubt, wer solchen Humbug nicht nur zulässt, sondern sogar noch vom Geld der Aktionäre bezahlt.

Nun sind es oft Fragen nach dem Sinn und Zweck des Lebens und der eigenen Zukunft, die die Menschen bewegen. Früher ging man dazu in die Kirche und versuchte sein Leben nach bestimmten Grundsätzen des Glaubens auszurichten. Das ist mühsam und die Belohnung gibt es noch dazu erst später. Zudem scheint der Stellvertreter Gottes auf Erden nicht genügend Anziehungskraft auszuüben, wenn man die zahlreichen Weltanschauungen, spirituellen und esoterischen Bewegungen ansieht. Vor allem Stars und Prominente suchen nach anderen Quellen der Inspiration, die so hip sind wie sie selbst, oder die wenigstens so scheinen.

Schauspieler wie John Travolta oder Tom Cruise, Musiker wie Keith Jarrett oder Isaac Hayes und andere orientieren sich dabei zum Beispiel an den Lehren von Scientology. Die

Scientology-Organisation wurde 1954 in den USA von L. Ron Hubbard gegründet. Ziel ist der durch Anwendung scientologischer „Technologie“ erzeugte, perfekt funktionierende Mensch, der „Clear“. Ungeachtet der Frage, ob Scientology eine Kirche wie andere auch ist, kann man festhalten, dass zu den Scientologen die Innenminister von Bund und Ländern anlässlich ihrer Konferenz am 5. und 6. Juni 1997 in Bonn feststellten, dass bei der Scientology-Organisation tatsächliche Anhaltspunkte für verfassungsfeindliche Bestrebungen vorliegen und deshalb der Beobachtungsauftrag der Verfassungsschutzbehörden eröffnet wurde. Wenn auch die Innenminister feststellten, dass die Frage der Verfassungsfeindlichkeit nur einen Aspekt des Systems Scientology berührt, so flackert in einzelnen Bundesländern wie Berlin die Diskussion über eine Beobachtung durch den Verfassungsschutz immer wieder auf. Es scheint, als ob die Scientology-Organisation immer wieder in Konflikt mit unseren Wertvorstellungen und unserer Rechtsordnung gerät. Sofern man nicht die Berichte und Erlebnisse der inzwischen zahlreicher gewordenen Aussteiger aus der Organisation über Manipulationen und Persönlichkeitsbeeinflussung für bare Münze nimmt, hat man auch heute noch gegen genügend bare Scheine die Möglichkeit, zum „Operierenden Thetan“ der achten Stufe zu werden und damit die Spitze des Daseins in scientologischer Weltsicht zu erklimmen, wenn man es braucht.

Kabbala heißt eine andere spirituelle Verheißung im Leben von so manchem Star, und das macht es auch für Normalsterbliche interessant. Denn mit Kabbala beschäftigen sich eine Reihe bekannter Frauen mittleren Alters wie Madonna, Barbra Streisand und Victoria Beckham. Demi Moore heiratete Ashton Kutscher bei einer Kabbala-Hochzeit und Britney Spears arbeitet nach Medienberichten an einem Kabbala-Kinderbuch – wir dürfen gespannt sein. Doch was hat es damit auf sich? Ursprünglich ist Kabbala die Bezeichnung für eine Bewegung des jüdischen Mystizismus. Wichtigstes Werk ist das im 13. Jahrhundert entstandene „Buch des Glanzes“, 2 500 Seiten stark und voller mystischer Erzählungen sowie

Spekulationen über eine alles umfassende Ordnung von Zahlen und Buchstaben. Basis des kabbalistischen Systems ist der Glaube, dass Gott alles, was er im Universum geschaffen hat, auch im Menschen schuf. Der Mensch ist also eine Art Universum im Kleinen. Der Mensch steht damit zwar unter dem Einfluss universaler Kräfte, er kann sie seinerseits aber wiederum beeinflussen. Menschen waren schon immer fasziniert von der Idee, Macht über ihr Schicksal und über andere Menschen auszuüben. Und hier scheint sich etwas anzubieten: Techniken und Geheimlehren, die die Grenze zwischen Subjekt und Objekt aufheben können. Die praktische Seite der jüdischen Kabbala umfasst Praktiken wie das Amulettwesen oder das Loswerfen. Dass die ernsthaften Anhänger dieser Lehre auch noch darauf bestehen, dass Frauen sich nicht mit der Kabbala beschäftigen dürfen, hat die weiblichen Stars bislang nicht davon abgehalten.

Denn eigentlich ging die Heilslehre damit der Hälfte der potenziellen Kundschaft verlustig, aber zum Glück gibt es auch hier einen Ausweg: In den USA entstanden die ersten „Wash-and-go"-Kabbala-Zentren. Das Kabbalah Learning Center in New York ist der Ausgangspunkt dieser Bewegung. Gegründet vom Versicherungsvertreter Feivel Gruberger, der sich Philip Berg nennt, seit er das Center übernahm. Die Philosophie dort lautet: „Kabbala ist eine Technologie, auf der das ganze Leben beruht." Den Adepten wird ein Universum ohne Auf und Ab, ohne Scheidung und ohne Krebs versprochen, Glück, Gesundheit, Liebe und Geld. Es scheint zu wirken, denn es lockt auch viele Prominente vom Schlage der bereits erwähnten Personen an, und Prominenz ist immer gut für Spenden und Mitglieder. All das hat mit der jüdischen Kabbala zwar nichts zu tun, scheint aber wenigstens richtig Spaß zu machen.

Leider machen all die dargestellten Guru-Phänomene nicht nur Spaß, oft genug ist es bitterer Ernst. Denn hier wirken psychologische Techniken, die es erlauben, Kontrolle über andere Menschen auszuüben. Der Psychiater Robert J. Lifton verfasste 1961 das Standardwerk „Thought Reform and the Psychology of Totalism“. Er benannte darin acht Anzeichen für die Kontrolle von Menschen durch derart ausgerichtete Organisationen. Bei den folgenden Anzeichen spricht man vom Versuch einer Gehirnwäsche:

1. **Milieukontrolle:** Menschen werden kontrolliert, aus ihrem gewohnten Umfeld entfernt, sie müssen Gewohnheiten aufgeben, Kontakte abbrechen und werden auch örtlich isoliert.

2. **Mystische Manipulation:** Ein Gott ist allgegenwärtig. Er hat der entsprechenden Organisation seinen Segen erteilt. Wer sich von der Organisation abwendet, wendet sich von Gott ab.

3. **Forderung nach Reinheit:** Die Organisation steht auf der Seite der Guten. Nur wer sich zu ihr bekennt, ist seinerseits gut. Alle anderen sind schlecht.

4. **Beichtkult:** Vor der Gemeinschaft müssen Schuld und Schwächen eingestanden werden.

5. **Geheiligte Wissenschaft:** Die Lehre der Organisation wird zur obersten und unfehlbaren Lebensmaxime erklärt.

6. **Gefärbte Sprache:** Es gibt einen speziellen Jargon. Dieser enthält viele Sprachklischees und besondere Bedeutungen.

7. **Die Lehre ist wichtiger als der Einzelne:** Leben und Ansichten des Einzelnen haben sich stets Anweisungen von oben unterzuordnen.

8. **Das Recht auf Leben wird erteilt:** Die Organisation bestimmt, wer leben darf oder das – häufig bald kommende – Jüngste Gericht übersteht. Menschen außerhalb der Organisation sind nicht würdig zu leben.

Und dass sich diese Prinzipien sogar bereits in einem Einführungsvortrag im New Yorker Kabbalah Learning Center wiederfinden lassen, zeigte das Magazin *GQ* in einer Gegenüberstellung wie folgt: „Moskowitz'" Erklärung „Was euch aus der Sicherheit eurer Gewohnheiten reißt, ist nur gut für euch" – Vorbereitung der Milieukontrolle. Die Verkündung, die materielle Welt sei nur ein Prozent der Realität – mystische Manipulation. Die Betonung, jeder tue andauernd Dinge, die schlecht für ihn seien – Forderung nach Reinheit. Die permanente Frage nach den kleinen Schwächen – der Beichtkult. Das Versprechen, in den Lehren der Kabbala lägen die Gesetze des Universums – die geheiligte Wissenschaft. Die Einführung neuer Bedeutungen für Worte wie Licht und Wirklichkeit – die gefärbte Sprache. Und auch die Zahlungswilligkeit wird gleich angesprochen: „Wie könnt ihr ein erfülltes Leben führen ... wenn ihr euch weigert, einen Scheck für einen guten Zweck auszustellen?" Kritisch betrachtet ist es mit der Harmlosigkeit bei diesem Beispiel nicht weit her, und bei den anderen lassen sich ähnliche Muster finden.

Dass auch im Managementbereich nicht wenige umstrittene Seminaranbieter in ihren Veranstaltungen mit ähnlichen Regeln arbeiten, zeigt ein Blick in die kritische Wirtschaftsliteratur zum Thema:

„1. Es ist nicht erlaubt, außerhalb der Mahlzeiten Getränke oder Essen (bis auf Wasser) zu sich zu nehmen (auch nicht Kaugummi oder Pfefferminz)! ...

5. Kommunikation außerhalb der Seminarräume ist bis auf Notfälle nicht erlaubt. (...) Insbesondere Plaudern und Flüstern sind untersagt! ...

13. Sitze während der Mahlzeiten aufrecht und nicht aufgestützt! ...

14. Behalte nur die persönlichen Dinge, die du während des Seminars benutzen darfst! ...

16. Folge den Anweisungen der Mitarbeiter des Seminars!"

Diese Auswahl von Regeln stammt aus einem sogenannten Block-Training zur Persönlichkeitsentwicklung. Es ist erstaunlich, dass nicht wenige Manager brav an diesen und ähnlichen Veranstaltungen teilgenommen haben. Denn welchen Schaden umstrittene Persönlichkeitstrainer in Unternehmen anrichten können, wenn sie nach zweifelhaften Lehren agieren, das schildert die Journalistin und Psychologin Bärbel Schwertfeger ausführlich in ihrem Buch „Der Griff nach der Psyche“.

Nach der Lektüre überrascht es nicht mehr, dass solche Trainer einen Fuß auf die Erde bekommen, weil sich auch Unternehmen auf solche eigenwilligen Methoden einlassen. Beim Fußballverein Bayer Leverkusen unter Trainer Christoph Daum ließ man die Spieler über glühende Kohlen laufen, der ehemalige Bahn-Chef und Unternehmer Heinz Dürr war regelmäßig Gast im Ayur-Ved-Zentrum im Parkschlösschen Bad Wildstein in Traben-Trarbach und referierte auch dort, dem von Kritikern als fragwürdig angesehenen Block-Training gelang der Einzug in Unternehmen und in die wohlwollende Berichterstattung der *Süddeutschen Zeitung* oder des *Focus*. Gerade bei Berichten über den Trainingsmarkt wünscht man sich durchaus mehr erfahrene, kritische Journalisten, die sich solcher Themen annehmen. Auch bekannte Anbieter für Seminare zur Unternehmensführung in der Schweiz offerieren erfolgreich zweifelhafte Kurse amerikanischer Trainer. Zu all diesen beunruhigenden Entwicklungen bemerkt der renommierte Münchner Professor für Wirtschaftspsychologie, Lutz von Rosenstiel: „Wer sich ein neues Auto kauft, wird in der Regel bewusste Kriterien für die Auswahl haben. (...) Ein Unternehmen, das Mitarbeiter zu einem Persönlichkeitstraining entsendet, oder Führungskräfte, die sich selbst für eine solche Veranstaltung anmelden, haben in der Regel diese Kriterien und Informationen nicht.“

Das Leben ist kompliziert und komplex, schwer zu erklären und zu steuern. Wir streben nach Verstehen und Kontrolle. Wir suchen Menschen, die uns Klarheit geben können, einfache Regeln und Zuversicht. Und all das vielleicht auch noch mit Substanz. Richtige Wissenschaft ist kompliziert, man muss sich lange damit beschäftigen und dann gibt es auch noch diese lästigen unterschiedlichen Meinungen der miteinander diskutierenden Experten.

Menschen sind aus all diesen Gründen versucht, sich mit esoterischen pseudowissenschaftlichen Lehren zu beschäftigen. Gerade deshalb, weil diese einem viel versprechen. Und anders als die wirkliche Wissenschaft haben diese Systeme immer recht und können alles erklären – kein Wunder, denn so sind sie nun mal konstruiert. Es gibt auch keinen Wirkmechanismus, den man überprüfen könnte: Man muss glauben. Oder eben allen Anweisungen folgen, siehe oben. Esoterische Glaubensrichtungen postulieren gemeinhin die Existenz von Phänomenen außerhalb des wissenschaftlich messbaren Bereichs. Naturwissenschaftliche Betrachtungsweisen werden als nicht ausreichend deklariert, um die Welt vollständig erklären zu können. In ihren Lehrgebäuden werden Thesen dogmatisch und absolut formuliert und gegen Kritik immun gemacht. Glauben heißt das Zauberwort. Diese Pseudowissenschaften gehen immer von absolutem und unwiderlegbarem Wissen aus. Dieses Wissen wird gerne mit zusammengesuchten Fakten unterlegt oder mit anekdotischen Beschreibungen.

Ein weiterer Kniff besteht darin, dass es sich ja in aller Regel um Wissen handelt, das einem breiten Kreis nicht zugänglich ist. Sei es, weil dies nicht alle wollen, oder weil nicht jeder in den Kreis der Erlauchten aufgenommen wird. Und geheimes Wissen hat eine besondere Anziehungskraft. Es ist ja auch etwas Besonderes, wenn man mehr weiß als andere. Ob es sich dabei um die Wahrheit über die Vorgänge des 11. Septembers handelt, um den Aufenthaltsort des natürlich noch lebenden Elvis Presley oder um die Wahrheit über den Roswell-Zwischenfall und die Außerirdischen auf der Area 51 in Nevada. Oder eben um das spezielle Wissen der Astrologie, der Kabbalisten und der vielen anderen. Und auch Journalisten, die für renommierte Medien arbeiten, nehmen an der Verbreitung von wenig stichhaltigen Meldungen teil. So stellt der *Spiegel* eine Liste von Autoren zusammen, die mit besonders auffälligen Interpretationen der Ereignisse des 11. Septembers hervortraten: Andreas von Bülow, immerhin einst Forschungsminister der Regierung unter Helmut Schmidt, schreibt in seinem Buch zum Thema von der Verwicklung des israelischen Geheimdienstes Mossad. Gerhard Wisnewski, als freier Journalist für ZDF und WDR tätig, weckt in seinem Fernsehbeitrag Zweifel, ob in Pennsylvania überhaupt ein Flugzeug abgestürzt ist. Und Mathias Bröckers, früherer *taz*-Redakteur, verbreitete eine Geschichte von überlebenden Flugzeugentführern.

Gerade das Internet bietet hier eine ideale Plattform, um Wissen und Halbwissen zu verbreiten. Seit Anfang 2003 läuft die Warnung durchs Internet, Boten des Paketdienstes UPS seien in den USA unterwegs, um in dieser Verkleidung Briefbomben an nichts ahnende Amerikaner zu verteilen. Seit dem Jahr 2000 Jahren gibt es die Website bonsaikitten.com: Dort soll man sich angeblich kleine lebende Kätzchen bestellen können, die in Flaschen oder Glaskästen gepfercht wurden, um sie am Wachsen zu hindern. Wie sich später herausstellte, handelte es sich um einen Studentenklamauk, der gleichwohl dazu führte, dass immerhin das FBI den gequälten Katzen nachspürte. Und obwohl der Ulk aufflog, werden auch nach Jahren immer wieder E-Mail-Unterschriftenaktionen gegen diese Tierquälerei initiiert – und es finden sich immer Mitmenschen, die unterschreiben und es gerne weiterleiten.

Weltweit bekannt wurde das Foto des „Todestouristen" Peter S., das auf dem Dach des World Trade Center scheinbar nur wenige Sekunden vor dem Aufprall der ersten Maschine am 11. September 2001 aufgenommen wurde. Oder das Foto des elfjährigen Jamiston Stone aus Alabama, der dem Anschein nach ganz allein mit Papis Revolver ein riesiges Wildschwein erlegt hatte. Doch nicht nur auf täuschend echt gemachte Bilder, auch auf die scheinbar richtigen Worte kann man immer wieder gut hereinfallen. In Deutschland wurde zuletzt ein nicht existenter „Bund Deutscher Juristen" durch eine Pressemitteilung bekannt. In der Meldung setzte sich ein – ebenfalls erfundener – Richter am Bundesgerichtshof für die Anwendung leichter Folter bei der Aufklärung von Verbrechen ein. Dass alles eine kleine Schmierenkomödie war, fiel der Politik nicht auf. Statt kurz die Fakten zu checken, forderte zum Beispiel die Geschäftsführerin der Grünen, Claudia Roth, gleich den erfundenen Bundesrichter zum Rücktritt auf.

Auch die Wirtschaft und der Managementbereich werden immer wieder zum Spielfeld von Menschen, die Methoden des angeblichen Geheimwissens einsetzen oder zumindest damit Geld verdienen wollen. Die Astrologie und die Grafologie sind dabei nur die recht einfach erkennbaren Symptome. Ob dies auch bei Ihnen bei der Suche nach einem neuen Job der Fall sein könnte, können Sie unter anderem daran erkennen, ob Sie nach detaillierten Zeitangaben über den Tag Ihrer Geburt gefragt werden oder einen handgeschriebenen Lebenslauf vorlegen sollen. Bei Letzterem gibt es eine Ausnahme: Bei Auszubildenden und Berufsanfängern wird dies mitunter gewünscht, etwa wenn die Tätigkeit eine leserliche Handschrift erfordert. Doch bei allen anderen? Können uns die Sterne und die Tinte aber zum Beispiel wirklich etwas sagen über einen 37-jährigen Manager mit rund zehn Jahren Berufserfahrung, was die vergangenen Jahre im Beruf noch nicht zum Vorschein gebracht haben?

Besser und mehr verkaufen, mit Menschen klarkommen, Leistung steigern – weil trotz neuer Mitarbeiter die Anforderungen seit Jahren dieselben sind, ist der Weiterbildungs- und Trainingsbereich besonders anfällig für eigenwillige bis gefährliche Methoden. Wer hier eine neue, tolle Methode anbieten kann, dies zu lösen, dem hört man vielleicht zu und lässt es mal ausprobieren. Dies gilt auch für Seminarveranstalter, die im Wettbewerb um originelle und zugkräftige Angebote stehen. Auch seriöse Veranstalter offerieren Trainings unter Allerweltsbezeichnungen, die etwa „Kommunizieren und situativ überzeugen“ lauten könnten. Diese Veranstaltungen versprechen, dass Sie das Verhalten anderer Menschen verstehen, vorhersehen und beeinflussen lernen. Als Kronzeuge wird die „moderne Psychologie“ zitiert, als wissenschaftliche

Grundlage dann allerdings ein Modell aus den 50er-Jahren des letzten Jahrhunderts hergenommen. Wenn Sie dann noch erfahren, dass die Grundlage des Seminars „ein leicht anwendbares und dennoch äußerst wirkungsvolles Modell mit vier Farben“ ist, wobei jede für eine andere Facette der Persönlichkeit steht, von der in jeder Situation jeweils nur eine das Verhalten bestimmt, dann wird man schon neugierig. Vor allem wenn man weiter erfährt, dass eine Änderung der Sicht der Situation eine andere „Farbe“ aktivieren kann und damit andere Verhaltensmuster.

Das scheint ja besonders aufschlussreich zu sein – warum ist da nur noch niemand vorher draufgekommen? Wenn Sie in so einem Seminar das Erkennen und gezielte Gestalten einer jeweils konkreten Situation auf Basis des beobachtbaren Verhaltens lernen könnten, dann wäre das doch toll, nicht wahr? Wenn dann der Trainer auch noch Physiker oder Mathematiker ist, sich dafür aber mit praktischer emotionaler Kompetenz beschäftigt, dann versteht er doch mehr davon als wir alle zusammen, oder? Unser Experte beantwortet im Seminar die drängenden Fragen der Teilnehmer: „Passt Gleich zu Gleich, ziehen sich Gegensätze an? Erfahren Sie, wann was stimmt.“

Für diese Erfahrung müssen Sie sich allerdings anmelden und zahlen. Wenn es nicht gepasst hat oder die Gegensätze sich abgestoßen haben, dann lag es wahrscheinlich an Ihnen. Für diese etwas schwierigeren Fälle gibt es ein spezielles Aufbauseminar. Seien Sie beruhigt, auch Ihnen kann geholfen werden. Das kann Ihnen jeder Guru bestätigen. Sie müssen es nur wollen.

„Die Stunde der Scharlatane!“

- In Situationen mit unsicherem Ausgang haben wir ein Verlangen nach klaren Botschaften.
- Wir glauben gerne das, was wir glauben wollen.
- Wir neigen zu einer selektiven Wahrnehmung und suchen bevorzugt nach passenden oder bestätigenden Aussagen.
- Scharlatane bevorzugen unklare Aussagen, pauschale Statements und schlecht überprüfbare Behauptungen.
- Betrüger wollen die Situationen dominieren, in denen wir manipuliert werden sollen.

Wie kommen Sie Blendern auf die Schliche?

- Klären Sie Kompetenz und Erfahrung Ihrer Partner.
- Überprüfen Sie Behauptungen und Vorhersagen anhand der Realität.
- Orientieren Sie sich an qualifizierten Referenzen.
- Fragen Sie Personen Ihres Vertrauens oder andere Experten für das Thema.
- Lassen Sie sich nicht dominieren oder einschränken – das ist das erste Warnsignal!

18

DIE AGGRESSIONS-ATTACKE

Ist ja schon gut. Oder: Warum geben wir nach, auch wenn wir im Recht sind?

Oliver Pocher ist eine der Nachwuchshoffnungen der deutschen Fernsehunterhaltung. Er wurde durch offensive Auftritte in Sendungen bekannt, und der *Stern* berichtet, wodurch: „Drängeln, sticheln, Mitmenschen beleidigen – und das mit bewundernswertem Fleiß." Wie das Magazin weiter ausführt, zog sein Einsatz als Außenreporter bei „Wetten, dass ...?" die Zahlung von 6 000 Euro nach sich, weil er einer Frau zu einer Gesichtsoperation geraten hatte. In einer anderen Fernsehshow mit Thomas Gottschalk fiel er dadurch auf, dass er mit Blick auf die enge Bekleidung des Stargasts Mariah Carey fragte: „Was heißt eigentlich Presswurst auf Englisch?" Eine andere Szene: „Wir sind hier im Venedig von Deutschland", trompetet Pocher in Dresden. Pause. „Wegen der Taubenscheiße." Wie wir erfahren, war Oliver Pocher auch bei den Zeugen Jehovas: „Von den Hausbesuchen mit dem *Wachtturm* in der Hand zehrt er heute noch: ‚Man erfährt, wie es ist, nicht gemocht zu werden. 99 von 100 Türen gehen sofort zu. Da lernst du es, Leuten auf den Sack zu gehen.'" Und wie es so mancher Fernsehzuschauer bestätigen mag, es scheint zu wirken.

Wenn Unternehmen die Segel setzen, um ihre Leistungsfähigkeit zu zeigen, dann ist die Rede vom America's Cup. Auch deutsche Firmen wie United Internet sind mit viel Geld und Engagement dabei. Im August 2005 feuerte der Chef von United Internet, Ralph Dommermuth, Hauptsponsor eines deutschen Bootes beim America's Cup, seinen Sportvorstand kurzerhand mitten im Rennen noch während einer Regatta vor Schweden. Wie im *Manager Magazin* berichtet wurde, bekam Skipper Andreas John gerade mal 20 Minuten, um seine Sachen zusammenzupacken und das Gelände zu verlassen. Hätte es dem Team oder dem Boot geschadet, wenn er etwas mehr Zeit bekommen hätte? Sicher nicht, doch diese aggressive Demonstration von Macht ist keine Seltenheit im Management. So entließ der neu ernannte Vorstandsvorsitzende einer Lebensversicherung den über lange Jahre hinweg erfolgreichen Vertriebsleiter mit erkennbarer Häme, ebenfalls mit extra kurzer Frist zum Einräumen der persönlichen Habseligkeiten und mit den Worten: „Jetzt darf ich das ja, und Sie sind mir einfach zu oft in die Quere gekommen." Solche Verhaltensweisen sind an der Tagesordnung, und wer im oder direkt für das Topmanagement gearbeitet hat, kann dies oft bestätigen. Und nicht wenige wissen solche Erlebnisse aus eigener Erfahrung zu berichten. Das Ziel ist stets dasselbe: zu zeigen, wer die Macht hat.

Ein anderes, wenig elegantes Beispiel aus der schönen Welt der Mode berichtet Anna von Münchhausen in der *Frankfurter Allgemeinen Sonntagszeitung*, nämlich das Verhalten von Verkäufern in den eigenen Läden von Luxusmarken. Dass in diesen Geschäften wirklich etwas verkauft werden soll, erscheint inzwischen mehr als fraglich, wie die Beispiele zeigen: Eine Kundin betritt einen Jil-Sander-Store in Süddeutschland, und sie trägt einen Pelzmantel, der ihre Figur verbirgt. Als sie sich die neue Kollektion anschauen will, kommt die große Stunde der Verkäuferin: „In Ihrer Größe führen wir nichts." Die potenzielle Kundin tritt wortlos den Rückzug an. Anderer Fall, gleiches Verhalten: Der Kunde, ein erfolgreicher Designer in Italien, betritt einen Etro-Laden in Paris und interessiert sich für einen Anzug. Doch der Verkäufer bedeutet ihm ohne näheres Hinsehen, dass der Mann sich so etwas kaum leisten könne. Auch unser wohlhabender Designer tritt den Rückzug an. Gescheitert an der Macht kleiner Herrscher, die ihm doch eigentlich dienen sollen.

Im Management finden wir vergleichbare Vorgehensweisen, um die eigene Position durch aggressives Verhalten zu stärken: dominantes Auftreten mit Anspruch auf besondere Behandlung, gerne lautstark reklamiert. Kontrolle über die Tagesordnung, die Veranstaltungsagenda, die Sitzordnung, der keinen Widerspruch duldende Wunsch nach Informationen oder Sitzungen zu ungewöhnlichen Zeiten – alles ist möglich, weil man als Chef das so bestimmen kann.

Distanz zu anderen aufbauen, sei es körpersprachlich oder direkt, ist eine ebenso beliebte Methode. Von dem Fußballtrainer Christoph Daum wird aus seiner Zeit bei Bayer Leverkusen berichtet, dass er sich sein Büro eigens im ersten Stock einrichten ließ, damit die Spieler des Vereins zu ihm hinauflaufen mussten. Von Bahnchef Hartmut Mehdorn wiederum berichtet das *Manager Magazin*, dass er Mitarbeiter auch gerne am Anzugrevers packe und kräftig durchschüttele, rein freundschaftlich natürlich. Und Ex-EnBW-Vorstandschef Utz Claassen fasste all das in prägnante Worte: „Ein Image als Rambo muss man sich verdienen, ein Image als Bambi bekommt man geschenkt."

Und was die Großen tun, kann für die Kleinen nicht falsch sein – im Gegenteil. So empfahl die Zeitschrift *Brigitte*, ob ironisch oder in vollem Ernst, ein „Kleines Eskalationsprogramm", nämlich den „10-Punkte-Ratgeber für Harmoniesüchtige". Seine Erfolgsfaktoren sind laut *Brigitte* ganz einfach: „1. Bringen Sie sich in Stimmung: die mentale Vorbereitung. Nutzen Sie Ihre miese Grundstimmung. (...) 2. Wählen Sie den Zeitpunkt: die geeignete Situation. Zeitnot und Anspannung sorgen für Druck. (...) 3. „Schlagen Sie zu: der erste Satz. Eröffnen Sie die Schlacht mit einem Vorwurf. (...) 4. Quälen Sie langsam: die Dramaturgie. Schließen Sie von konkreten Situationen auf allgemeine Charaktermängel. (...) 5. Reizen Sie wie ein Profi: die Rhetorik. Bauen Sie auf Floskeln, die anderen die Schuld zuweisen. (...) 6. Werden Sie laut: der Tonfall. Lautes und schnelles Sprechen macht aggressiv. (...) 7. Schaffen Sie ein unangenehmes Gesprächsklima: Mimik und Gestik. Meiden Sie Blickkontakt, verschränken

Sie Arme und Beine. (...) 8. Werden Sie lästig: der Umgang mit Streitverweigerern. ... Lassen Sie sich nicht abwimmeln. (...) 9. Lassen Sie es krachen: die Eskalation. ... handgreiflich. Natürlich nur gegenüber Gegenständen. (...) 10. Sorgen Sie vor: die Versöhnung. ... Es gilt ihn zu besänftigen, ohne den Konfliktherd zu löschen." Und so weiter, alles nur ironisch gemeint, gut geschrieben, aber eben auch wirkungsvoll. Wer es ausprobiert und Punkt 10 am Ende zum Glätten der Wogen nicht vergisst, der könnte es feststellen: Bei gezielter Aggression macht fast jeder einen Rückzieher.

Denn offene Aggression ist verpönt und verboten. Schon das Gesetz verbietet uns, jemand anderen zu hauen, zu schlagen, zu beißen oder zu erstechen. Der Staat hat sich dabei das Gewaltmonopol gesichert, um die öffentliche Ordnung aufrechtzuerhalten. Doch nur weil wir es nicht dürfen, heißt das ja nicht, dass wir es nicht doch wollen, und sei es nur ein bisschen. Denn Aggression scheint in unserem täglichen Leben trotzdem präsent zu sein. Und Aggression zeigt schließlich auch Wirkung: Wir zucken in der Regel zurück, wenn uns jemand aggressiv gegenübertritt. Spieltheoretisch gesehen wird erst durch die Regel und die Befolgung durch die anderen es für Einzelne möglich, durch gezielten Bruch einen Gewinn aus der Situation zu ziehen – wenn auch oft nur einen kurzfristigen. Aber wie die Spieltheorie weiter zeigt, kann bereits eine Aggression im ersten Spielzug so vollständig sein, dass sie das Spiel bereits entscheidet. Der andere hat dann gar nicht mehr die Entscheidung darüber, ob er im nächsten Zug kooperativ oder konfliktbereit reagieren möchte – er hat bereits verloren.

Doch was ist Aggression überhaupt? Es gibt in der Wissenschaft eine Fülle von Definitionen. Allen gemeinsam ist die Kernaussage, dass aggressives Verhalten dadurch definiert ist, dass dieses Verhalten anderen Menschen schaden soll. Also auch die Handbewegung, um nach jemandem zu schlagen, ohne dass man ihn trifft, ist ein aggressiver Akt. Aggressives Verhalten reicht von der Körperhaltung über Sprache und Worte bis zum tatsächlichen, physischen Tun.

Zur Erklärung aggressiven Verhaltens gibt es eine Reihe von theoretischen Ansätzen: zum einen die evolutionären Ansätze mit Aggression als Hilfe zum Überleben, dann die hormonalen Erklärungen, da Testosteron und Serotonin nachweislich eine große Rolle bei aggressiven Verhaltensweisen spielen, bis schließlich hin zu kulturspezifischen Erklärungen, die Beispiele für richtiges oder falsches Verhalten im Lauf der Sozialisierung mit kulturspezifischen Normen erklären.

Das bereits erwähnte kooperative Verhalten ist der Gegenpol zur Aggression. Für seine Entstehung wird beispielsweise die Internalisierung sozialer Normen angenommen. Solche Normen („Du sollst nicht ...") definieren die Vermeidung von Konflikt und die Praktizierung kooperativer Verhaltensweisen als sozial „wünschenswert". Kognitiv-utilitaristische Theorien erwarten kooperatives Verhalten für den Fall, wenn Kooperation die Maximierung des individuellen Eigennutz-Motivs erwarten lässt. Lerntheorien erklären hingegen aggressives und kooperatives Verhalten als Lernen aus Situationen, in denen ich mit dem entsprechenden Verhalten erfolgreich war und dementsprechend mit dem Ergebnis dieses Verhaltens belohnt wurde.

Der bedeutende kanadische Lernpsychologe Albert Bandura bemerkt hierzu ergänzend, dass positive oder negative Erfahrungen auch durch die bloße Beobachtung von Handlungen eines Modells stattfinden können. Die Wahrscheinlichkeit, dass wir selber das beobachtete Verhalten dann auch ausführen, hängt von den beobachteten Konsequenzen ab. Bei einem so komplexen Verhaltensmuster wie aggressivem Verhalten dürften wohl mehrere dieser Erklärungsansätze zusammenwirken.

Was können wir aber konkret tun, um uns von aggressivem Verhalten eben nicht irritieren zu lassen und gleichwohl unsere Position und Selbstachtung zu wahren? Wie können wir durch bestimmtes und sicheres Auftreten Wirkung erzielen? Eine friedliche Welt ist für viele ein inniger Wunsch, und der Traum ist als Verhaltensziel sicher eine notwendige

Richtschnur für alle. Doch ebenso oft stellen wir fest, dass sich nicht alle daran halten.

Nehmen wir zur Betrachtung einige Situationen, die Ihnen nicht unbekannt sein dürften. Sie fordern dazu auf, bei einer Besprechung in größerer Runde nicht zu rauchen. Sie wollen eine Gehaltserhöhung durchsetzen. Sie bitten einen Kollegen darum, sein störendes Verhalten wie permanentes Summen einzustellen. Sie müssen zugeben, dass Sie komplett vergessen haben, eine übertragene Aufgabe zu erledigen. Gemeinsame Linie aller Situationen ist: Sie haben nur die Wahl zwischen dem Erdulden einer misslichen Situation oder dem beherzten Herangehen – auch wenn Sie sich in dem einen oder anderen Fall vielleicht auch erst überwinden müssten, um aktiv zu werden.

Gefordert ist dennoch wirkungsvolles Handeln. Wenn Sie Ihre Interessen betonen und durchsetzen, sind Sie keineswegs eine „Zicke“ oder ein „Sozialterrorist“. Das englische Wort „assertiveness“ beschreibt diesen Sachverhalt. Gemeint ist die Absicht, einen bestimmten Eindruck zu vermitteln, bestimmt aufzutreten und das gewünschte Ergebnis zu erzielen. Wirkungsvolles Verhalten beinhaltet die Durchsetzung Ihrer legitimen Interessen, und zwar ohne die Rechte anderer zu beeinträchtigen. Dies enthält auch Ihr Recht, die eigenen Bedürfnisse als wichtig anzusehen und zu erfüllen, das Wort Nein zu sagen ohne Schuldgefühle, der eigenen Position Gehör zu verschaffen und Nachdruck zu verleihen. Wirkung zu erzielen bedeutet, die eigenen Prioritäten zu setzen und sie sich nicht von anderen vorschreiben zu lassen. Und es enthält das Recht auf Fehler, nämlich auch eigene Fehler.

Ein extremer Pol hingegen ist submissives oder gehorsames Verhalten, gekennzeichnet als Verzicht auf die eigenen Rechte. Vielleicht haben Sie es schon einmal beobachten müssen: Dies wird erfahrungsgemäß dazu führen, dass Ihnen fortgesetzt unerfreuliche Arbeiten aufgetragen werden, und zu allem Überfluss interessiert niemand Ihre Meinung dazu. Am Ende kann dies leicht dazu führen, dass Sie Ihr Selbstbewusstsein verlieren wie auch das Gefühl für den eigenen Wert.

Der andere Pol dazu ist aggressives Verhalten und somit die Verletzung der Rechte anderer. Damit stoßen Sie sehr schnell auf Ablehnung, wenn nicht sogar auf Abwehr und es dient ebenfalls kaum der Akzeptanz Ihrer Position bei anderen.

Es ist keine Frage des Entweder-oder. In jedem Fall erfordert es, dass Sie für Ihre Interessen eintreten. Beginnen Sie in einfachen Situationen und mit selbstverständlichen Bedürfnissen. Dehnen Sie dieses Verhalten auf Situationen aus, die Sie als kritisch erleben: „Lassen Sie mich zu Ende führen, was ich sagen wollte." – „Sie sind zu spät. Die Sitzung war für 9.00 Uhr angesetzt." Ein wesentlicher Teil der Wirkung entspringt auch aus der Art und Weise, wie Sie Ihr Bedürfnis äußern. Üben Sie, dabei laut und deutlich zu sprechen, nehmen Sie Blickkontakt auf. Wird Ihre Bemerkung ignoriert, so wiederholen Sie sie ein wenig lauter und flechten den Namen des Angesprochenen ein.

Sprechen Sie kritisches Verhalten offen an und überlassen Sie es dem anderen, sich zu erklären. Fragen Sie nach den Gründen, zeigen Sie keine falsche Scheu! Störendes oder aggressives Verhalten Ihnen oder anderen gegenüber dürfen Sie zum Thema machen, und Sie sollten es auch. Denn meist handelt es sich nicht um einmalige Vorfälle. Je länger Sie einen Angriff dulden, umso schwerer wird es Ihnen fallen, sich zur Wehr zu setzen. Benennen Sie das Verhalten und fragen Sie: „Warum tun Sie das?" – „Was wollen Sie damit bezwecken?" – „Ist Ihnen noch gar nicht aufgefallen, dass Sie mich/andere damit einschränken/belästigen?"

In solchen Situationen ist häufig ein beruhigendes Verhalten des anderen festzustellen, um von den eigenen Absichten abzulenken oder ein vorgebliches Einlenken zu signalisieren – nach dem Motto des Öl-auf-die-Wogen-Gießens. Lassen Sie sich durch Beschwichtigungsversuche („Nun hab dich doch nicht so!" – „Nur diese fünf Minuten, reg dich nicht so auf!") nicht aus der Bahn werfen und von Ihrer Kritik abbringen. Wenn Sie jetzt einknicken oder nachgeben, ist dies ein Signal für künftige Situationen, dass bei Ihnen mit kurzer, heftiger Gegenwehr zu rechnen ist, die man aber nur durchstehen muss, um zum eigenen Ziel zu kommen. Wiederholen Sie daher Ihr Anliegen und bestehen Sie auf einer Klärung. Weisen Sie auf Diskrepanzen zwischen vereinbartem und tatsächlichem Verhalten hin, Terminüberschreitungen, Qualitätsmängel oder Missachtung von Regeln. Sie können zum Beispiel auch von Ihrem Vertrauen in das gegebene Wort sprechen und den Nutzen für den anderen herausstellen, wenn er sich an Regeln hält.

Wenn diese Interventionen nicht fruchten, weisen Sie auf die Konsequenzen solchen Handels hin. Diese Alternative ist dann sinnvoll, wenn das problematische Handeln tatsächlich durch Sie oder durch andere sanktioniert werden kann.

Körpersprachlich unterstützen Sie wirkungsvolles Handeln durch eine klare und ausreichend laute Stimme. Sprechen Sie deutlich und verständlich. Formulieren sie einfache, kurze Sätze. Sprechen Sie eher langsam, auf keinen Fall steigern Sie das Tempo im Verlauf des Gesprächs. Vermeiden Sie Schuldzuweisungen oder Drohungen. Gerader Stand oder aufrechtes Sitzen und offene Körperhaltung sind ebenso hilfreich. Nehmen Sie Blickkontakt auf und verwenden Sie den Namen des Angesprochenen. Um Ihren Worten besondere Bedeutung zu verleihen, können Sie auch aufstehen oder ein wenig auf den anderen zugehen. Die persönliche Distanz sollte nicht unterschritten werden, da sie wie manche Gesten aggressiv wirkt. Daher sollten Sie solche Haltungen möglichst vermeiden.

Immer wieder werden Ihnen Menschen begegnen, die in ihren Verhaltensmustern Ähnlichkeiten zu anderen aufweisen. Auf diese unterschiedlichen Typen können Sie dann auch nach einem ähnlichen Rezept reagieren und Regelverletzungen entsprechend „behandeln“:

So gibt es zum Beispiel den *500-Pfund-Gorilla* – mit dieser wenig schmeichelhaften Bezeichnung wird im anglo-amerikanischen Wirtschaftsbereich eine hierarchisch hochstehende Führungskraft bezeichnet, ein einflussreicher Kollege oder jemand, der für uns relevante Ressourcen kontrolliert. Diese Menschen haben die Neigung, genau das zu tun, was ihnen gefällt. Sie sichern sich lange Redebeiträge oder beenden

Diskussionen, wenn ihnen danach ist: „Wir brauchen nicht mehr darüber zu sprechen. Ich weiß schon, was ich machen werde.“ Ebenso gut nehmen sie Ihnen die Leitung der Besprechung und die Moderation des Workshops aus der Hand oder sie sagen Ihnen, was genau Sie wann wie zu tun haben. Eine direkte Auflehnung oder einen Machtkampf werden Sie nur selten bestehen, und darüber hinaus bleibt auch die Frage, ob sich der errungene Sieg für Sie wirklich gelohnt hat. Versuchen Sie daher, Entscheider und andere einflussreiche Personen frühzeitig in Ihre Vorhaben einzubinden. Ermitteln Sie deren Interessen in Veranstaltungen und Zweiergesprächen und berücksichtigen sie diese nach Möglichkeit in Ihrem Vorhaben. Wenn das nicht gehen sollte, bemühen Sie sich in jedem Fall um die Vereinbarung von Spielregeln – idealerweise mit der ganzen Gruppe. Sie haben dadurch nicht nur mehr Rückhalt für sich, auch die Hemmschwelle für andere gegen Sie wird höher.

Daher empfehlen sich auch eher Moderationstechniken, die Sie gestalten können, als freie Diskussionen mit möglicherweise überraschendem Ausgang, der dann auch publik ist. In schwierigen Situationen betonen Sie die Regeln und deren Bedeutung für ein konstruktives Ergebnis. Danken Sie für Beiträge und sprechen Sie dann gezielt andere Mitglieder der Gruppe an. Formulieren Sie einen Nutzen für diese „Herrscher des Urwalds“, den Sie danach mit dem von Ihnen gewählten Procedere verknüpfen. Und für den Fall, dass dies alles nicht hilft: Lassen Sie los, übergeben Sie den Fall dezent, aber bestimmt. Sie befreien sich damit aus der Verantwortung für ein Ergebnis, das Sie nicht wirklich beeinflussen würden, aber tragen müssten. Die nächste, bessere Chance kommt bestimmt – und es lohnt mehr, nach ihr zu suchen, statt Energien auf einen aussichtslosen Fall einzusetzen.

Aus völlig anderem Holz geschnitzt ist das *Stille Wasser*, also besonders ruhige zurückhaltende Kollegen. Sie kommen still und leise heran, schweigen und bemühen sich, um nur nicht aufzufallen. Sie leisten keine substanziellen Beiträge und enthalten sich bei Beschlüssen häufig der Stimme, auf

Nachfrage auch mit plausibel klingenden Begründungen. Hier ist es für Sie dennoch angebracht, gerade diese Kollegen einzubinden. Denn wie bei Wahlen begünstigen Enthaltungen nicht die „Ja-Stimmen". Sprechen Sie die betreffenden Kollegen direkt an und ermuntern Sie sie zu Beiträgen, fordern Sie zu Stellungnahmen auf. Manchmal hilft es, wenn Sie mit motivierenden Fragen die Erfahrung oder die Expertise kitzeln („Frau Behrens, Ihre Meinung als Expertin für Steuerfragen ist hier besonders wertvoll! ..."). Betonen Sie die Bedeutung der aktiven Teilnahme am Gespräch für ein gutes Gesamtergebnis, das sonst nicht zustande kommen würde.

Hingegen sind die *Vielredner* in der Regel nicht so wichtig und bedeutsam wie die eingangs beschriebenen Hierarchen, aber sie sind auch nicht schweigsam. Sie leisten zu jeder Frage einen Beitrag und kommentieren oft auch noch Nebensächlichkeiten laut und deutlich. Mit Vorliebe leisten sie lange Redebeiträge und tauschen sich zusätzlich gerne etwas leiser mit den Sitznachbarn aus. In besonders kritischen Fällen sind es diese Kollegen, die viele Zwischenrufe machen, fortlaufend unqualifizierte Fragen stellen oder sogar mit Killerphrasen die Kontinuität der Arbeit und den Erfolg für alle gefährden. Ein Ansatzpunkt ist auch hier die Vereinbarung von Spielregeln („Direkt nach meinem Vortrag werde ich gerne alle Fragen beantworten!") und der Verweis auf die begrenzte Redezeit. Ebenso kann hier sanfte Ironie („Herzlichen Dank für Ihr Koreferat!") angebracht sein, vor allem wenn dies auf vorhandene Meinungen weiterer Gruppenmitglieder zum Vielredner anspielt und sie adressiert. Eine Steigerung besteht in einem Griff in die Kiste der Schlagfertigkeit – achten Sie aber dabei immer auf Tonalität und Angemessenheit zur Situation. Besonders penetrante oder hartnäckige Exemplare von Vielrednern sollten Sie in einer Pause auf das Verhalten ansprechen und um Mäßigung bitten. Auch hier hilft es, wenn Sie Ihr Anliegen mit einem Vorteil für den anderen verbinden können („Schauen Sie, Ihre Anregungen werden doch vor allem dann als konstruktiv von den anderen angesehen, wenn wir jetzt auch zu einer Entscheidung kommen").

Genauso hinderlich ist auch die Gattung der *Piesepampel*, auch als *Miesmuscheln* bekannt – aber sie ist nicht selten. Jene Spezies reibt sich an Kleinigkeiten und ist standhaft bemüht, diese zum Hauptthema zu machen. Die Piesepampeln treten oft in zwei Ausprägungen auf: zum einen die *Unfokussierten*, die sich über nebensächliche Aspekte aufregen („Für Reengineering gibt es doch sicher auch ein deutsches Wort?" – „Sie sagten, wir müssen den Teilmarkt ‚erobern', also diese Wortwahl finde ich viel zu aggressiv!" – „Das soll ein gutes Konzept sein? Ich habe fünf Rechtschreibfehler gefunden!" – „Es gibt da aber einen Artikel von Thönessen – der behauptet genau das Gegenteil!").

Die zweite Form tritt uns als *Haarspalter* entgegen, die sich an Details stundenlang aufhalten möchten („Bevor wir diese Frage klären, sollten wir erst einmal grundsätzlich diskutieren, was wir tun können, wenn der – zugegebenermaßen seltene, aber immerhin mögliche – Fall eintritt, dass ..." – „Die Schulung ist ein wichtiger Teil des neuen Beurteilungssystems. Am zweiten Schulungstag um 14.17 Uhr sollten wir daher ...").

Mit beiden Ausprägungsformen werden Sie Ihre liebe Mühe haben. Vermeiden Sie jede Diskussion – es bringt Sie von Ihrem eigentlichen Ziel ab, es dauert ewig und die übrigen Zuhörer langweilen sich meist zu Tode. Das Ausbremsen der Diskussion hat einen weiteren Grund: Sie haben nämlich auch keine echte Chance, zu gewinnen, denn irgendeine Kleinigkeit findet sich immer noch. Stellen Sie daher aufkommende Fragen zurück, bieten Sie an, nach der Veranstaltung darüber zu sprechen. Verweisen Sie auf Prioritäten und das daher rührende Interesse aller Teilnehmer am Thema. Hinterfragen Sie die Bedeutung der angesprochenen Themen für das Ergebnis. Sollten Sie hier weiter nachlegen müssen, wirken schlagfertige Antworten gerade bei diesem Typus häufig Wunder!

Die *Streithähne* als weitere Gattung haben oft nur ein Ziel: recht zu behalten. Sie wollen Ihnen zeigen, dass sie erfahrener, kompetenter, klüger sind als Sie. Sie suchen den punktuellen Machtkampf in der festen Absicht, ihn zu gewinnen („Das können Sie doch gar nicht beurteilen. Wer nicht wie ich …" – „Ich habe mich gründlich über das Thema informiert. Und nach meinen Quellen …" – „Sie als Berater müssen das Konzept ja auch nicht umsetzen!"). Hier gilt: Lassen Sie sich nicht auf das Duell ein. Vermeiden Sie Erklärungen oder gar Diskussionen, variieren Sie Ihren Umgang mit Fragen, setzen Sie Ihre Schlagfertigkeit ein. Anders werden Sie nicht vorankommen!

Sehr störend sind oft auch die *Spaßvögel*, wenn sie uns lustig in die Parade fahren. Sie sind nur scheinbar nicht aggressiv, doch wir unterschätzen dabei oft die verdeckte subversive Macht, die jemand über uns ausübt, wenn er uns der Lächerlichkeit preisgeben kann. Diese Gattung findet zu vielem, was wir sagen, eine heitere Bemerkung, am besten laut vorgetragen. Dabei lachen sie häufig laut und gerade dann, wenn es eher nicht passt, knöpfen sie sich den Nachbarn vor. Hier haben Sie keine andere Wahl: Diesen Witzbold müssen Sie zum Schweigen bringen – deckeln Sie seine Scherze, sprechen Sie in der Pause mit ihm, aber bringen Sie ihn zum Schweigen. Im für Sie besten Fall nervt er auch alle anderen und bringt sie gegen sich auf. Doch im schlimmsten Fall stiehlt er Ihnen durch seine Scherze die Show, macht aus einem wichtigen Workshop eine Karnevalssitzung und zeigt anderen, wo bei Ihnen der Nasenring sitzt, an dem Sie jeder durch die Manege ziehen kann.

Dass scheinbarer Humor auch eine sehr aggressive Seite haben kann, zeigte über Jahre hinweg der kommunikative Auftritt der Handelskette Media Markt, die zusammen mit Saturn unter dem Dach der Media-Saturn-Holding Europas größte Elektrohandelskette bildet. Während von Media Markt im Werbefernsehen der Kundschaft die Frage nach ihrem Geisteszustand beantwortet wurde („Ich bin doch nicht blöd"), bekamen Wettbewerber eine ganz andere Seite des Unternehmens zu spüren. Besonders Internetshops wurden mit einer Welle von Abmahnungen überzogen, die von Media Markt gegen die Konkurrenz angestrengt wurden. Berichten zufolge bezeichneten selbst Richter dieses Vorgehen als „missbräuchlichen Einsatz von Rechtsmitteln“ durch die Handelskette. Bekannt wurde in diesem Zusammenhang deren Anwalt Joachim Steinhöfel, den man zeitweise selbst als TV-Werbefigur von Media Markt zu sehen bekam. Die *Frankfurter Allgemeine Sonntagszeitung* schrieb dazu: „Der Lautsprecher inszenierte sich gerne als ‚Pitbull in Robe‘: ‚Wo ich hinlange, wächst kein Gras mehr.‘ Solche Sprüche ließ der Jurist mit Vorliebe vom Stapel.“ Als die Sonntagszeitung ausführlich und kritisch über die zahlreichen Abmahnungen berichtete, fanden sich auf Steinhöfels Internetseite dazu „Schmähungen der übelsten Art“, wie die Zeitung weiter berichtete und die Frage anschloss: „Hat ein Konzern wie Media Markt so etwas nötig?“

Bevor sich allzu viele Kunden und die Öffentlichkeit diese Frage womöglich nicht im Sinne des Handelskonzerns beantwortet hätten, steuerte Roland Weise, der neue Chef von Media Markt, lieber um. Im Juni 2007 wurde bekannt, dass Anwalt Steinhöfel das Mandat von der Media-Saturn-Holding entzogen wurde. Juristische Auseinandersetzungen seien jetzt Sache der eigenen Rechtsabteilung und einer neu bestellten Anwaltskanzlei. Wieder einmal zeigt sich: Einen guten Handel zeichnet Kooperation aus, nicht Konflikt.

„Fiese Spiele."

- Aggressives Verhalten ist gesellschaftlich verpönt – und trift uns damit oft unerwartet.
- Unerwartete Aggression macht uns oft hilflos.
- Machtdemonstration geht oft mit aggressivem Verhalten einher.
- Aggressionen lösen bei uns starke emotionale Reaktionen aus.
- Aggressionen führen oft zu starkem Widerstand der Gegenpartei.

Wie wehren Sie sich gegen aggressive Attacken?

- Bleiben Sie ruhig und souverän.
- Vermeiden Sie ausfälliges Verhalten anderen gegenüber.
- Reagieren Sie unbedingt – kneifen Sie nicht den Schwanz ein.
- Formulieren Sie Ihre Position bestimmt und sicher.
- Machen Sie Ihre klaren Erwartungen an das Verhalten des Aggressors deutlich.

19

DAS EGO-VERSPRECHEN

Der brave Mensch denkt an sich – selbst zuletzt. Oder: Warum kommen Selbstdarsteller oft weiter als fachliche Könner?

Die Teilnehmer im Assessment-Center erhielten von der Personalabteilung ausführliche Informationen zu einem Fall, den sie lösen sollten:

„Leitbild und Vision der AllCor AG: Ein durchgängig gestaltetes Image erhöht den Identifikationsgrad des Unternehmens nach innen und außen und schafft ein unverwechselbares Ganzes. Zudem werden dadurch die Aktivitäten der Mitarbeiter und Führungskräfte auf ein gemeinsames Ziel hin ausgerichtet und konzentriert. (…)

Bitte stellen Sie für Ihr Projekt dar, wie Sie ein solches Unternehmensleitbild entwickeln wollen. Bereiten Sie sich bitte in den nächsten 30 Minuten auf die Präsentation vor. Für die Präsentation haben Sie zehn Minuten Zeit. Im Anschluss daran stehen Ihnen nochmals 30 Minuten zur Verfügung, um die von Ihnen erarbeiteten Ergebnisse mit Ihren Kollegen zu diskutieren. Hierbei sollen Sie vor allem überprüfen, inwieweit die dargestellten Vorschläge sinnvoll und realisierbar sind, und schließlich *gemeinsam mit Ihren Teamkollegen erarbeiten, wie Sie die verschiedenen Vorschläge in ein gemeinsames Konzept integrieren* können."

Die Hervorhebung findet sich nicht im Original. Wir haben sie vorgenommen, weil sie uns geradewegs ins Thema führt: Denn so oder ähnlich lautet in der Regel die Instruktion für die Präsentationsübung und für die anschließende

Gruppendiskussion. Sie können und sollen Ihre Fähigkeiten zeigen, aber auch Mitglied des Teams sein. Ihre hervorragenden Fähigkeiten zeigen und doch den anderen Teilnehmern Raum lassen. Viel von Ihrer guten Idee umsetzen, ohne die anderen untergehen zu lassen. Ja, was denn nun? Helfen oder plattmachen? Gewinnen oder gemeinsam? Jeder, der einmal an einem Assessment-Center teilgenommen hat, kennt dieses Dilemma aus Gruppenübungen.

In modernen Unternehmen ist Teamarbeit angesagt. Nur gemeinsam sind wir imstande, den komplexen Anforderungen eines immer komplexer werdenden Umfelds die Stirn zu bieten. Spezialisten, die interdisziplinär miteinander arbeiten – das ist es, was der Markt erfordert.

Dumm ist leider nur, dass so selten Teams, sondern fast immer Einzelpersonen auf Führungspositionen berufen werden. Es gibt eben oft nur einen Chefsessel und kein Dreiersofa, auf dem mehrere Platz hätten. Doch auch Zweierführungsspitzen sind selten, gelten die doch als notorisch problembehaftet wegen der Revierkämpfe, der alltäglichen Egoismen und schlichten Misstrauens – das letzte Beispiel dafür war die deutsch-französische Muttergesellschaft des Flugzeugbauers Airbus, die EADS, mit den Auseinandersetzungen um Noël Forgeard und Gustav Humbert an der Spitze.

Wenn es Ausnahmen beim Jobsharing gibt, dann reden wir von einer Anzahl im Promillebereich und höchstens von einer Position als Abteilungsleiter, in einem kleinen Unternehmen oder mit wenigen Mitarbeitern, nicht mehr als 20. Und ganz oben geht es ohnehin anders zu: Zwar sollten die Vorstände als Team miteinander arbeiten, aber ein Team ist doch eher selten gemeinsam zum Vorstand berufen worden.

Altruismus oder Egoismus? Das ist die Frage! Natürlich gab es da ein ganzes Team, das an der Seoul National University mit den Eizellen freiwilliger (zumindest hieß es so) Spenderinnen forschte und es erscheint auch unwahrscheinlich, dass niemand etwas gemerkt hat, aber zuerst den Ruhm und dann die Schande erntete Hwang Woo-suk.

Burson-Marsteller, die amerikanisch-stämmige PR-Agentur, veröffentlicht immer wieder Umfragen zur Rolle der Vorstandsvorsitzenden in großen Unternehmen. Demnach ist die Reputation der Vorstandsvorsitzenden von entscheidender Bedeutung für das Unternehmen. Das Credo lautet stets: „Der Vorstandsvorsitzende ist die Personifizierung des Unternehmens." Diese und andere Studien weisen stets darauf hin, dass die Reputation eines CEO und die seines Unternehmens untrennbar miteinander verknüpft sind. Nun sind PR-Agenturen weniger an wissenschaftlichem Erkenntnisfortschritt interessiert, sondern mehr am Verkauf ihrer Dienste für genau diese Zielgruppe. Dennoch hat sich gerade seit den Jahren des Börsenbooms vielfach gezeigt, dass die Art, wie Medien, Investoren, Analysten, Mitarbeiter und die allgemeine Öffentlichkeit einen CEO wahrnehmen, einen hohen Einfluss auf den wirtschaftlichen Erfolg, das Image und die Zukunft eines Unternehmens haben kann.

Manche Vorstände üben sich in strategischer Bescheidenheit wie einer der höchstbezahlten deutschen Chefs: „Ich habe eine geliehene Macht. Sollte ich irgendwann Porsche verlassen, dann gibt es einen Nachfolger. Punkt." Gleichwohl ist Wendelin Wiedeking als Vorstandschef von Porsche so etwas wie „Mr. Porsche". Und wenn nach dem grandiosen Erfolg des Automobilbauers in den letzten Jahren gefragt wird, dann steht immer die Person des Vorstandsvorsitzenden im Mittelpunkt. Interviews werden mit der repräsentativen Figur des Unternehmens geführt, mit ThyssenKrupp-Chef Ekkehard Schulz oder mit August Oetker. Oder nehmen wir die Badelatschen der Kisedje-Indios: Die blieben sicher vollkommen unbeachtet, wenn nicht Gisèle Bündchen den Stamm beim Kampf um den Erhalt der Wasserqualität des Xingu-Flusses unterstützen würde. Die Indios bekommen im Übrigen ein Prozent vom Erlös, Gisèle Bündchen bekommt sieben Prozent. Sie sind eben ein echtes Team, die Indios und die schöne Gisèle. Und ein Artikel über ein so dröges Thema wie Hartz IV und Zweitjobs wird nur dann interessant und lesenswert und schafft es dementsprechend auch in den

Stern, wenn einzelne Protagonisten für die Sache stehen und dementsprechend hervorgehoben werden. Christine Salewski, 54, ledig, ein Kind und Arzthelferin, oder Albert Zillner, 40, geschieden, zwei Kinder, machen das Thema mit ihren individuellen Geschichten eben spannender, als es das bloße Thema mit Zahlen, Daten und Fakten hergibt.

Manche Menschen werden zum Führer einer Gruppe und üben Macht aus, während andere, oft ähnlich oder höher Begabte, Mitglieder einer solchen Gruppe sind. Frühere theoretische Ansätze gingen davon aus, dass solche Personen über besonderes Charisma und persönliche Eigenschaften verfügten, die sie ganz einfach für eine solche Rolle prädestinierten. Auf den ersten Blick erscheint das auch außerordentlich plausibel: Menschen, die es in Positionen mit Einfluss und Macht geschafft haben, müssen ja wohl über Eigenschaften verfügen, die sie aus der Masse herausheben. Denken wir dabei nur an herausragende Persönlichkeiten wie Wladimir Putin, Nicolas Sarkozy, George W. Bush, Edmund Stoiber oder Tony Blair. Da haben sie doch keine Zweifel mehr, oder?

Wenn dem so ist, dann müsste es doch auch möglich sein, eine Liste der wichtigsten übereinstimmenden Eigenschaften zu formulieren, die Menschen zu Führern machen. Und nicht zu vergessen, eine solche Liste sollte auch überaus hilfreich für all diejenigen sein, die ihrerseits eine solche Position anstreben. Dieser Versuch wird in der Managementliteratur immer wieder gemacht und resultiert dann in einer Vielzahl von Biografien und Autobiografien erfolgreicher Persönlichkeiten oder schlicht in schönen Büchern mit Titeln wie „Lernende Elite“.

All diese Ansätze nehmen implizit an, dass erfolgreiche Führerpersönlichkeiten über gemeinsame Merkmale verfügen, die sie auch von anderen, eben den vielen Nichterfolgreichen unterscheidet. Menschen wie Dschingis Khan, Adolf Hitler, Jeanne d’Arc, Napoléon, Mahatma Gandhi oder Nelson Mandela zeichnet also mehr Gemeinsames als Trennendes aus!

Moment mal! Vielleicht liegt die Schönheit hier doch mehr im Auge des Betrachters. Kann es sein, dass unsere Art der Suche nach solchen Faktoren etwas außer Acht lässt? Der Ansatz ist so nämlich ausschließlich auf die Person und die Persönlichkeit gerichtet. Außer Acht gelassen werden dabei die situativen Faktoren: In welchem historischen, sozialen, gesellschaftlichen Umfeld bewegen wir uns gerade? Welche speziellen Faktoren sind nötig und hilfreich, um in diesem Umfeld erfolgreich zu sein? Untersuchungen zu diesem Thema zeigen, dass es immer einen erheblichen Beitrag der spezifischen Aufgabe und der besonderen Situation gab, wenn man erklären will, warum eine spezielle Person es an die Spitze schaffte.

Denn moderne und seriös basierte Konzepte von Leadership in der Unternehmensführung zeigen es deutlich: dass erfolgreiche Führungskräfte solche sind, die in dem jeweils unterschiedlichen Kontext von Anforderungen der Aufgabenstellung, den Anforderungen der Gruppe, den Anforderungen der Situation und den persönlichen Möglichkeiten eine gute Balance finden. Wir finden dann Modelle, die verschiedene Dimensionen wie Kompetenz, Status, Identifizierung mit der Gruppe, Motivierung und das Unterstützen der Gruppenziele als wichtig definieren. Von der Gruppe akzeptierte gute Führungskräfte sind dann Menschen, die länger und härter arbeiten, zu ihren Entscheidungen stehen, die Aktivitäten der Gruppenmitglieder gut koordinieren können, gut delegieren, das nötige Detailwissen haben und sich um gute Ergebnisse bemühen. Das aber bedeutet auch, dass es die geeignete Führungspersönlichkeit per se kaum gibt, dafür aber unterschiedliche Menschen, die in verschiedenen Kontexten optimal erfolgreich sein können.

Und dann fehlt noch eine ganz bestimmte Zutat, um auch öffentlich nachhaltig erfolgreich zu sein: Man muss auf Sie aufmerksam werden, man muss Sie kennen – gerade und auch als derjenige, der entsprechende Erfolge erst ermöglicht hat. Der erste Schritt also besteht im erfolgreichen Networking.

200 – eine Zahl, die für menschliche Kontakte und gute Zusammenarbeit eine besondere Bedeutung hat. Wie ein roter Faden zieht sich diese Zahl durch den Zusammenhang von Gruppengröße und Interaktion in Häufigkeit und Qualität der Kontakte. Viele können reichlich Namen und Gesichter behalten, manche deutlich weniger, aber bei einer Anzahl von etwa 200 Personen wird es schwer, noch echten Anteil an der Person zu nehmen, weil man sie kaum noch kennt. Darauf baut beispielsweise ein internationales Unternehmen wie W. L. Gore & Associates, bekannt durch die Gore-Tex-Faser, sein Organisationsprinzip auf. Keine der vielen Gore-Niederlassungen auf der ganzen Welt hat mehr als 200 Mitarbeiter, und wenn es doch mehr werden, dann wird ein neuer Ableger gegründet.

Für das Networking bedeutet dies etwas, was viele übersehen: Nicht die Masse macht's, sondern die kluge Auswahl und Intensität. Deshalb sind auch die zeitweise sehr beliebten Visitenkartenpartys letztlich ein Fehlschluss. Nur bei der menschlichen Fortpflanzung hat die Methode „einer kam durch" wirklich Aussicht auf Erfolg. Der Aufbau wie die Pflege von Kontakten sind eine zielgerichtete Arbeit, die sich schwer mit Schrotschüssen erledigen lässt.

Ein zweiter Grundgedanke des Networkings ist die Frage nach dem „cui bono": Wem nützt es? Auch Networking ist ein Markt, der über Preise gesteuert wird. Was habe ich anzubieten, was eine Markttransaktion und eine Gegenleistung zu einem Preis ermöglicht? Dieses überhaupt wichtigste Prinzip im Geschäft wird beim Networking viel zu oft missachtet. Es zählt dabei vor allem, ob ich habe, was der andere braucht. Kennen allein heißt nicht brauchen. So wie Kommunikation nur funktioniert, wenn der andere sie versteht, so funktioniert Networking nur, wenn der andere mitmacht. Und für gewöhnlich macht man mit, wenn man etwas davon hat. Deshalb funktionieren auch Plattformen wie LinkedIn oder OpenBC, inzwischen XING, nur eingeschränkt. Wie übrigens auch Lions, Rotary und andere Kreise. Die Mitgliedschaft kostet Zeit bei unklarem Nutzen. Zwei lang gediente und erfolgreiche Personalberater gehen deshalb dort nicht auf Kopfjagd. Zum *Manager Magazin* sagte etwa Heiner Thorborg frank und frei: „Rotary ist wunderbar, wenn man einen guten Arzt braucht." Sein ebenfalls sehr lange in diesem Geschäft tätiger Kollege Hermann Sendele konstatiert: „Für die Karriere bringt das null Komma null."

Viel wichtiger ist oft, wie man auftritt und wirkt. Klaus Gretschmann etwa ist seit 2001 Generaldirektor im Sekretariat des Ministerrats, in dem die 27 EU-Fachminister vertreten sind. Die Tageszeitung *Die Welt* zählte ihn Anfang 2007 zu den zehn wichtigsten Deutschen hinter den Kulissen der EU in Brüssel. Seine Beschreibung weist auf ein weiteres Erfolgsprinzip des Networkings hin: „Er begeistert sich für viele Themen. Er ist gesellig, ein glänzender Unterhalter und ein erfahrener Ökonom mit politischem Gespür. Das sind ideale Voraussetzungen für seinen Job in Brüssel. Man kann mit ihm über die Bösewichter bei P. D. James, die neuen handelstheoretischen Modelle von Paul Krugman und über die revolutionäre Kraft der Romantik diskutieren." Auch wenn Sie nicht so mächtig sind wie Gretschmann, so zeigt es doch, wie ein Networker sein muss.

Im Kleinen hat das mit dem einzigartigen Profil zu tun, das ich von mir kommuniziere – Self-Branding – und im Großen hat das mit den PR-Profis zu tun, die mein Bild in die Medien tragen. „Der peinliche Chef" titelt das *Manager Magazin* und schreibt weiter: „Viele Führungskräfte blamieren sich durch ungeschickte öffentliche Auftritte." Sie beschädigen dabei ihre eigene und die Reputation des Unternehmens. Mit erhobenem Zeigefinder wird auf Josef Ackermanns Auftritt mit dem Victory-Zeichen hingewiesen oder auf Bernhard Termühlen in seinem Bemühen, die Vorwürfe wegen fehlerhafter Buchführung bei MLP zu entkräften. Andere Beispiele liefern uns Klaus Kleinfeld mit seinem Nicht- und Falschhandeln in der Siemens-Affäre oder Hartmut Mehdorns Druck auf die Medien bei unliebsamer Berichterstattung.

Ein erfolgreicher Manager muss reden können und er muss auftreten können. Marken machen Unterschiede für

Entscheidungen. Und Self-Branding sorgt für Unterschiede in der Entscheidung für Ihre Person. Mit einem starken Markenbild Ihrer Persönlichkeit wirken Sie prägnanter und können erfolgreicher sein. Ihre Marke hilft Ihnen bei der besseren Darstellung Ihrer Person und kann durch positive Rückkopplung ebenso Ihr Selbstbewusstsein stärken.

Zwar kann jede Führungskraft ihre Ziele nur mit den Mitarbeitern erreichen. Doch wenn es Ihnen gelingt, das Besondere an Ihrer Persönlichkeit fokussiert darzustellen, mit den wichtigen Elementen auf der rationalen und auf der emotionalen Ebene, dann werden Sie sichtbarer sein, als kompetenter wahrgenommen und damit letztendlich auch erfolgreicher werden. Verlassen Sie sich dabei nicht nur auf Ihr ganz besonderes Charisma. Vielleicht sind Sie der Einzige, der es wahrnimmt. Was andere im Fremdbild von einem wahrnehmen können, das lässt sich schon gestalten und entwickeln.

Was macht nun eine Marke aus, wenn es um mich geht? Eine Marke ist zuallererst fassbar und authentisch. Was wissen Sie? Was können Sie? Was tun Sie besonders gut und besser als andere? Solche Fragen in eigener Sache müssen Sie sich kritisch beantworten. In welchem Handlungsfeld sind Sie erfolgreich? Stehen Sie für besondere, ausgewiesene Fachkompetenz in einem wichtigen Thema? Verbindet man mit Ihrer Person außergewöhnliches Verhandlungsgeschick oder vielleicht herausragende Führungsfähigkeiten?

Und eine Marke ist außergewöhnlich: Was macht Ihr Profil aus? Was hebt Sie von anderen ab? Warum sollte ich mit Ihnen zusammenarbeiten wollen oder für Sie arbeiten? Können Sie besonders gut Mitarbeiter entwickeln oder haben Sie besonders viele Kontakte in der Branche?

Eine Marke ist bekannt: Wie können Sie die wichtigen Elemente Ihrer Marke in den Köpfen der Menschen verankern? Wie können Sie allen klarmachen, wer Sie sind und wofür Sie stehen? Was ist Ihr Markenzeichen? Halten Sie Vorträge, schreiben Sie Beiträge in Fachpublikationen oder sind Sie mit der – am besten erfolgreichen – Entwicklung eines Produkts verbunden? Sie sehen, die Bandbreite ist so reichhaltig wie die beruflichen Aufgaben, aber klar ist auch: Nicht für jeden bietet sich jedes Mittel an. Halten Sie das für Äußerlichkeiten, dann haben Sie womöglich schlechtere Chancen als jemand, der neben einem sicheren Auftritt auch inhaltliche Qualität anbietet – es sei denn, Sie nehmen sich jemanden wie die Grünen-Politikerin Claudia Roth zum Vorbild. Und dann gibt es Menschen, die sich als Marke den Erfolg auf die Fahne schreiben. Gibt es für Ihre Leistung eine Kernbotschaft? Wie lässt sich das Besondere daran in wenige Worte kleiden? Formulieren Sie kurz, prägnant und positiv.

Wenn Sie sich über diese Elemente klar geworden sind, dann denken Sie darüber nach, ob Ihr Erscheinungsbild Ihre Marke stützt. Kleidung, Frisur, Stimme, Verhalten, Accessoires – passt alles zum Image und zu Ihnen, oder steht es im Widerspruch zu Ihrer Marke? Gibt es eine Besonderheit, die Sie kennzeichnet? Gibt es Situationen, Begebenheiten, Geschichten oder Bilder, die Ihre Marke illustrieren können? Denn nichts ist so überzeugend und nichts bleibt so gut im Gedächtnis wie eine gute Geschichte zur eigentlichen Aussage. Anekdoten, Erfolgsgeschichten, Verbindungen zwischen Personen und erfolgreichen Produkten, dergleichen bleibt uns über den Tag hinaus im Gedächtnis.

Die Großen der Wirtschaftswelt verlassen sich nicht mehr auf das reine Self-Branding, sie lassen sich beraten und unterstützen. Dafür stehen PR-Profis zur Verfügung, die den Medien gegenüber die Person ihres Auftraggebers positionieren – oder die eine Erwähnung im unliebsamen Kontext nach Möglichkeit verhindern sollen. Der Beruf des „Spin-Doktors“ ist von der Politik in die Wirtschaft gewandert. Mit der zunehmenden Wahrnehmung der Manager in der Öffentlichkeit hat die Position des Pressesprechers oder der Pressesprecherin im Unternehmen erheblich an Bedeutung gewonnen. Und das Aufgabenspektrum hat sich erheblich erweitert. Es geht jetzt nicht mehr nur darum, den Chef in den Medien zu platzieren, es geht auch darum, das richtige Image aktiv zu gestalten.

Solche Einflüsterer werden dann dafür bezahlt, in den Medien Informationen zu streuen, die die Wirklichkeit im Sinne des Auftraggebers deuten. Andererseits klappen diese Einsätze nicht immer, besonders dann, wenn es brennt. Die *Frankfurter Allgemeine Sonntagszeitung* schreibt dazu über einen der Platzhirsche der Spin-Branche: „Der Sturz von Siemens-Chef Klaus Kleinfeld wurde zur peinlichen Niederlage für Walther. Überhaupt taugen die Chaostage bei Deutschlands ehemaligem Vorzeigekonzern als abschreckendes Beispiel dafür, was passiert, wenn die Spin-Doktorei aus dem Ruder läuft. (...) Die Spin-Doktoren gingen so offensiv und ungeschickt vor, dass sich die Siemens-Aufsichtsräte provoziert fühlten und dem Vorstandschef unterstellten, er wolle über öffentlichen Druck eine Vertragsverlängerung erzwingen." Das *Manager Magazin* beschreibt die aktuelle Situation wie folgt: „Flächendeckend versuchen PR-Strategen, Spezialagenturen und persönliche Berater, die Redaktionen in ihrem Sinne zu beeinflussen. Medienberater sorgen für Desinformationen. Unternehmenschefs lassen bei unbotmäßigem Verhalten schon mal mit Anzeigenboykott drohen." Der Artikel heißt dementsprechend auch „Halt die Presse" und enthält passenderweise ein Zweiseiteninterview mit dem Hamburger Rechtsanwalt Matthias Prinz, der immer dann gerne hinzugezogen wird, wenn die Medien unbotmäßig waren und eine Klage die Dinge zurechtrücken soll.

Der eine oder andere Leser wird nun vielleicht nicht ganz so prominent sein, wie es die erwähnten Topmanager sind. Doch was können Sie, auch ohne Spin-Doktor, für sich bei den Medien erreichen und worauf sollten Sie achtgeben? Es ist nicht unbedingt ungewöhnlich, wenn sich ein Mitarbeiter der Medien auch bei Ihnen meldet mit der Bitte, ihm eine paar Auskünfte zu geben, zu einem Thema, das wie zufällig Teil Ihres Jobs ist. Und den Medien auffallen können Sie recht leicht: Fachartikel, Vorträge, Mitgliedschaften in Verbänden – all das sind Quellen, aus denen auch Medien schöpfen, wenn sie Experten für was auch immer suchen.

Denken Sie als Erstes an die Pressestelle, sofern es eine gibt. Sie sind meist gut beraten, Journalisten dorthin zu verweisen. Werden Sie anschließend als Experte hinzugezogen, hat alles seine Ordnung. Wenn Ihre Pressestelle professionelle Standards aufgebaut hat, dann befinden Sie sich in guten Händen, werden ordentlich vorbereitet und gecoacht. Vor allem geschieht es nicht in Ihrer Verantwortung. Gibt es jedoch keine Pressestelle, sollten Sie trotzdem nicht gleich loslegen. Sprechen Sie mit Ihrem Vorgesetzten, auch auf die Gefahr hin, dass er sich dazwischenhängt und das Gespräch an sich zieht („Die Presse wollte doch sicher sowieso mit mir sprechen"). Er nimmt es dann auf seine Kappe, und das hoffentlich zum Vorteil der Firma.

Medien suchen nicht immer lange nach dem einzig richtigen Ansprechpartner für ein Thema, sondern nach demjenigen, der ihnen direkt helfen kann, ein Problem während der Produktion des Beitrags zu lösen. Journalisten suchen Menschen, die bereit und auch in der Lage sind, sofort eine klare, kurze und möglichst pointierte Meinung abzugeben. Dies kann man trainieren und mit Übung erarbeiten Sie sich ein Gefühl für diese Situation.

Sie haben sich aber nun mal die Zeit genommen, alles schön zu erklären und zu beantworten, und dennoch steht nichts davon im Beitrag? Ärgern Sie sich nicht, das passiert jeden Tag. Möglicherweise waren Sie sogar drin, und dann wurde gekürzt wegen anderer Artikel oder einer Anzeige. Oder es wurde geschnitten, weil die Sendezeit nicht ausreichte. Es ist also keine böse Absicht, denn es passiert jeden Tag bei der Produktion von Nachrichten in allen Medien. Aber selbst ohne direktes Ergebnis in Form eines Beitrags helfen Begegnungen mit Journalisten immer, das Vertrauen aufzubauen und einander besser einschätzen zu können.

Auch Sie können also interessant sein für Medien. Doch wen sprechen Journalisten bevorzugt an, wenn sie auf der Suche nach Aussagen und Statements sind? Man stößt dabei oft auf eine bestimmte Klientel mit besonderen Merkmalen, welche die Zusammenarbeit einfach und nutzbringend machen.

Aus zwei Gründen kontaktieren Journalisten diese Gruppe bevorzugt: Weil sie wissen, dass diese Menschen verfügbar sind, wenn man sie braucht, und dass sie Auskunft geben, wozu man sie auch befragt. Wenn sie in Medien Ergebnisse produzieren müssen, sind diese Leute ein Teil ihrer Zulieferer und Dienstleister. Und wenn es in der Vergangenheit oder bei anderen Kollegen erkennbar gut und problemlos geklappt hat, dann liegt es nahe, sie auch in Zukunft wieder heranzuziehen. Wer sich hier bedeckt hält, nicht erreichbar ist oder sehr differenzierte Ansichten vertritt, wird bald nicht mehr in die engere Wahl für die erste Anfrage nach einem Statement genommen.

Gefragt sind Menschen, die bereit sind, sofort eine klare, kurze und möglichst pointierte Meinung abzugeben. Ob sie sich bereits vertieft mit dem Thema auseinandergesetzt haben, ist leider meist sekundär. Medien suchen nicht immer lange nach dem einzig richtigen Ansprechpartner für ein Thema, sondern nach demjenigen, der ihnen helfen kann, ihr Problem in der Produktion eines Beitrags zu lösen.

Wenn Sie zu dieser Gruppe Menschen gehören wollen, müssen Sie wissen, welche Voraussetzungen zu erfüllen sind, damit es funktioniert. Hier hilft der Blick auf die Kniffe derjenigen, die es bereits geschafft haben. Damit keine Missverständnisse aufkommen: All dies gilt auch, wenn Sie sich gar nicht aktiv um Medienpräsenz bemühen, sondern die Initiative von Journalisten ausgeht. Ein klares Profil benötigen Sie in beiden Fällen. Mit welchen Kniffen haben es andere geschafft?

- **Erreichbarkeit:** möglichst immer sofort – egal wo und wann. Ihr Mobiltelefon ist stets eingeschaltet, die Nummer ist bekannt.

- **Statements:** Sie machen kurze prägnante Aussagen, selbst zu Themen, die nicht in Ihr Fachgebiet fallen. Die Arbeitsbeziehung von Fernsehen und Politik lehrt: Pointiert geht vor fundiert.

- **Persönlicher Stil:** Sind Sie interessant? Sie dürfen sogar etwas ungewöhnlich und originell sein. Dieses Profil können Sie sogar als Beamter entwickeln – sehen Sie sich einige sogenannte „Lieblingsprofessoren" des Fernsehens an.
- **Image:** Sie müssen über eine gewisse „menschliche Marke" verfügen, ein klares Bild mit Konturen und dem Signal, wofür Sie stehen.

Es gibt viele Markenzeichen, die eine mediale Wirkung erzielen – wählen Sie dasjenige, das am besten zu Ihnen passen könnte und das Sie auch durchhalten. Wenn Ihnen die Vorstellung von sich selbst als Markenprodukt nicht ganz zugänglich ist, liegt es vielleicht am Begriff. Doch Marken sind eine gute Sache: Sie erleichtern Unterscheidung und lassen Merkmale der Persönlichkeit hervortreten. Dies gilt auch für Waren, deshalb haben Sie oft auch ohne Kenntnis des aktuellen Preises eine Vorstellung von deren Wertigkeit.

Wenn Sie sich die folgende kleine Aufzählung ansehen, fällt Ihnen wahrscheinlich jeweils auch ein bekanntes Beispiel mit dem dazu passenden Namen ein, sei es aus der Politik oder jemand aus Ihrem persönlichen oder beruflichen Umfeld:

- Den **Trendsetter**, der jetzt schon nutzt, was noch keiner hat.
- Den **Senior**, der schon alles erlebt hat und viele Geschichten kennt.
- Der **Querdenker**, der stets eine ungewöhnliche Sichtweise hat.
- Der **Menschelnde**, der in Worte fassen kann, was alle fühlen und denken.
- Der **Nachdenkliche**, der stets die Folgen eher im Blick hat als andere.
- Der **Netzwerker**, der alle und jeden kennt und daher weiß, was abläuft.

Welche menschliche Marke Sie für sich bilden und führen wollen, hängt von dem ab, wofür Sie stehen und was Sie erreichen wollen. Was auch immer Sie jedoch für sich annehmen wollen – Hauptsache ist, Sie unterscheiden sich vom großen Rest.

Doch Medien können auch anders. Denn es gibt nicht nur diese Sonnenseite bei Medien und Medienschaffenden. Auch im Umfeld Ihres Berufes kennen Sie Menschen, bei denen Sie Ihre Finger nachzählen, nachdem Sie ihnen die Hand gegeben haben. Seriosität und Schlitzohrigkeit sind mitunter Wesenszüge, die Sie bei der gleichen Person erkennen – aber leider oft nicht gleichzeitig. Und Journalisten leben natürlich auch von den „bad news", von Missständen, von kleinen und großen Skandalen. Das Verhalten von Menschen zueinander, wie in Rivalitäten und Intrigen, ist da stets eine gute Basis.

Gezielte Indiskretionen sind oft der Ursprung für ein Thema. Sie kommen bei den großen Geschichten über Vorstände auch häufig genug direkt aus einem Büro auf der Vorstandsetage aus dem Kreis von Kollegen, von Wettbewerbern, von ehemaligen Mitarbeitern und Kollegen, aber sogar von externen Dienstleistern und Beratern, die einen Medienrummel für ihre eigenen Ziele einsetzen. Die heutigen Produktionsbedingungen führen auch nicht immer dazu, dass jede Information sachgerecht bis zuletzt geprüft wird und vielleicht schon im Vorfeld die Intention des Informanten kritisch hinterfragt wird. In den Medien wird heute mit weniger Zeit und weniger Mitarbeitern als noch vor in paar Jahren produziert. Der Wettbewerb der Titel und Formate trägt seinen Teil dazu bei. Auch wenn Ihnen solche Situationen hoffentlich nicht so häufig begegnen werden – souveräner Umgang mit Medien ist gerade hier besonders wichtig.

„Gruppenzwang und Ego-Shooter."

- Teamarbeit ist in vielen Unternehmen gefordert. Teamplayer werden befördert.
- Erfolg hat dann allerdings vor allem der Einzelne.
- Leistung muss verkauft werden.
- Personen müssen lernen, sich als „Marke" zu positionieren.
- Für Topmanager spielen die Medien eine wichtige Rolle.

Das sind Ihre Möglichkeiten:

- Gestalten Sie Ihren persönlichen „Brand".
- Machen Sie gezielt auf Ihre Leistungen aufmerksam.
- Investieren Sie in intelligentes Networking.
- Lassen Sie sich gezielt beraten.
- Schaffen Sie sich Präsenz in den relevanten Medien.

20

DIE PUBLICITY-FALLE

SPIEGELein an der Wand … Oder: Warum kommen Menschen in die Medien – und nicht wieder heraus?

Als Kurt Beck zum SPD-Vorsitzenden gekürt wurde, stellte er fest: Alles, was mit ihm zu tun hatte, war plötzlich von Interesse für die Medien. Auch sein direktes persönliches Umfeld, zum Beispiel seine Frau. „Waren Sie im Urlaub, Frau Beck?“, fragte der *Stern*-Reporter die Gattin von Kurt Beck. „Ja, in mei'm Gadd'n! Müssen Sie das wissen?“ *Stern*: „Ich frag nur, weil Sie so braun sind …“ – „Isch habe Blume gesetzt! Reicht das?“ Bei Frau Beck klinge jeder Satz im Kontakt mit Journalisten wie eine Empörung, so der *Stern* in seinem „Portrait einer Frau, die unfreiwillig in die Politik geriet“. Dabei hätten Frau und Herr Beck sich vor langer Zeit geschworen: „Egal, was kommt, jeder macht weiter wie vorher.“

Und das machte Beck denn auch: „Es ist zum Ausdruck gebracht worden, dass wir uns über ihre Bereitschaft zu kandidieren sehr freuen, weil wir überzeugt davon sind, dass gerade im kommenden Jahr, in dem wir auf 60 Jahre Bundesrepublik Deutschland zurückblicken, 20 Jahre seit dem Mauerfall miteinander in Erinnerung rufen werden, gut daran tun, die Diskussion in der Bundesrepublik Deutschland lebendig zu halten und eine Diskussion in Deutschland zu führen, die vom Zusammenhalt der Gesellschaft geprägt ist, aber auch von vielen intellektuellen Impulsen, von Liberalität und von Gerechtigkeit, und die geprägt ist von der Bereitschaft, auf europäischer Ebene und darüber hinaus international um diese Werte neu und mit neuem Schwung zu ringen.“

Wer jetzt nicht verstanden hat, worum es ging: Mit diesen Worten erklärte Beck, warum die SPD Gesine Schwan als Kandidatin für das Bundespräsidentenamt nominiert hatte.

Kurt Tucholsky formulierte einmal den schönen Satz: „Die Sprache ist die Kleidung der Gedanken." Hier wünscht man sich wie weiland bei Edmund Stoiber, dass einer seine Kleidung ordnen möge, bevor er an die Öffentlichkeit tritt. Als Politiker will und muss man in die Medien, denn diese prägen das eigene Bild und das der Partei. Aber es ist doch nicht verboten, am eigenen Auftritt zu arbeiten. Das gilt nicht nur für Politiker. Oft genug taucht auch bei anderen die Frage auf: Was drängt bestimmte Menschen so sehr in die Öffentlichkeit?

Manche prügeln sich geradezu darum. Die B- und C-Sternchen der Medienwelt leben meist von den Nebenprodukten ihrer Auftritte in Fernsehen und Rundfunk. Die Moderatorin Barbara Schöneberger, erfahren in den Höhen und Tiefen des TV-Gewerbes, stellte dies in einem Interview unter dem Titel „Überleben im Fernsehen" unmissverständlich klar: „Ich werde gerne als Gast eingeladen. Da gehst du hin, ziehst dich um, gehst rein, brauchst dich nicht vorzubereiten. Und das reicht, um außerhalb des Fernsehens ausgelastet zu sein mit Jobs. Und darum geht es ja."

Und wenn es gut geht, dann kann man prima davon leben. Das hat Verona Pooth anschaulich vorgeführt: Sie startete als Verona Feldbusch ihre beispielhafte und einträgliche Karriere von der Ex-Gespielin Dieter Bohlens über das Telegate-Nummerngirl („11 88 0 – hier werden Sie geholfen!") bis zur Spinat- und Konfitüre-Werbefrau, um dann den Unternehmer Franz-Josef („Franjo") Pooth zu heiraten. Doch auch die mediale Münze hat zwei Seiten: Unangenehm wurde die Situation, als Verona sich nach der Maxfield-Pleite ihres Gatten Franjo mit Namen und Foto unter Überschriften wie „Franjos Spaßkasse" oder „Dicke Hose in Düsseldorf" wiederfand. Das blieb nicht ohne Einfluss auf ihren eigenen Marktwert. Denn auf einmal erschienen frühere Interview-Äußerungen wie „Er hat ein Wahnsinns-Talent, irgendwelche

Banken um den Finger zu wickeln" schnell in einem ganz anderen, weniger schmeichelhaften Licht.

Wer sich ins Licht begibt, ist besonders gut sichtbar. Und andere Menschen sehen dann meist auch genauer hin, was sie da sehen. Dabei verdienen Medien zweimal an den Objekten ihrer Berichterstattung: zuerst auf dem Weg nach oben, und dann auf dem Weg nach unten. Und alles, was sie in der Zeit dazwischen erfahren haben, wird wieder hervorgeholt.

Nicht immer geht es jedoch um Selbstdarstellung, sondern in kritischen Fällen auch um medial vollzogene Selbstverteidigung. Nämlich dann, wenn bestimmte Eindrücke korrigiert werden sollen, wenn Angriffe abzuwehren sind oder schlicht, weil die Öffentlichkeit nach Aufklärung verlangt und man nicht länger schweigen kann. So wurde das Geschäftsgebaren des Franjo Pooth nicht nur für ihn selbst zum Fiasko, sondern auch für seine bereitwilligen Finanziers wie die Sparkasse Düsseldorf unter der Führung des Vorstandsvorsitzenden Heinz-Martin Humme. Gegen verschiedene ihrer Mitarbeiter wurde in diesem Zusammenhang wegen Bestechlichkeit und anderer Vergehen ermittelt. Das wiederum nahm der inzwischen geschasste Vorstandschef Humme zum Anlass, sich in einem *Bild*-Interview erstmals persönlich zu den Vorwürfen zu äußern. Und so fragte *Bild*: „Zur Pooth-Hochzeit sollen neben Ihnen fünf weitere Sparkassen-Mitarbeiter nach Österreich gereist sein." Humme: „Ich war offiziell eingeladen als Repräsentant der Sparkasse." Nun, wenn es sich um eine offizielle Einladung handelt, dann muss man wohl. Aber eigentlich waren die Sparkassen-Mitarbeiter auch nur als Nothelfer dabei, denn Humme führt aus: „Wir waren nur deshalb eine größere Gruppe, weil Pooths Absagen hatten, aber die kalkulierte Teilnehmerzahl erreichen wollten." Auch die Geschenke, die zu seinem Sturz mit beitrugen, sah er etwas anders. Auf die Frage von *Bild* „Was ist mit TV-Geräten?" stellte er klar: „Ich habe weder einen Fernseher gefordert, noch einen angenommen." – Um sich bei der Nachfrage des Reporters um Kopf und Kragen zu reden: „Weil er zu groß war?" – „Das auch."

Geht man unvorbereitet oder unbedacht in eine solche Situation, ist die Gefahr des Stolperns besonders groß. Dies musste auch Klaus Gehrig, der Aufsichtsratschef von Lidl, erfahren, als er sich nach der Bespitzelung von Mitarbeitern und der darauffolgenden öffentlichen Empörung selbst zu dem Fall äußerte. Gehrig ging ins ZDF zu Johannes B. Kerner, wo er auf den bekannten Journalisten und Undercover-Rechercheur Günter Wallraff traf: „Haben Sie denn gelesen, was ich geschrieben habe?“, fragte Wallraff den Lidl-Frontmann. Gehrig schüttelte den Kopf, verzog abfällig den Mund und sagte: „Nein, habe ich nicht.“ Für jeden Fernsehzuschauer war in diesem Moment die Sache klar: Es interessiert ihn noch nicht einmal, er weiß ja, dass er recht hat. Laut *Spiegel* ein PR-GAU für Lidl und seinen Frontmann: „Hätte Klaus Gehrig einen Kommunikationsberater, wäre das wohl der Moment gewesen, in dem dieser hinter den Kulissen aufgestöhnt und seinen Chef verflucht hätte. Aber der Lidl-Aufsichtsratschef hat keinen Image-Helfer – er scheint sich selbst für ausreichend clever zu halten, um mit jeder Frage, jedem Angriff und jeder Kritik fertig zu werden.“ Die Reaktionen auf die Kerner-Sendung zeigten, wie sehr sich Gehrig geirrt hatte. Auch nach der Zahlung eines millionenschweren Bußgelds im September 2008 ist der Schaden für das öffentliche Bild von Lidl noch längst nicht wiedergutgemacht.

Topmanager handeln als oberste Repräsentanten ihres Unternehmens. Die Ausführung von Entscheidungen kann man delegieren, aber für den Geist und die Essenz des Unternehmens ist der Vorstand immer selbst und öffentlich gefordert. Und manchen gelingt es geschickt und prägnant zugleich, das Unternehmen zu verkörpern. Bekannte Beispiele sind etwa Apple-Chef Steve Jobs oder Steve Ballmer von Microsoft. Beide wissen: Menschen arbeiten letztlich für andere Menschen, nicht für eine Ansammlung von Aktien. Die besondere Glaubwürdigkeit des direkten Wortes, das man aus dem Mund der „Nummer eins“ des Unternehmens hören kann, bleibt in seiner Wirkung einmalig. Diese besondere Bedeutung der Führungspersönlichkeit ist zum Teil durch den Haloeffekt zu erklären. Dieser Effekt entsteht, wenn sich Personen von isolierten Merkmalen blenden lassen, die alle anderen Komponenten „überstrahlen". Die Gesamtbeurteilung verschiebt sich dann entsprechend in eine positive oder negative Richtung. Ob berechtigt oder unberechtigt, wir haben die Tendenz, vom Besonderen auf das Allgemeine zu schließen. Und so steht der Mensch an der Spitze stellvertretend für das ganze Unternehmen.

In Großbritannien oder in den USA haben Menschen in Führungspositionen meist vielfältigere Erfahrungen im öffentlichen Auftreten als in Deutschland. So konnten sich viele Berliner selbst davon überzeugen, welche besondere Wirkung Barack Obama in Reden und Ansprachen zu entfalten vermag. Der *Spiegel* bemerkte zu Obama, er sei „bei aller individuellen Fähigkeit ein typisches Produkt der amerikanischen Kultur, das Ergebnis einer Persönlichkeitserziehung, die bereits im Kindergarten beginnt." Auch an der Highschool gehören Reden und Reden halten fest zum Stundenplan, wodurch junge Amerikaner schon früh lernen, „vor allem eins darzustellen: sich selbst". Für den *Spiegel*-Korrespondenten erklärt dies auch „jene unverschämte Lässigkeit, mit der sich jemand wie Obama präsentiert und über die Deutsche nur staunen können". In England, dem Mutterland der freien und offenen Debatte, geht das Interesse sogar noch weiter: Jedes Jahr zahlen mehrere Tausend Menschen freiwillig rund 50 Euro Eintritt, nur um bei einer Großveranstaltung die Reden anderer zu hören. Kein Wunder, denn die offensiven, witzigen und dennoch fairen Debatten bei „Intelligence Squared" sind ein geistreicher Schlagabtausch zu politischen Themen. Dieser Höhepunkt rhetorischer Bildung und Befähigung kommt nicht von ungefähr, wird doch auf der Insel schon an der Grundschule „debating" von der „English Speaking Union" und anderen Institutionen nachhaltig gefördert.

Da überrascht es nicht, dass immer wieder ein besonderer Unterschied zwischen einheimischen und Führungskräften aus anderen Ländern auffällt: Manager aus England und den

USA *sind* sicher im persönlichen Auftritt und überzeugen, deutsche Manager hingegen *fühlen* sich sicher – jedoch oft genug ohne Grund. Bei manchem offenbart sich dadurch sein blinder Fleck. Damit ist hier nicht die Austrittsstelle des Sehnervs im menschlichen Auge gemeint, sondern vielmehr unser Selbst- und Fremdbild. Jeder von uns hat im Lauf der Jahre ein Bild von sich selbst entwickelt, und bei den meisten Topmanagern ist dieses Selbstbild sicher vorherrschend positiv. Jeder von uns hat aber auch eine bestimmte Wirkung auf andere Menschen, und es ist individuell sehr verschieden, ob die Wirkung angenehm und für uns vorteilhaft oder negativ und nachteilig ausfällt. Etwas ist jedoch in fast allen Fällen gleich: Unser Selbstbild wird immer davon abweichen, wie andere uns sehen.

Doch ein wesentlicher Teil unserer Wirkung auf andere ist uns selbst nur begrenzt zugänglich. Dieses Phänomen beschreibt das so genannte „Johari-Fenster“: ein psychologisches Modell, benannt nach seinen Entwicklern *Jo*e Luft und *Har*ry *I*ngham. Die beiden US-Psychologen konnten mit dem Johari-Fenster die Selbst- und Fremdwahrnehmung darstellen und deren Veränderung im Verlauf sozialer Prozesse. Denn unsere einzige qualifizierte Möglichkeit, zu erfahren, wie andere uns sehen, ist die soziale Rückmeldung über das Feedback. Wir können aus solchen Informationen lernen, uns in wichtigen Situationen geschickter zu verhalten. Wir lernen etwas über die Wahrnehmungen und die Gefühle anderer Menschen. Damit erst wird soziales Lernen möglich.

Und genau an dieser Stelle hapert es häufig bei Menschen in exponierten Stellungen in Wirtschaft, Politik und Gesellschaft. Wer Macht ausübt, ist meist von einer Gruppe von Menschen umgeben, die ihre Entscheidungen umsetzen. Jede Persönlichkeit an der Spitze umgibt sich mit einem Hofstaat treuer Diener und Gefolgsleute, auch wenn viele es erst einmal bestreiten würden. Doch von seinem Wohlwollen ist diese direkte Umgebung in hohem Maße abhängig. Woher soll gerade diese Entourage den Mut für ein ehrliches und damit häufig auch kritisches Feedback nehmen?

Zudem wird die gleiche Sache nicht immer gleich gesehen, selbst wenn es aus der gleichen Richtung her geschieht. Die Felder der Wahrnehmung sind jeweils sehr individuell und unterscheiden sich nach Erfahrung, Ausbildung und Umfeld der Betrachter. Dies hat zum Beispiel direkte Auswirkungen auf das Bild von Managern und die Beurteilung ihrer Leistung. Wie das Institut für Demoskopie Allensbach 2008 in einer Studie herausfand, ist für 51 Prozent der Wirtschaftsjournalisten die Performance des Unternehmens von herausragender Bedeutung, aber nur bei elf Prozent der Kollegen aus der gesellschaftlich-politischen Berichterstattung. Da überrascht es nicht, wenn das Bild von Führungspersonen, die in komplexen und strittigen Feldern jeden Tag handeln müssen, je nach Betrachter sehr unterschiedlich ausfallen kann.

Das führt zu verstärkten Abwehr- und Kontrollreflexen. Immer mehr Politiker und Manager wollen das eigene Bild in den Medien nach Möglichkeit weitestgehend unter Kontrolle haben. Manche versuchen das auch gerichtlich, aber längst nicht immer erfolgreich. So fällte der Bundesgerichtshof 2008 ein Grundsatzurteil, als die Zigarettenmarke „Lucky Strike" von Dieter Bohlen und von Ernst August von Hannover verklagt worden war. Beide Herren machen sich zwar selbst gerne über andere her, der eine mehr mit Worten, wo der andere auch schon mal die Fäuste nimmt. Doch gar nicht lustig fanden sie die Werbung des Tabakkonzerns, mit der er beide auf die Schippe nahm. So echauffierte sich der Prinz über das Motiv mit einer völlig zerdrückten Zigarettenschachtel unter der Überschrift: „War das Ernst? Oder August?" Und DSDS-Chefjuror, Musiker und Autor Dieter Bohlen, der sonst erst einmal andere beleidigt („Das klingt, als wenn sie dir den Arsch zugenäht haben") – auch er klagte gegen eine andere „Lucky Strike"-Anzeige. Ihm missfiel der Text: „Schau mal, lieber Dieter, so einfach schreibt man super Bücher." In der Anzeige waren die Wörter „lieber", „einfach" und „super" geschwärzt, aber noch lesbar – eine Anspielung auf den Streit um Bohlens Buch „Hinter den Kulissen". Denn darin mussten ganze Textpassagen geschwärzt werden, nachdem mehrere Personen ihr Persönlichkeitsrecht verletzt sahen und gerichtlich gegen das Buch vorgegangen waren. In beiden Fällen sahen die BGH-Richter im Recht auf freie Meinungsäußerung das höhere Gut und entschieden gegen die prominenten Kläger. Was unter Boxern gilt, könnten auch Bohlen und der Welfenprinz beherzigen: Wer austeilt, sollte auch einstecken können.

Dabei sind dies nur die sichtbaren Fälle der zahlreichen Versuche, die Berichterstattung zu kontrollieren, bevor sie erscheint. Die chinesische Regierung tat es während der Olympischen Spiele 2008 mit offener Zensur. In Deutschland ziehen Betroffene aber ebenso alle Register auf der nach oben offenen Manipulationsskala: Interviewfragen an den Vorstand sind vorab schriftlich einzureichen, die Worte im Gespräch sollen nachher auch noch autorisiert werden (nachdem sie zuvor ausgiebig umformuliert oder gleich ganz gestrichen wurden), Fotografen und Kameraleute werden nicht zugelassen, stattdessen wird vorproduziertes Film- und Bildmaterial angeboten. Persönliche Verbindungen in die Verlagshäuser und Sendeanstalten werden bemüht, politische Kanäle ziehen beim Fernsehen besser als bei Zeitungen und Magazinen – die wiederum hellhörig werden, wenn sich ein großer Anzeigenkunde kurzerhand entscheidet, ein paar Wochen die Werbung auszusetzen. Ein Druckmittel aus der PR-Mottenkiste, von Pressesprechern immer wieder abgestritten und dennoch immer wieder angewendet. Fruchtet all dies nichts, wird eine spezialisierte Medienrechtskanzlei damit beauftragt, eine Unterlassung, einen Widerruf oder eine Gegendarstellung vor Gericht zu erwirken.

Dabei ist ein positiver Weg in die Medien möglich. Er führt aber über eine steinige Strecke, denn auch diese Kompetenz muss gelernt und eingeübt werden. Gerade die viel geschmähten Castingshows wie „Deutschland sucht den Superstar“ führen uns das klar vor Augen. In diesen Sendungen treffen wir auf bestenfalls ambitionierte Amateure und im schlimmsten Fall auf vollkommen unbegabte Phantasten. Immer wieder hört man von Teilnehmerinnen und Teilnehmern das Ziel „Star sein und auf Partys gehen", und manche präsentieren der Jury ein Zeugnis, „das zeigt, dass ich singen kann". Doch scheint uns allen nicht gerade der Fall von Paul Potts zu beweisen, dass auch ein durchschnittlicher Niemand eine Talentshow gewinnen kann? „Paul wer?", fragten noch bis Mitte 2008 in Deutschland die meisten, wenn überhaupt sein Namen fiel. Doch mittlerweile ist er durch einen Werbespot der Telekom auch hierzulande so berühmt geworden wie in England. Dort trat er im Juni 2007 bei der populären Castingshow „Britain's got talent" auf. Und da stand er dann auf der Bühne, ein dicklicher Mensch in einem billigen Anzug mit schlechten Zähnen und mit einer wenig strahlenden Biografie als Verkäufer von Mobiltelefonen. Auf die Frage der Jury, warum er hier sei, antwortete er zögernd mit den einfachen Worten: „To sing opera!" Doch dann sang er „Nessun dorma" aus Puccinis „Turandot" und sorgte bei den Zuhörern im Saal und an den Fernsehgeräten für Gänsehaut. Aus dem Stand gewann er die Staffel des Talentwettbewerbs. Er erhielt einen Plattenvertrag über eine Million Pfund und kann von seiner Kunst gut leben. Für Paul Potts wurde der Traum jedes Teilnehmers einer Castingshow wahr: Er kam, sang und siegte.

Von wegen. Denn so einfach war es eben nicht. Paul Potts hatte vor 2007 bereits über sieben Jahre seines Lebens und fast all sein Geld, rund 20 000 Euro, in eine professionelle Gesangsausbildung investiert. Und er hatte auch bereits diverse Auftritte vor Publikum erfolgreich absolviert. An seinem berechtigten Erfolg ändert das nichts – es ändert aber alles an der Mär vom Erfolg, der vom Himmel fällt, wenn man nur fest genug daran glaubt. Nein, ohne intensive Arbeit mit professionellen Lehrern geht es nun mal nicht! Und das ist eine wichtige Funktion der belächelten Castingshows: Sie geben Menschen, die wissen wollen, wo sie stehen, ein ungeschminktes Feedback. Für manche ist es das erste Mal, doch bei vielen bleibt die Erkenntnis: Jeden Tag urteilt unsere Umwelt über uns und unsere Fähigkeiten, und es gibt immer einen Vergleich mit jemandem, der besser sein kann als wir selbst.

Ob Sie nun singen oder mit Worten überzeugen wollen, in jedem Fall gilt: Wägen Sie genau ab, was Sie treibt und ob Sie wirklich den Gang in die öffentliche Manege antreten sollten. Wenn ja, dann machen Sie es richtig. Gerade im Medienkontakt lässt sich der Wunsch nach professionellem und erfolgreichem Auftreten nur dann erfolgreich umsetzen, wenn wir die Besonderheiten des Spiels kennen und seine Regeln beherrschen. Und wenn wir intensiv trainieren – dann am besten mit Beratern, die uns vor dem Hintergrund eigener Berufserfahrung im Management und in den Medien dabei helfen, uns zu informieren und den eigenen Auftritt zu gestalten.

Bei Kurt Beck war dies nicht der Fall. Er wollte so bleiben, wie er war, sich „nicht verbiegen lassen“. Doch war es genug, um die Menschen von sich und der Partei zu überzeugen? Beck übersah, dass der eigene Wunsch, authentisch zu bleiben, in einen Konflikt mit dem trat, was andere Menschen als Rollenerwartung an einen Parteiführer haben. Beck entsprach dieser Erwartung offenbar nicht ausreichend, was auch die Umfragetiefs von knapp 20 Prozent Zustimmung für Beck zeigten. Und was in seinem Rücktritt am 7. September endete.

Doch nicht nur Politiker, auch Manager und bekannte Repräsentanten von Institutionen unterliegen dem fatalen Irrtum, jederzeit authentisch sein zu müssen. Dabei geht es doch viel eher darum, dass sich Führungskräfte konform zu ihrer Rollenanforderung für das Unternehmen verhalten. Sein wahres „Ich“ muss daher in diese Rolle hineinwachsen. Das Wort „authentisch“ bezeichnet bei vielen Managern nur ihren bevorzugten Zustand – und der kann ganz schnell kontraproduktiv wirken. Wer sich als Vorstand präsentiert, muss dies in angemessener Weise tun und auf ein stimmiges Gesamtbild achten. Wenn nicht, kann es zu ungeahnter und unangenehmer Publizität führen wie bei Josef Ackermann: Sein Victory-Zeichen vor Gericht war ein authentischer, aber fataler Auftritt für den Chef der Deutschen Bank, der zu einer lang anhaltenden Image-Delle führte.

Allerdings: Während Ackermann auf allzu laute Presseschelte verzichtete – und in der Folgezeit intensiv und erfolgreich an einer Verbesserung seines Bildes in der Öffentlichkeit arbeitete, hatten für Kurt Beck auch die Medien ein gehöriges Maß an Mitschuld an seinem Abgang von der Spitze der traditionsreichsten deutschen Partei. Er reagierte dünnhäutig und zeigte, dass ihn Angriffe trafen und wie sehr sie wirkten. Beck zeigte damit eine Verletzlichkeit, die ihm als Schwäche ausgelegt wurde, wo Stärke gefragt war. Im Wettkampf um politische Macht, die in der öffentlichen Arena errungen wird, gehört es zu den ungeschriebenen Regeln, so zu tun, als sei man der Stärkste. Doch ein Trost bleibt Kurt Beck in jedem Fall: Das öffentliche Interesse an Ex-SPD-Vorsitzenden ist eher gering. Es gibt derzeit einfach zu viele davon.

„Wer manipuliert hier wen?"

- Wer Unternehmen oder Institutionen öffentlich vertritt, für den ist Medienpräsenz ein wesentlicher Teil des Jobs.
- Medien spielen nach eigenen Regeln, die nicht immer erkennbar und erklärt sind.
- Manager beherrschen diese Regeln häufig nur unzureichend.
- Fremde Regeln führen zu mehr Fehlern im Spiel.
- Öffentlich begangene Fehler bleiben im Gedächtnis.

Denken Sie daran:

- Vor jedem Auftritt gilt die Frage: Muss ich wirklich – oder treibt mich nicht doch eher meine Eitelkeit?
- Wenn Sie sich öffentlich darstellen müssen oder wollen, dann professionell.
- Professionalität verlangt Training. Es ist Arbeit und kostet Zeit.
- Professionelle Auftritte sollten gezielt vorbereitet werden.
- Lassen Sie sich von erfolgreichen Profis beraten.

21

DER ROLLEN-TAUSCH

So bin ich nun einmal. Oder: Warum sind Sie als „Marke" erfolgreicher?

„When in Rome, do as the Romans do!" Dieser im englischen Sprachraum sehr geläufige Spruch erteilt uns einen klaren Rat: Wer sich an die Gegebenheiten anpasst, die er vorfindet, der fällt nicht unangenehm auf. Nun mag das noch ein Weg sein, um in einer italienischen Großstadt ohne Blessuren den Tag zu überstehen – im Beruf aber kommt man damit leider nicht wesentlich weiter. Und auch einen Menschen, den man liebt, wird man so ebenfalls nicht für sich erobern können.

Wir leben in einer Welt der vielen Reize. Alle unsere Sinneskanäle werden auf Wunsch – und oft auch gegen unseren Willen – mit einem breiten Angebot von Stimuli bedient. Für jeden Bedarf gibt es ein vielfältiges Spektrum an Wahlmöglichkeiten. Und auch wir selbst gehören zu diesem breiten Angebot, nämlich für andere Menschen. Ob wir um einen Job konkurrieren oder um einen Lebenspartner, ob wir beruflich aufsteigen wollen oder ob wir uns mit anderen bemühen, als Abgeordneter in ein Parlament gewählt zu werden.

In jedem Fall ist dafür eine wichtige Voraussetzung, andere Menschen zu beeindrucken und von uns zu überzeugen. Wir sprechen über unsere Erfolge oder demonstrieren unseren Status, wir bemühen uns um Sichtbarkeit, Darstellung und Unterscheidung. Dabei überrascht mitunter die Freigiebigkeit, mit der auch sehr persönliche und sogar intime Details aus dem eigenen Leben für andere dargestellt werden, zum Beispiel im Internet. Dort geben Portale wie Facebook, MySpace oder StudiVZ jedem die Möglichkeit, anderen zu zeigen, welche Musik man hört, wie man das Wochenende gestaltet oder was man in sein Tagebuch so alles hineinschreibt. Und das wird auch von sehr vielen genutzt – oft ohne an die Folgen einer zu weit reichenden Entblätterung zu denken. Die Botschaft ist immer dieselbe: Es gibt mich, und das hier bin ich. Vielleicht interessiert es dich ja?

Die Annäherung an andere Menschen gehört zu den ewigen Themen, die Menschen stets interessieren und über die sie auch immer wieder gerne etwas erfahren möchten. Es ist daher nicht erstaunlich, wenn so ziemlich jede Illustrierte immer wieder mit Artikeln zum Thema „Flirten“ oder „Verlieben“ kommt. Und jedes Mal geht es in diesen Beiträgen darum, wie ich die Aufmerksamkeit potenzieller Partner errege oder wie ich das Verhalten anderer richtig interpretiere. Dabei wird stets erläutert, wie man sich richtig in Szene setzt oder welches die besten Strategien für das richtige Ansprechen und das folgende Gespräch sind. Man erfährt auch häufig, wie man es anstellt, damit man für das andere Geschlecht attraktiv wirkt oder wie man vom Blickkontakt zum Körperkontakt kommt, ohne dass einem ein Getränk ins Gesicht geschüttet wird. Und mittlerweile enthalten diese Artikel natürlich immer auch eine Rubrik, wie ich mich in den Dating-Pools im Internet zu benehmen habe, um dort erfolgreich zu sein.

Kommt es zu Kontakten mit anderen Menschen, so steht am Anfang der Wahrnehmungskette oft unsere äußere Erscheinung. Fast scheint es, als ob das Bildschirm-Prinzip moderner Computer auch für menschliche Kontakte gilt: „What you see is what you get.“ Und das, was Sie beim morgendlichen Blick in den Badezimmerspiegel sehen, scheint manchem inzwischen zu wenig. Sie finden sich nicht mit den Gegebenheiten ab, sondern konsultieren Ärzte wie Dr. Sherrell J. Aston. Er ist Chairman der Abteilung für plastische Chirurgie in dem Manhattan Eye, Ear and Throat Hospital, und er frischt jährlich etwa 700 Patientinnen und

Patienten auf. Medienberichten zufolge sollen darunter auch viele Prominente sein wie etwa *Vogue*-Chefin Anna Wintour oder die Filmschauspielerin Catherine Deneuve.

Doch der Chirurg Aston stellt auch fest, dass immer mehr Männer zu ihm kommen, weil auch für sie Attraktivität im Job wichtig ist. In den USA zählen solche kosmetischen Operationen mittlerweile zum medizinischen Alltag, in Europa dagegen sind schönheitschirurgische Eingriffe bei Männern noch mit einem Tabu belegt. Selbst Silvio Berlusconi, derzeit wieder einmal italienischer Regierungschef, leugnete seine Schönheitsoperationen im Jahr 2004 so lange, bis der italienische Künstler Gianni Motti eine „Berlusconi-Seife" produzierte, die er aus dem abgesaugten Fett des Cavaliere gewonnen haben will. Bei Schönheitsoperationen gilt immer noch die Regel: Wenn überhaupt, dann beichten eher prominente Frauen aus dem Fernsehen oder aus dem Showgeschäft ihre kleinen Eingriffe. In Deutschland war es schon vor vielen Jahren die Schauspielerin Nadja Tiller, in jüngerer Zeit die ZDF-Nachrichtenmoderatorin Petra Gerster oder die Schlagersängerin Michelle.

Doch Körperwahrnehmung und Kosmetik-OP sind keine weibliche Domäne mehr. Wie die Betriebswirtschafts-Professorin Sonja Bischoff aus Hamburg in einer Studie herausfand, definiert auch bereits jeder dritte der von ihr befragten Manager seine äußere Erscheinung als entscheidend für seinen beruflichen Erfolg. Und Bischoff stellte ebenfalls fest, dass mit der Größe des Unternehmens die Bedeutung der Optik wächst. Mit anderen Worten: Wer Karriere machen will, muss gut aussehen.

Gut aussehen – das gilt genauso für Produkte, die gekauft werden sollen und um unsere Aufmerksamkeit buhlen. Die Schlagzeile einer Sonntagszeitung brachte es auf den Punkt, welche entscheidenden Wirkprinzipien in der Werbung gelten: „Nackerte gehen immer." Nur bei Ihnen natürlich nicht, oder? Sie dürfen es sich ruhig eingestehen. Denn es gilt fast universell: Wir bevorzugen unbewusst die Spots und Anzeigen mit den attraktiven Models. Das zumindest ergeben

Messungen der Gehirnaktivität im Belohnungszentrum, dem *Nucleus accumbens*. Und aller beabsichtigten politischen Korrektheit zum Trotz empfinden die Versuchspersonen deutlich weniger positive Gefühle, wenn sie eine Kampagne mit durchschnittlich gebauten Models sehen.

Doch das Äußere geht meist noch weiter als die Haut – nämlich in ihrem Ausdruck durch Kleidung. Natürlich sagt Ihnen seit den Kindertagen niemand mehr, was Sie anziehen sollen. Aber dennoch schauen alle darauf und bewerten es, und die Bedeutung haben wir in Kapitel 15 ausführlich beschrieben. Unser Auge sieht die Verpackung der Person und bewertet die Person nach diesen Merkmalen. Dabei sind die Menschen in diesem Punkt alles andere als sicher – kein Wunder, dass wir in Illustrierten und Magazinen immer wieder entsprechende Hinweise finden auf die „Dresscodes für den Job“ oder die „15 Stil-Regeln: Klasse zeigen“. Selbst scheinbar banale Fragen finden eine Antwort: „Was trage ich, wenn es gleich nach der Arbeit zum Geschäftsessen geht?“ Denn all das wollen Menschen offenbar immer wieder wissen, damit sie nicht negativ und möglichst sogar positiv auffallen.

Die richtige Kleidung wird natürlich durch die entsprechenden Accessoires komplettiert. Männer tragen keinen Schmuck, kaum noch Krawattennadeln, und auch Manschettenknöpfe gelten nicht mehr als Pflicht. Die Bandbreite sichtbar schmückenden Beiwerks ist für Männer im Berufsleben sehr schmal – wenn es die Armbanduhr nicht gäbe. Denn welche Uhr sie tragen, das hat inzwischen Signalcharakter und ist von hervorgehobener Bedeutung. Ein gutes Beispiel dafür war der frühere Siemens-Chef Klaus Kleinfeld, dessen Rolex auf einem offiziellen Vorstandsfoto zunächst zu sehen war und in einer späteren Fassung dann von der PR-Abteilung wegretuschiert wurde. Wie sehr Uhren bei Männern inzwischen Indikatorfunktion haben, sehen wir daran, dass auch Vorstände wie Martin Winterkorn, Thomas Middelhoff oder Wulf Bernotat ihre Uhren stolz in Publikationen wie dem *Manager Magazin* präsentieren. Eine teure Uhr ist für Männer immer gut, um damit aufzutrumpfen. Für Damen gelten beim Schmuck vergleichbare Standards. Sie setzen positive Zeichen eher durch einzelne wirkungsvolle Stücke als durch ein Sammelsurium an Schmuck. Auch andere Accessoires wie Taschen, Schreibwerkzeuge oder Mobiltelefone bieten eine breite Palette an Möglichkeiten, den Eindruck in eigener Sache zu gestalten. Die Brille ist dazu ein weiterer wichtiger sichtbarer Faktor. Auch hier leisten sich viele mehr als die gefürchtete Kassenbrille mit großen Gläsern und breitem Plastikrand. Bei den jungurbanen Bewohnern von Berlin-Mitte genießt diese allerdings inzwischen regelrechten Kultstatus. Bereits das Gestell bietet oft den sichtbaren Schutz durch die Marke: So ist auf jedem Gucci-Gestell der Markenname überdeutlich zu lesen, selbst wenn dies die Brille nicht unbedingt eleganter macht.

Wie man es richtig macht, wenn man will, dass die Menschen über einen reden, das zeigt uns Sarah Palin: Die Gouverneurin des US-Bundesstaats Alaska trat zur allgemeinen Überraschung gemeinsam mit John McCain als sein „running mate" 2008 zur US-Präsidentenwahl an, obwohl sie bis dahin in der US-Politik kaum jemand kannte. Umso mehr sorgte ihre Erscheinung für Diskussionen, etwa die Schuhe: „Knallrot, hohe Hacken, hervorlugende Zehen ... ebenso wie ihre Brille, ihre Kostüme und all die anderen Puzzleteile, aus denen sich der Palin-Style zusammensetzt", notierte die *Financial Times Deutschland*. Auch die New Yorker Imageberaterin Samantha von Sperling kam zu Wort und tat kund: „Ich habe schon so manche Politikerin in so manches Kostüm gesteckt – Sarah Palin sucht sich die falschen aus. Sie sollte sich in Richtung Chanel orientieren und sich bemühen, mächtig und schick auszusehen." Vielleicht hatte Frau Sperling dabei George W. Bushs Außenministerin Condoleezza Rice vor Augen, die aber in ihrer Blütezeit trotzdem kein Stilvorbild wurde. Die New Yorker Stylistin Eva Scrivo lobt Sarah Palin sogar und stellt fest: „Man muss als Frau in einer Machtposition nicht automatisch androgyn wirken." Welcher Ansicht man auch immer zuneigt – schon am Beispiel von Angela Merkel konnten wir beobachten, dass der Look von Politikern einen Stellenwert hat, der die politischen Aussagen häufig genug in den Hintergrund treten lässt.

Die nächste Wirkungsdimension über das Aussehen und die Kleidung hinaus ist das Verhalten. Mit dem richtigen Verhalten kann man sich zum Beispiel einen Millionär angeln, und der Moskauer Psychologe Wladimir Rakowskij bringt jungen russischen Frauen alles bei, was sie dafür können müssen, wie uns die Korrespondentin der *Frankfurter Allgemeinen Zeitung* berichtete. Für eine Reihe von Popmusikern und Showbiz-Größen wie etwa Bob Geldof ist inzwischen Charity-Aktivismus so sehr angesagt, dass es eine große Frankfurter Zeitung zur trockenen Bemerkung veranlasste: „Ob Klima-Kollaps, Aids oder Armut in Afrika: Kaum eine Geißel der Menschheit ist heute noch vor wohltätigen Prominenten sicher." Da zieht dann leicht eine Charity-Reise von Cameron Diaz und Eva Mendes nach Nepal oder nach Costa Rica durch wenig differenzierte Kommentare „Natur macht Spaß" und durch großzügigen Einsatz von Hubschraubern, Privatjets und Luxus-Geländewagen den Unmut von Umweltorganisationen auf sich.

In der Wirtschaft wiederum kann man als Manager sein Publikum mit einer Rede begeistern – eine Fähigkeit, die nur wenige deutsche Manager wirklich gut beherrschen. Oder man will sich einfach in Gesellschaft richtig benehmen und beherzigen, was der Unternehmer Hans-Rudolf Wöhrl so formulierte: „Benehmen fördert das Business." Denn durch das richtige Verhalten sichern Sie sich die gewünschte Aufmerksamkeit.

Warum all das? Und was wollen wir damit erreichen? In erster Line wollen wir bewusst wahrgenommen werden, und dazu brauchen wir die Aufmerksamkeit unserer Umwelt. Doch Aufmerksamkeit ist eine sehr beschränkte Ressource, denn wir sind nicht der einzige Reiz, der um Aufmerksamkeit wirbt. Der Wissenschaftler Georg Franck widmete diesem Phänomen bereits 1993 einen viel beachteten Aufsatz und fünf Jahre später ein Buch: Franck spricht von der „Aufmerksamkeitsökonomie“ und „Aufmerksamkeit als Währung“. Damit wird Aufmerksamkeit zum sozialen Zahlungsmittel, und vor allem die Menschen aus den reichen und hoch entwickelten Ländern mit materiellem Wohlstand trachten vermehrt danach, ihr „Einkommen an Aufmerksamkeit“ zu erhöhen. Franck schreibt dazu: „Je reicher und offener die Gesellschaft, umso unverhohlener rückt der gesellschaftliche Ehrgeiz ins Zentrum der Lebensinhalte. Nicht der sorglose Genuss, sondern die Sorge, dass die andern einen auch wahrnehmen, wird zum tragenden Lebensgefühl und zur herrschenden Lebensangst in der Wohlstandsgesellschaft.“ Mit anderen Worten: Wir nutzen die soziale Wahrnehmung anderer Personen für uns aus.

Damit wir die Aufmerksamkeit anderer gewinnen, müssen wir selbst als Stimulus bestimmte Anforderungen erfüllen: Wir müssen auffallen, und zwar bevorzugt positiv. Ebenso gilt: Wichtiges muss auffällig sein. Wenn uns besondere Eigenschaften von unserer Umgebung abheben, so ziehen wir Aufmerksamkeit auf uns. Wir werden für die Wahrnehmung anderer nur relevant durch die Andersartigkeit vor dem Hintergrund unseres Bezugsrahmens. Wenn wir einmal diese Zuwendung der Aufmerksamkeit erreicht haben, kommt es uns zugute, dass gezielte Aufmerksamkeit immer die Auswahl bestimmter Wahrnehmungen bedeutet und dass auch nur relativ wenige Informationen gleichzeitig beachtet werden können.

Die sozialwissenschaftliche Forschung spricht von „Impression Management“. Dieser Begriff beschreibt unser Bemühen, den Eindruck zu beeinflussen, den Dritte von uns haben oder haben sollen. Das theoretische Fundament der Forschung in diesem Bereich lieferte der US-amerikanische Soziologe Erving Goffman gegen Ende der 50er-Jahre des letzten Jahrhunderts. Er zog in seinen Studien eine Parallele zwischen einer Theatervorführung und unserem alltäglichen Versuch, uns in wichtigen Situationen für andere bestmöglich darzustellen. Laut Goffman ist unser Verhalten in für uns wichtigen Situationen darauf gerichtet, unsere besondere

Definition dieser Situation anderen durch unser Auftreten zu vermitteln. Wir bemühen uns dabei um ein positives öffentliches Bild und dieses Bild wollen wir stabil und dauerhaft gestalten. Wir setzen unser Verhalten zielgerichtet ein, um die Wahrnehmung Dritter nachhaltig zu beeinflussen.

Personen unterscheiden sich natürlich darin, wie sensibel sie auf die Reaktionen ihrer Umgebung reagieren. Wir sprechen hier von der Selbstwahrnehmung. Menschen mit einer hohen Sensibilität für die Rückmeldung ihres Umfeldes werden vieles tun, um „gut auszusehen". Menschen mit einer geringen Sensibilität für diese Rückmeldungen und vielleicht auch mit einer geringeren Flexibilität ihres Repertoires zeigen ein über Situationen hinweg gleiches Verhalten: „Ich bin, wie ich bin." Das wird dann häufig mit einer entsprechenden Anforderung an das Umfeld verbunden: „Ich lasse mich nicht verbiegen!" Nicht immer trifft dieser Anspruch auch auf ein geneigtes Umfeld und das führt dann häufig zu Klagen über das Unverständnis anderer. Es ist auffallend, das sich gerade Politiker nach ihrem Rücktritt noch eine Zeit lang in Interviews über die Ränkespiele und das miese Verhalten ihrer Widersacher beschweren: Ob Kohl, Beck oder Simonis – daran schuld waren immer die anderen. Gescheiterte Managementikonen wie Carly Fiorina schreiben darüber gleich ganze Bücher. So lässt sich trefflich an einer persönlichen Dolchstoßlegende stricken.

Zu einer ebenso deutlichen Veränderung im Verhalten des Umfelds können deutliche eigene Veränderungen in Erscheinungsbild, Status oder sozialer Rolle führen. Erwachsene werden anders behandelt als Jugendliche, gut Gekleidete werden anders behandelt als nachlässig Angezogene, Lehrer anders als Schüler. Wie dramatisch ein Rollenwechsel verlaufen kann, erfuhr der frühere Post-Chef Klaus Zumwinkel: Nach 19 Jahren als gefragter und gefeierter Vorstandsvorsitzender eines Großkonzerns wurde er innerhalb eines Tages zum Kriminellen. Bei einem Gerichtsverfahren, das Zumwinkel gern vermeiden würde, käme noch die Rolle als Angeklagter hinzu. Eine Rolle, die ganz besondere Anforderungen an die eigene

Person hat, und die zu erkennen schon Josef Ackermann schwerfiel, als er im Januar 2004 im Mannesmann-Prozess durch seine erhobenen Victory-Finger über Nacht so berühmt wie berüchtigt wurde.

Meist jedoch steht ein anderer, weit weniger dramatischer Aspekt im Vordergrund: Wir möchten uns Bestätigung verschaffen. Wir wollen, dass andere Menschen unser Selbstkonzept durch ihr Verhalten bestätigen. Besonders in öffentlichen Situationen neigen wir zu einem erhöhten Maß an Selbstwahrnehmung und Sensibilität gegenüber den Rückmeldungen anderer. Wir achten dabei – und zwar oft unbewusst – ebenso sehr auf nonverbale Signale wie auf ausgesprochene Rückmeldungen. Auch hier können sichtbare Veränderungen in Auftreten und Erscheinungsbild deutlich veränderte Reaktionen in unserem Umfeld auslösen.

Wenn es um Selbstdarstellung und Wahrnehmung geht, kann das Markenkonzept interessante Anhaltspunkte zur Erklärung liefern. Denn Marken inspirieren Vertrauen in eine bestimmte Leistung, ohne dass ich diese Leistung im Einzelfall nachweisen muss. Die Marke macht den Unterschied, die Marke ist der Unterschied. Wissenschaftliche Tests zeigen immer wieder, dass Marken über ihr Image die eigentliche Wahrnehmung von Qualität eindeutig dominieren. Dort, wo im Blindversuch das Produkt B bevorzugt wird, tritt bei sichtbarer Marke sofort das berühmtere Produkt A an seine Stelle.

Für uns als Menschen bedeutet dies: Mit einem starken Markenbild von Ihrer Persönlichkeit können Sie prägnanter wirken und erfolgreicher sein. Ihre Marke hilft Ihnen bei der Selbstdarstellung und kann ebenso Ihr Selbstbewusstsein stärken. Diesen Prozess, eine Marke für die eigene Person zu gestalten, nennt man „self-branding“, das Ergebnis ist der „personal brand“. Zentral daran ist die Idee, die eigene Persönlichkeit prägnant zu beschreiben und sichtbar zu machen. Wenn es gelingt, das Besondere an Ihrer Persönlichkeit fokussiert darzustellen, mit den wichtigen Elementen auf der rationalen und auf der emotionalen Ebene, dann können Sie sichtbarer sein, als kompetenter wahrgenommen werden und damit letztendlich auch erfolgreicher sein als andere.

Wer das Wirtschaftsgeschehen und Unternehmen regelmäßig beobachtet, der stellt fest: Erfolgreiche Führungskräfte sind immer auch als Persönlichkeiten sichtbar. Ausschlaggebend sind dabei eine eindeutige Positionierung und eine positive Wahrnehmung. Charisma wünschen sich viele – und übersehen dabei oft, dass Charisma eine unterschwellig sexuelle Wirkkomponente hat, auf die schon der Name hindeutet: Denn in der griechischen Mythologie trug die Göttin Aphrodite einen Gürtel namens Charis, der ihr erst jene unwiderstehliche Anziehungskraft verlieh. Auch die Wirkung der „charismatischen Führer“ auf die Managementleistung und den Unternehmenserfolg wurde jahrelang deutlich überschätzt, von Praktikern wie Wissenschaftlern. Das zeigen neuere empirische Untersuchungen von Forschern wie Agle, Sonnenfeld und anderen von den Universitäten Yale und Pittsburgh aus dem Jahr 2006. Vermeintlich „langweilige“ Vorstandschefs, die mehr auf klare Verfahren und transparente Strukturen setzten, waren genauso erfolgreich wie jene, die auf die Gefühlswirkung ihrer Persönlichkeit setzten. Ein Beispiel dafür ist Manfred Wennemer: Der langjährige und überaus erfolgreiche Chef des deutschen Autozulieferers Continental pflegte gerade die Marke des unprätentiösen, bescheidenen Managers, der keinen Chauffeur braucht und mit dem Zug in der zweiten Klasse fährt. Wennemer war nicht einfach so, er setzte es bewusst als Marke ein und kommunizierte diese nachhaltig.

Eine Marke hat eine Reihe von Eigenschaften, die wichtig und auch auf Menschen übertragbar sind. Zum Ersten ist die Marke fassbar und authentisch: Was wissen Sie, was können Sie, was tun Sie besonders gut und besser als andere? In welchem Handlungsfeld sind Sie erfolgreich? Stehen Sie für besondere Fachkompetenz in einem Thema, für außergewöhnliches Verhandlungsgeschick oder für herausragende Führungsfähigkeiten?

Zum Zweiten ist eine Marke außergewöhnlich: Was macht Ihr Profil aus? Was hebt Sie von anderen ab? Warum sollte ich mit Ihnen zusammenarbeiten wollen oder für Sie arbeiten? Können Sie besonders gut Mitarbeiter entwickeln oder haben Sie besonders viele Kontakte in der Branche?

Und die dritte wichtige Eigenschaft lautet: Eine Marke ist bekannt. Wie können Sie die wichtigen Elemente Ihrer Marke in den Köpfen der Menschen verankern? Wie können Sie allen klarmachen, wer Sie sind und wofür Sie stehen? Was ist Ihr Markenzeichen? Schreiben Sie Bücher, halten Sie Vorträge oder sind Sie mit der – natürlich erfolgreichen – Entwicklung eines Produkts assoziiert?

Die besten Chancen hat natürlich jemand, der neben einem sicheren Auftritt auch inhaltliche Qualität anbietet. Und gibt es für Ihre Leistung eine Kernbotschaft? Wie lässt sich das Besondere daran in wenige Worte kleiden?

Wenn Sie sich über diese Elemente klar geworden sind, dann denken Sie darüber nach, ob Ihr Erscheinungsbild Ihre Marke stützt: Kleidung, Frisur, Stimme, Verhalten, Accessoires, Schriftstücke – passt das alles zum Image und zu Ihnen oder steht es im Widerspruch zu Ihrer Marke? Gibt es eine Besonderheit, die nur Sie kennzeichnet?

Und jetzt denken Sie doch noch einmal scharf nach: Gibt es Situationen, Begebenheiten oder Bilder, die Ihre Marke illustrieren können? Nichts ist so überzeugend und bleibt so gut im Gedächtnis haften wie eine gute Geschichte. Anekdoten oder Verbindungen zwischen Personen und Erfolgen bleiben über den Tag hinaus im Gedächtnis. Nur: Sorgen Sie nach Möglichkeit dafür, dass die mit Ihrem Namen verknüpften Bilder positiv sind.

„Authentisch oder gestylt?"

- In einer Welt der vielen Reize und Angebote kämpfen wir um Wahrnehmung.
- Auftreten und Wirkung sind entscheidende Faktoren.
- Andere beurteilen uns nach unserer Erscheinung, auch wenn das nicht immer fair ist.
- Wir können beeinflussen, wie andere uns sehen.
- Positive Außenwirkung können Sie gezielt aufbauen.

Denken Sie daran:

- Machen Sie sich zunächst ein Bild davon, wie andere Sie sehen.
- Erkennen Sie die wichtigsten Elemente Ihrer Wirkung.
- Gestalten Sie diese Elemente gezielt nach Ihren Absichten.
- Prüfen Sie den Erfolg Ihrer Bemühungen.
- Bleiben Sie flexibel, Ihr Umfeld ändert sich beständig.

22

DAS THEORIE-GEBÄUDE

Das sagt die Wissenschaft dazu. Oder: Warum verhalten sich Menschen so und nicht anders?

„Grau, teurer Freund, ist alle Theorie und grün des Lebens goldner Baum“ – diese Worte des Mephistopheles aus Goethes „Faust“ sind weithin bekannt. Doch aus dem täglichen Leben und dem Beruf wissen wir leider auch: Grau bis schwarz sind die Praxis der Macht, die andere über uns ausüben wollen, und die Mittel der Manipulation, zu denen sie dafür greifen.

„Nichts ist so praktisch wie eine gute Theorie.“ Dieser Ausspruch wird Kurt Lewin zugeschrieben, dem Begründer der modernen Sozialpsychologie. Denn es geht auch genau anders herum, wenn wir erkennen, hinzulernen und uns wappnen wollen.

Denn Theorie ist alles andere als unpraktisch. Und dies umso mehr, wenn sie belegt und erprobt ist. Schon im Griechischen bezeichnet der Begriff der Theorie das Beobachten, Überlegen und Erkennen. In der Regel macht sich eine Theorie ein Bild der Realität. Sie nutzt dazu beschreibende und erklärende Aussagen über den Gegenstand, den sie betrachtet – seien es Naturphänomene oder eben menschliches Verhalten mit bestimmten Ausprägungen wie in unserem Fall.

Wie sehen nun die einzelnen Räume des Theoriegebäudes aus? Welchen Beitrag zur Erklärung menschlichen Verhaltens liefern sie uns, damit wir die Spielregeln der Manipulation erkennen und verstehen können? Dazu beginnen wir den

Rundgang an einem Punkt, der uns allen wahrscheinlich am nächsten liegt: bei uns selbst. Wir stellen dazu einige wesentliche Erkenntnisse dar, wie wir uns selbst sehen und was es für unser Verhalten bedeutet. Im nächsten Schritt betrachten wir, wie wir andere Menschen sehen. Die folgenden Schritte liegen nahe: Wie gestalten wir Urteile und Vorurteile, und entwickeln wir Einstellungen gegenüber Dingen und Menschen? Dann wenden wir den Blick auf die Frage, wie wir uns überzeugen lassen und in der Folge darauf, wie Gruppen uns beeinflussen. Besonders im täglichen Kontakt mit anderen Menschen geht es immer wieder darum, warum wir bestimmte Menschen mögen, wann wir anderen helfen und wie aggressives Verhalten wirkt. Diesen drei Fragen schließt sich die letzte an: Wie lernen wir? – Und sie bringt für uns die Möglichkeit zur Veränderung.

Wir beschränken uns dabei auf die Aspekte, die im Miteinander wichtig sind. Das Fach dazu nennt sich Sozialpsychologie. Und daraus bieten wir Ihnen diese Ausschnitte an. Daneben gibt es eine Reihe weiterer wichtiger Aspekte, die sich beispielsweise damit beschäftigen, wie wir wahrnehmen, wie wir denken oder wie Hormone auf unser Verhalten wirken. Diese Aspekte bleiben anderen Themenstellungen vorbehalten.

22.1 Wie wir uns selbst sehen

Nur Menschenaffen und vor allem wir Menschen erkennen unser Bild im Spiegel als ein Abbild unserer Person. Das ist zumindest der aktuelle und akzeptierte Stand der Forschung. Diese Selbstwahrnehmung aber ist eine Voraussetzung dafür, dass wir ein Bild von uns selber entwickeln, dass wir unser Handeln wahrnehmen und steuern können.

Unser *Selbstkonzept* ist die Summe der Wahrnehmung und der Glaubenssätze, die eine Person über sich selber hat.

Bems Theorie der *Selbstwahrnehmung* sagt, dass wir unser eigenes Verhalten und die Merkmale der Situation beobachten und daraus auf unsere Emotionen schließen. Dies gilt besonders in unklaren Situationen.

Wir brauchen diese Wahrnehmung unserer Person, unserer Stimmungen und unserer Motivation, damit wir unser Handeln reflektieren und steuern können. Auch das Verständnis anderer Menschen führt nur über unser Verständnis unserer eigenen Person.

Unsere Mimik bildet unsere *Stimmung* nicht nur ab, sie kann diese Stimmung tatsächlich beeinflussen.

Die Theorie des *sozialen Vergleichs* von Leon Festinger erklärt, dass wir uns zur Einschätzung unserer Meinungen und Kompetenzen häufig mit anderen Menschen vergleichen, bevorzugt mit denen, die uns ähnlich sind.

Die beiden amerikanischen Psychologen Stanley Schachter und Jerome Singer weisen nach, dass die Wahrnehmung eines Gefühls mit der körperlichen Erregung und mit unserer Bewertung dieser Erregung zu tun hat.

Dazu ein Beispiel: Menschen vergleichen sich mit anderen, um ihre Fähigkeiten und Meinungen zu bewerten. Wenn sie sich in einer unsicheren Situation befinden, orientieren sie sich bevorzugt an Leidensgenossen, um diese Situation besser einschätzen zu können. Sie wollen dadurch zum Beispiel herausfinden, ob sie sich wirklich Sorgen machen müssen. Wie nun verhält es sich mit Situationen, in denen Menschen sich unsicher über die Ursache ihrer Stimmung sind? Teilnehmern an einer Versuchsreihe wurde entweder ein Medikament injiziert, das zu einem erhöhten körperlichen Erregungsniveau führt. Andere Teilnehmer bekamen auch eine Injektion, allerdings mit einem unwirksamen Placebo. Jeweils die Hälfte beider Gruppen wurde über den zu erwartenden Effekt „aufgeklärt". Dann wurden die Teilnehmer mit einer Person alleine gelassen, die laut Versuchsleiter eine ebensolche Injektion bekommen hatte. Das Verhalten dieser Person – euphorisch oder verärgert – beeinflusste insbesondere diejenigen Teilnehmer, die das Medikament bekommen hatten, aber nicht über die Folgen der Injektion aufgeklärt worden waren. Schachter und Singer formulierten auf dieser Basis die *Zweifaktorentheorie der Emotion*. Diese Theorie stellt eben fest, dass emotionale Zustände oft unspezifisch sind und dass wir die Qualität dieses Zustands oft an Informationen aus unserer Umgebung ableiten. Wir orientieren uns an dem Verhalten anderer Menschen und leiten ab, wie es uns geht.

Wenn wir uns nicht sicher sind, wie wir uns fühlen (oder fühlen sollten), dann interpretieren wir also unsere Gefühle dadurch, dass wir andere Menschen in ähnlichen Situationen beobachten.

Die Erinnerung an vergangene Ereignisse und unser Handeln werden stark von unserem Selbstbild beeinflusst. Wir erinnern uns bevorzugt an Angenehmes und an Handlungsweisen, die mit unserem Selbstbild übereinstimmen. Diskrepante Inhalte werden gerne verdrängt. Wir können uns meist besser an Ereignisse erinnern, die nicht zu lange zurückliegen. Je älter wir werden, desto mehr lässt allerdings unser Gedächtnis für das aktuelle Geschehen nach. Kontexte, in denen wir aktiver agieren, erinnern wir besser als Situationen, in denen wir eine eher passive Rolle haben.

Wir neigen dazu, unseren eigenen Einfluss auf Ereignisse zu überschätzen. Bei anderen Menschen unterschätzen wir eher den Einfluss der Person. Bei sozial hochstehenden Personen wiederum schreiben wir Erfolge oder Misserfolge bevorzugt dem Handeln der Person zu, aber eher nicht dem Einfluss der Situation.

Das *Selbstbewusstsein* beschreibt unsere positiven und negativen Einschätzungen von uns selbst. Wir möchten uns am liebsten in einem positiven Licht sehen und stolz auf uns sein. Geringeres Selbstbewusstsein geht oft mit defensivem entschuldigendem Verhalten einher. Die meisten Menschen verfügen über ein recht positives Selbstbild. Männer zeigen oft größeres Selbstbewusstsein als Frauen.

Das *Selbstwertgefühl* wird beschrieben als das Maß der Übereinstimmung zwischen Wunsch und wahrgenommener Wirklichkeit einer Person.

Über sich und ihr Verhalten denken Menschen in der Regel wenig nach. Spiegel, Kameras oder die Anwesenheit von Publikum können zu einem erhöhten Niveau an Aufmerksamkeit für die eigene Person führen. Wir nehmen Unterschiede zwischen „Ist“ und „Soll“ dann stärker wahr. Menschen unterscheiden sich grundlegend darin, ob sie beim Wahrnehmen dieser Unterschiede entweder bestrebt sind, für eine Verbesserung ihrer eigenen Möglichkeiten daran zu arbeiten, oder ob sie deshalb solche Situationen bevorzugt vermeiden.

Wenn uns andere mit ihren Leistungen übertreffen, dann vermeiden wir den Kontakt, sofern es sich um Bereiche handelt, die wichtig für unser Selbstbewusstsein sind. Handelt es sich dagegen um weniger wichtige Bereiche, dann suchen wir die Nähe der Erfolgreichen.

Wir haben oft eine falsche Wahrnehmung davon, wie stark wir unser Verhalten steuern können. Wir neigen dabei in aller Regel zur Überschätzung der bewussten Anteile an unserem Verhalten. Und wir unterschätzen dabei systematisch den starken Steuerungseinfluss der nicht bewusst agierenden Systeme.

22.2 Wie wir andere sehen

Menschen sind soziale Wesen. Wir sind für unsere Existenz darauf angewiesen, den Austausch mit anderen Menschen zu suchen und im Kontakt mit anderen erfolgreich zu sein.

Darum machen wir uns unweigerlich einen schnellen *ersten Eindruck* von anderen Menschen. Dieser Eindruck prägt unser Verhalten. Den größten Eindruck macht dabei auf uns die Körpersprache, speziell die Mimik.

Verhalten beobachten und bewerten wir, indem wir den kontinuierlichen Verhaltensstrom in einzelne für uns bedeutsame Segmente unterteilen. Je feiner man diese Einteilung vornehmen kann, desto mehr lässt sich erkennen und deuten. Erfahrene Beobachter unterscheiden sich von weniger erfahrenen dadurch, dass sie feinere Segmentierungen vornehmen können.

Aus der *Körpersprache* anderer Menschen schließen wir auf deren Befindlichkeit. Grundlegende Elemente der Mimik – Glück, Angst, Trauer, Überraschung, Ärger und Abscheu – werden universell verstanden, auch unabhängig vom kulturellen oder sozialen Hintergrund.

Menschen bemühen sich, anhand der Körpersprache herauszufinden, ob ihre Partner sie täuschen wollen. Diese Interpretationen sind allerdings oft fehlerhaft. Diese Fehler machen wir insbesondere deswegen, weil wir der Mimik zu viel und den anderen Signalen der Körpersprache zu wenig Bedeutung beimessen.

In der *Personenwahrnehmung* wurde festgestellt, dass wir mit bestimmten Namen bestimmte Gesichtszüge verbinden. In den USA sind die am stärksten mit bestimmten „typischen Gesichtern" assoziierten Namen Bob, Bill, Bryan und Jason. Bei einem Namen wie „Bob" assoziieren Versuchspersonen passend zum „runden" Klang des Namens auch „runde" Gesichtszüge. Wir können uns besser an Gesichter erinnern, wenn nach unserer Wahrnehmung Name und Gesicht zueinander passen.

Wir verfügen über *Skripte* für typische Situationen. Diese Skripte beruhen auf unseren Erfahrungen und sie beschreiben unsere Erwartungen hinsichtlich des „richtigen" Verhaltens in diesen Situationen (zum Beispiel darüber, wie man sich korrekt bei Tisch benimmt). Diese Skripte sind kulturspezifisch. Falsches Verhalten bei anderen, also Verstöße gegen diese oft unbewussten Skripte, wird von der Gemeinschaft in der Regel geahndet. Menschen, die in anderen Skripten handeln, zeigen für uns oft unerklärliche Verhaltensweisen. Je größer die Abweichung von unserer Erwartung ist, desto eher verurteilen wir dieses Verhalten als „falsch".

Mit Theorien zur *Attribution* erklärt die Sozialpsychologie, wie wir das Verhalten anderer Menschen interpretieren. Attribuierung bedeutet dabei, dass wir bestimmte Ursachen für das Verhalten anderer Menschen zuschreiben. Die Theorie nimmt an, dass wir besonders viel aus Verhalten lernen, das freiwillig gezeigt wird oder wenn es unerwartet stattfindet.

Dabei kommt es jedoch zu zwei typischen Fehlern: In der Bewertung des Verhaltens anderer Menschen neigen wir zur Anwendung von allgemein gehaltenen Regeln, die uns eine schnelle Einschätzung ermöglichen. Die Forschung weist allerdings nach, dass diese Regeln meist fehlerhaft sind. Wir überschätzen zudem den Einfluss persönlicher Faktoren und wir unterschätzen den Einfluss der Situation.

Wir neigen dazu, die von uns vermuteten Ursachen für unser Verhalten auch bei anderen Menschen als Ursachen anzunehmen. Wir haben dabei eine Tendenz, anderen Menschen, die Opfer einer Aktion geworden sind, eine Mitschuld daran zu geben.

Wenn wir uns einmal ein Bild von anderen gemacht haben, dann ist es wahrscheinlich, dass wir dieses Bild beibehalten. Wir achten in der Wahrnehmung von Verhalten bevorzugt auf bestätigende Merkmale und weniger auf Indizien für abweichende Interpretationen. Wenn wir widersprüchliche Verhaltensweisen beobachten, dann bleiben wir bevorzugt bei unserem ersten Eindruck von anderen Menschen. Am Verhalten anderer nehmen wir bevorzugt hervorstechende Aspekte und Faktoren wahr.

Das ist einer der Gründe dafür, warum Assessment-Center (AC) in der Personalauswahl eingesetzt werden. Das AC ist ein Beurteilungsverfahren, bevorzugt für Führungskräfte, die auf unterschiedliche Verhaltensweisen sowie verschiedene betriebliche Aufgabenfelder hin beurteilt werden.

Neben Gesprächen mit dem Kandidaten liegt der Schwerpunkt auf der Vorgabe von Managementsimulationen. Diese Simulationen bilden Führungs- und Organisationsaufgaben ab, die charakteristisch für ein kurz- oder mittelfristig angestrebtes Aufgabenfeld des Kandidaten sind oder diejenigen Verhaltensbereiche messen, über die im Unternehmen Informationsdefizite oder Einschätzungskonflikte bestehen.

Die jeweils erzielten Ergebnisse werden mit einem Sollprofil verglichen. Die Beurteilung wird immer von mehreren Beobachtern anhand vordefinierter Kriterien durch Verhaltensbeobachtungen vorgenommen.

Durch dieses Verfahren sollen – neben anderen Aspekten – typische individuelle Beurteilungsfehler wie der Haloeffekt, der Kontrasteffekt, übliche Sympathieeffekte oder der Umgebungseffekt ausgeglichen werden („zwölf Augen sehen mehr als zwei").

22.3 Wie wir Urteile und Vorurteile gestalten

Wir haben grundsätzlich die Tendenz, uns und andere als Mitglieder von Gruppen wahrzunehmen und entsprechend einzuordnen. Dabei greifen wir auf *Stereotype* zurück, das sind Muster, mit denen wir Menschen mit bestimmten Merkmalen zu Gruppen zusammenfassen. Solche Stereotype ermöglichen es uns, schnelle Einordnungen vorzunehmen. Das spart Zeit und Energie und erlaubt schnelles Reagieren. Zwischen den Mitgliedern anderer Gruppen vermuten wir mehr gemeinsame Merkmale und mehr Ähnlichkeiten als in unserer eigenen Gruppe. Stereotype überzeichnen die Unterschiede zwischen Gruppen und unterschätzen die Unterschiede zwischen den Mitgliedern einer Gruppe.

Wir erklären uns das Verhalten von Mitgliedern einer Gruppe bevorzugt dadurch, dass wir eine Übereinstimmung mit unseren Stereotypen für eben diese Gruppe herstellen. Von den Mitgliedern einer Gruppe erwarten wir bestimmte „typische" Verhaltensweisen. Unsere Wahrnehmung des Verhaltens von Gruppenmitgliedern wird bevorzugt anhand dieser Muster interpretiert. Stellen wir Unterschiede zwischen unserer Wahrnehmung und dem erwarteten Verhalten fest, dann neigen wir eher zu einer veränderten Interpretation unserer Wahrnehmung, anstatt unsere Muster zu verändern. Oder wir erklären das beobachtete Verhalten zu einer Ausnahme von der Regel.

Viele dieser Stereotype werden unbewusst gebildet, und wir richten unser Verhalten auch unbewusst an diesen Stereotypen aus. Wenn wir uns jedoch intensiv mit einzelnen Personen beschäftigen, wächst die Bereitschaft, unsere Stereotype für diese Person außer Kraft zu setzen, jedoch nicht für die Gruppe, der diese Person angehört. Diese Person wird dann durch unsere Beschreibung gewissermaßen aus dieser Kategorie herausgenommen: „Klaus ist zwar Versicherungsvertreter, aber kein typischer, der ist echt nett und ehrlich." Auch nehmen wir gerne für uns selber in Anspruch, zwar dazuzugehören, aber doch anders zu sein: „Wie würden Sie sich als Chef beschreiben?" – „Ich hoffe, keine Chefallüren zu haben" (Theo Spettmann, Vorstandssprecher der Südzucker AG, gegenüber dem *Handelsblatt*).

Wenn wir situativem Druck ausgesetzt sind, steigt unsere Bereitschaft, unser Handeln an Stereotypen auszurichten. Unter Druck verengt sich unser Wahrnehmungs- und Handlungsspektrum, die Zeit zum Überlegen wird kürzer. Wenn wir dabei auf Stereotype zurückgreifen, machen wir es uns einfacher und können reagieren, ohne über den nächsten Schritt nachdenken zu müssen. Mitglieder von Strukturvertrieben haben in der Regel drei unterschiedliche Ansätze, um den gewünschten Kunden ins Gespräch zu ziehen. Je nach Situation wird das zwar variiert, aber nur in diesem engen Rahmen, es muss sofort klappen oder es wird ohnehin nichts aus dem Kontakt. Die Ansprache von Kunden durch Mitarbeiter im Telefonmarketing findet immer auf dieselbe Art und Weise statt, ein vorgegebener Text wird abgearbeitet. Das entbindet den Mitarbeiter von der Notwendigkeit, über die Antwort des Kunden und unterschiedliche mögliche Reaktionen nachzudenken. Es muss sofort klappen oder es wird ohnehin nichts aus dem Kontakt.

Die Theorien zur Bildung unserer sozialen Identität stellen fest, dass ein Teil unseres Selbstbewusstseins von dem – wahrgenommenen – sozialen Status der Gruppen abhängt, mit denen wir uns bevorzugt identifizieren. Personen, die eine starke Bindung an ihre Gruppe verspüren, neigen auch dazu, Mitglieder dieser Gruppe positiver zu sehen und bevorzugt als Partner bei ihren Handlungen auszuwählen. Der Ökonom Dierk Hirschel wies 2004 zu diesem Thema in seiner Dissertation nach, dass für eine Karriere die soziale Herkunft wichtiger ist als Bildung und Leistungsbereitschaft. „Der Habitus spielt eine große Rolle. Wer dazugehört, weiß, wie man stilvoll Einladungen gibt, welche Schuhe man trägt, wie man Konversation betreibt. Um mitreden zu können, benötigt man eine klassische bürgerliche Allgemeinbildung."

22.4 Wie wir Einstellungen entwickeln

Als *Einstellung* wird eine emotionale bewertende Reaktion auf eine Person, einen Ort, ein Thema oder ein Objekt bezeichnet. Einstellungen werden bevorzugt auf der Basis von Selbstauskünften gemessen. Andere Quellen für Ergebnisse sind die Interpretation der Körpersprache oder unter Laborbedingungen die Messung von vegetativen Reaktionen wie Hautwiderstand oder Pulsfrequenz.

Einstellungen spiegeln sich dabei nicht unbedingt im Verhalten einer Person wider. Allerdings prägen Einstellungen das Verhalten dann intensiv, wenn sie eine starke Überzeugung abbilden und wenn sie sehr spezifisch sind. Wenn wir eine solche feste Überzeugung haben (für oder gegen etwas), dann sind wir fast immer bereit, für diese Überzeugung auch einzutreten. Nur deshalb macht das Parteivolk Wahlkampf für die Kandidaten. Deshalb fällt es besonders schwer, Unternehmen mit einer starken Kultur zu fusionieren. Die Mitarbeiter wurden über die Zeit hinweg zu Überzeugungstätern und müssten demnach jetzt ihre Überzeugung ändern. Das ist mehr, als nur für ein anderes Unternehmen zu arbeiten oder andere Prozesse zu lernen.

Die Änderung von Einstellungen findet am ehesten durch Überredung oder Überzeugung statt. Eine für uns glaubwürdige Quelle, die wir als kompetent und verlässlich einschätzen, hat großen Einfluss auf unsere Einstellung. Ebenso wirkt eine sympathische Quelle, die uns ähnlich und attraktiv ist, überzeugender auf uns für unser Urteil. Wenn uns ein Thema emotional anspricht, wird die Quelle einer Information wichtiger als die Botschaft. Über den Zeitablauf vergessen wir eher die Quelle als die Botschaft selbst – was dazu führt, dass der Einfluss der Quelle auf die Änderung unserer Einstellung mit der Zeit verblasst.

Am stärksten wirken Botschaften, die nur wenig von unserer gegenwärtigen Einstellung abweichen. Starke Abweichungen führen dabei eher zu Widerstand und Ablehnung. Botschaften, die stark mit Angstgefühlen oder Befürchtungen besetzt sind, bewirken dann am ehesten eine Änderung, wenn sie uns gleichzeitig darüber informieren, wie wir die Bedrohung vermeiden können. Beispiele dafür finden wir in den inzwischen schreckenerregenden Texten auf den Zigarettenschachteln, verbunden mit der Mahnung, nicht zu rauchen. Das japanische Auto mit dem Hybridmotor ist vorwiegend deshalb erfolgreich, weil man sich damit ein gutes Gewissen anlässlich der gegenwärtig gerade drohenden globalen Erwärmung verschafft (es sei denn, man fände die möglichen wärmeren Temperaturen angenehm.) Viele Versicherungen kaufen wir nur, weil es dem Vertreter gelingt, uns die Folgen des Schadenszenarios möglichst plastisch auszumalen – Versorgungslücke im Alter, Einkommensausfall bei Unfällen, jederzeit drohende Prozesse – und weil er mit der entsprechenden Versicherung das probate Mittel dagegen anpreist. Bei genauem Nachdenken müsste einem allerdings auffallen, dass die Versicherungen das Ereignis selber nicht verhindern, sie mildern nur die Folgen. Und das Risiko selbst hat eine Eintretenswahrscheinlichkeit, die nie 100 Prozent ist, sondern nur ein Bruchteil dessen. Sonst wären Versicherungen pleite.

Menschen sind am leichtesten zu überzeugen, wenn sie in guter gelöster Stimmung sind. Zwar hatte der US-Autor Vance Packard 1957 in seinem Buch über „geheime Verführer" die sogenannten subliminalen, also unbewussten Botschaften beschrieben, doch diese üben nachweislich keinerlei Einfluss auf unsere Einstellungen oder auf unser Handeln aus.

Einen Einfluss auf unser Verhalten übt allerdings der sogenannte *Priming Effect* aus: Wenn wir positiv gefärbte Wörter lesen, dann neigen wir dazu, in diesem Zusammenhang wahrgenommene Handlungen auch positiv zu beurteilen. Wenn wir negativ geprägte Wörter lesen, verurteilen wir die dazugehörigen Handlungen (das ist einer der Gründe, warum „Freiheitskämpfer" meist beliebter sind – und sich besser fühlen – als „Terroristen", obwohl das Ergebnis ihres Handeln oft in einer identischen Anzahl von Opfern resultiert).

Negative Beschreibungen anderer Menschen nehmen wir aufmerksamer auf als positive Attribute. Wir sind eher bereit, Menschen aufgrund weniger negativer Merkmale zu verurteilen, selbst mehr positive Merkmale können unser Bild von der Person nicht mehr „retten".

Wir beurteilen andere Menschen häufig aufgrund impliziter *Persönlichkeitstheorien*. Wir nehmen bestimmte Merkmale als miteinander verbunden wahr (langsames Sprechen, langsames Denken, Entscheidungsschwierigkeiten, keine Führungskraft ...) und das Vorhandensein eines Merkmals führt dazu, dass wir die anderen Aspekte ebenfalls als vorhanden voraussetzen.

Der *Primacy Effect* lehrt uns, dass zuerst beobachtete Merkmale oder Verhaltensweisen unser Bild von einer Person stärker prägen als später Beobachtetes. Unsere Wahrnehmung selektiert dahingehend, dass wir bevorzugt bestätigende Elemente im Verhalten anderer Menschen wahrnehmen und weniger Verhaltensweisen, aufgrund derer wir unser Bild des anderen revidieren müssten. Auch darum sind unsere Einstellungen anderen gegenüber oft über lange Zeit hinweg stabil.

22.5 Wie wir uns überzeugen lassen

Der *Einfluss auf unser Verhalten* wird maßgeblich bestimmt durch die Stärke, die unmittelbare Anwesenheit und die Anzahl der Einflussnehmer.

Die *Gegenwart* anderer Menschen beeinflusst uns. In der Gruppe neigen wir dazu, das Verhalten anderer Menschen zu imitieren. Wir orientieren uns in unserem Verhalten ebenso an den wahrgenommenen Normen und Regeln einer Gruppe.

In *mehrdeutigen Situationen*, die eine Unsicherheit für eigenes Verhalten darstellen, orientieren wir uns an anderen Menschen. Wenn andere Menschen anwesend sind, vermeiden wir nach Möglichkeit größere Abweichungen von deren Verhalten.

Eine größere Gruppe übt einen stärkeren Einfluss auf unser Verhalten aus. Wenn uns Regeln und Normen durch Hinweise bewusst gemacht werden, steigt unsere Bereitschaft, diese Regeln einzuhalten. Aus diesem Grunde stehen an jeder Ecke Verbotsschilder – ob es ein Stoppschild ist oder ob „Rasen betreten verboten" draufsteht. Aus diesem Grunde sind die derzeit so gefragten Compliance-Manager gut beraten, wenn sie Führungskräfte und Mitarbeiter immer wieder auf die einzuhaltenden Regeln hinweisen.

Die Anwesenheit von Menschen mit abweichenden Meinungen oder Verhaltensweisen senkt auch unsere Bereitschaft, Regeln einzuhalten. Wenn ein Passant bei Rot über die Ampel geht, steigt die Bereitschaft der übrigen Wartenden drastisch an, ebenfalls zu gehen. So können wir am „Fall Volkswagen" oder am „Fall Siemens" erkennen, wie nicht einzelne Personen Verbotenes tun, sondern wie ganze Systeme – vom Vorstand über das Mitglied des Betriebsrats bis zum Sachbearbeiter – korrumpiert werden.

Menschen reagieren dann positiv auf Bitten oder Anfragen und folgen diesen, wenn die Bitte überraschend erfolgt und wenn sie vernünftig begründet klingt. Wenn uns vorher selbst ein Gefallen erwiesen wurde, fühlen wir uns stärker verpflichtet, einer Bitte nachzugeben, als ohne diese Vorleistung.

Wenn wir der Bitte eines anderen Menschen um einen kleinen Gefallen stattgeben, steigt unsere Bereitschaft, ihm in der Folge auch einen größeren Gefallen zu erweisen. Wenn wir den Eindruck gewinnen, dass ein Verhandlungspartner uns gegenüber Konzessionen macht, steigt auch unsere eigene Bereitschaft, nachzugeben und sich mit der eigenen Position in Richtung des anderen zu bewegen.

22.6 Wie Gruppen uns beeinflussen

Gruppen sind immer mehr als die bloße Addition des Verhaltens einzelner Personen. Das Ganze ist mehr als die Summe seiner Teile. Gruppen entwickeln eine eigene Identität und eine eigene Dynamik. Kollektive Prozesse sind schwerer einzuschätzen und zu steuern als das ohnehin schon komplexe Verhalten einzelner Personen.

Jede Gruppe durchläuft im Rahmen ihrer Entwicklung verschiedene Phasen:

- Orientierung (forming),
- Entwicklung (storming),
- Stabilisierung (norming) und
- Leistung (performing).

Zu Beginn der Arbeit als Gruppe – in der *Orientierungsphase* – werden Ideen ausgetauscht, man lernt sich kennen, macht sich mit der Situation vertraut, mit den anderen Mitgliedern des Teams. Was soll erreicht werden? Wie können wir das schaffen? Welche Anforderungen werden gestellt? Sie probieren mögliches Verhalten aus – Kooperation oder Wettbewerb? Vorlieben und Abneigungen werden entdeckt, ebenso wie Unterschiede zu anderen. Eine besondere Rolle spielen dabei die Kompetenz der anderen, das Engagement und natürlich die gegenseitige Sympathie. In der Orientierungsphase überwiegen in der Gruppe die Neugierde auf die Aufgabe und aufeinander: „Jedem Anfang wohnt ein Zauber inne!" Hinsichtlich des Verhaltens herrscht Unsicherheit, die Mitglieder des Teams verhalten sich zunächst vorsichtig, manche gehen sehr formell mit den anderen Mitgliedern des Teams um, einige sind offensiv und nassforsch. Die Selbstbewussten wirken auf manche arrogant, die Unsicheren halten sich zurück und versuchen, ihre Ängste zu verbergen.

Darauf folgt die *Entwicklungsphase*: Wenn die Gruppe daran arbeitet, ein gemeinsames Verständnis von den Zielen und von der Vorgehensweise zu entwickeln, kommt es häufig zu Konflikten. Schwierigkeiten und Probleme in der Zusammenarbeit werden sichtbar. Es fehlen noch die Normen zur Regelung der Zusammenarbeit und zur Klärung von Meinungsverschiedenheiten. Manche Gruppen scheitern in dieser Phase. Wenn es aber gelingt, diesen Entwicklungsschritt miteinander erfolgreich zu bewältigen, sind die Erfolgsaussichten sehr gut. Kritische Tendenzen im Team – interne Rangeleien, Verstecken von Informationen, Druck auf einzelne Mitglieder – müssen wahrgenommen und schnell bearbeitet werden.

In der *Stabilisierungsphase* sind die Konflikte weitgehend bearbeitet und geklärt. Die Bedeutung des Zusammenhalts für den Erfolg ist allen Mitgliedern des Teams klar geworden. Ein Set von Regeln und Vorgehensweisen hat sich entwickelt. Die Identifikation mit der Gruppe und mit der Aufgabe entwickelt sich. Diese Mechanismen machen es der Gruppe möglich, eine eigene Identität zu entwickeln. Zellen besitzen eine Membran zur Außenwelt, und so dient die Identität der Gruppe als Abgrenzung zu anderen Gruppen und Einzelpersonen. Sie schafft Symbole der Zugehörigkeit, und die Gruppe entwickelt Regeln und Mechanismen.

In der *Leistungsphase* wendet die Gruppe den größten Teil ihrer Energie der Lösung zu. Die Beziehungen untereinander sind grundsätzlich geklärt, die Mitglieder der Gruppe haben klar definierte Aufgaben und Rollen und arbeiten jetzt konzentriert auf die Erreichung des gemeinsamen Ziels hin.

Die gute und die schlechte Leistung von Gruppen sind im Wesentlichen von der Struktur und der Qualität der Beziehungen abhängig. Die Identität von Teams bestimmt sich durch eigene „Traditionen“ und informelle Normen, Symbole der Zugehörigkeit und die Abgrenzung zu anderen Gruppen. Es gibt Regulative für die Aufnahme neuer Mitglieder.

Wenn mehrere Personen in einem *Team* arbeiten, führt das auch dazu, dass sich jeder auf den anderen verlässt. Darum wird Team in nicht so gut funktionierenden Einheiten auch gerne mit „Toll, ein anderer macht's!“ übersetzt. Dieser Effekt kann dadurch eingeschränkt werden, indem man persönliche Verantwortlichkeiten festlegt und die Bedeutung des individuellen Beitrags einzelner Personen am Ergebnis benennt und herausstellt.

Die Anwesenheit anderer Menschen steigert unsere Leistungsfähigkeit bei einfachen Aufgaben. Bei komplexen Aufgaben führt sie häufig zu schlechteren Ergebnissen.

Größere Ansammlungen von Menschen steigern die wahrgenommene *Anonymität* und senken die wahrgenommene Verantwortung für das eigene Handeln. Dadurch wird abweichendes Verhalten, zum Beispiel Gewalttaten, in einer solchen Menge wahrscheinlicher. Abweichendes Verhalten einzelner Mitglieder der Gruppe wird von den anderen eher toleriert, und aktives Einschreiten gegen abweichendes Verhalten ist eher unwahrscheinlich.

In jeder Gruppe wird das Verhalten einzelner Mitglieder bestimmt von Rollen und Normen. Rollen sind unterschiedliche Verhaltenserwartungen an die einzelnen Mitglieder, als Normen gelten gemeinsame Erwartungen an das Verhalten aller. Dabei werden Gemeinsamkeiten gesucht und verstärkt. Eine Gruppenidentität entsteht dabei durch die Abgrenzung von anderen Gruppen, durch Regulative für die Aufnahme neuer Mitglieder, durch eigene Traditionen und informelle Normen sowie durch besondere Symbole der Zugehörigkeit. Bei englischen Universitäten ist es die Krawatte in den Farben der Alma Mater, im Beruf die Reversnadel mit Firmenlogo, beim Fußballverein der Schal oder die Mütze.

Eine Polarisierung in der Einstellung der Mitglieder einer Gruppe entsteht häufig dann, wenn ähnliche, aber nicht identische Meinungen bestehen. Bei einer Gruppenpolarisierung wird eine anfangs dominante Position aufgrund von Gruppendiskussion verstärkt – diesem Phänomen wurde durch zahlreiche Beobachtungen und Experimente nahezu allgemeine Gültigkeit bescheinigt. Dies ist unter anderem deshalb so, weil der normative Einfluss wirksam wird – man wird selbst in seiner Haltung extremer, um sich von den anderen Gruppenmitgliedern zu unterscheiden. Denn eine Gruppennorm ist nicht der Durchschnitt der Meinungen aller Mitglieder einer Gruppe, sondern entstammt aus dem gedanklichen Urmuster, dem „Prototyp“.

Groupthink (Gruppendenken in negativer Konnotation) entsteht, wenn das Streben nach Konsens den Entscheidungsprozess derart dominiert, dass es die Realitätswahrnehmung beeinträchtigt. Groupthink entsteht durch starken Innendruck hin zur Konformität oder durch starken äußeren Druck auf die Gruppe. Groupthink führt zu einer Reihe das Verhalten bestimmender Faktoren: dem Gefühl der Unverwundbarkeit, zu kollektiver Rationalisierung für das Abblocken negativer Anzeichen aus der Realität, zu einem stark ausgeprägten Glauben an die „eigene Aufgabe“, zu einem stereotypen Bild von anderen Gruppen, konformem Vertreten der Mehrheitsmeinung, Druck gegenüber Zweiflern, der Verhinderung von Abweichung vom Gruppenkonsens und der Nichtakzeptanz missliebiger Informationen. In der Berufswelt ist dies nicht nur in straff geführten Unternehmen immer wieder vorzufinden, sondern in jeder Form von Organisation, in denen Menschen fortgesetzt zur Erreichung eines Ziels zusammenarbeiten.

Die Leistung einer Gruppe wird von der Art der Aufgabe beeinflusst. Schlechte Koordination der Aufgaben, mangelhaft definierte Verantwortlichkeiten und die Tendenz, sich auf andere zu verlassen, senken die Leistungsfähigkeit einer Gruppe. Gruppen sind dann erfolgreicher als Einzelpersonen, wenn schlecht definierte Aufgabenstellungen zu lösen sind, also unscharfe, komplexe Probleme („fuzzy sets“), die eine hohe heuristische, also problemlösende Leistung erfordern wie etwa in Ingenieurgruppen, Sonderkommissionen der Polizei oder gemischten Teams in der forensischen Wirtschaftsprüfung zur Aufklärung von Wirtschaftsdelikten. Gruppen lassen in ihrer Leistung nach, wenn Aufgaben als wenig herausfordernd wahrgenommen werden. Informationen werden in Gruppen meist nur dann effizient ausgetauscht, wenn es feste Regeln dafür gibt.

22.7 Warum wir bestimmte Menschen mögen

Schon Neugeborene sind mit Reflexen ausgestattet, die die Hinwendung zu anderen Menschen unterstützen und die andere Menschen auffordern, sich dem Säugling zuzuwenden. Schon Neugeborene reagieren bevorzugt auf menschliche Gesichter und drehen ihren Kopf in die Richtung, aus der der Klang menschlicher Stimmen kommt. Sie können grundlegende Gesichtsausdrücke imitieren. Nach nur wenigen Wochen sind sie imstande zu lächeln.

Der Wunsch, mit anderen Menschen zusammen zu sein und länger währende Beziehungen zu schaffen, ist ein tiefes menschliches Motiv. Den größten Teil unseres Tages verbringen wir mit irgendeiner Art von Austausch mit anderen Menschen, direkt oder indirekt, von Angesicht zu Angesicht oder virtuell.

Dennoch unterscheiden sich Menschen darin, wie sehr sie danach streben, mit anderen zusammen zu sein und wie intensiv ihre Beziehungen zu anderen sind. In besonders herausfordernden und stressreichen Situationen neigen wir besonders stark dazu, uns mit Menschen zusammenzutun, die den gleichen Belastungen ausgesetzt sind. Beispiele dafür sind Patientengemeinschaften bei Erkrankungen oder Geschädigtengruppen bei Anlagebetrug. Hier geschieht mehr als nur der Versuch, gemeinsam stärker und erfolgreicher aufzutreten. Hier wird auch seelischer Beistand geleistet und ich kann mich mit dem Gefühl trösten, wenigstens nicht der Einzige zu sein.

Wenn wir mit bestimmten Menschen eine Beziehung suchen, dann ist ein Grund dafür die Belohnung, die wir uns davon versprechen. Die räumliche Nähe zueinander und die Häufigkeit, mit der sich Menschen begegnen, erhöhen die Wahrscheinlichkeit, dass sie eine intensivere Beziehung zueinander entwickeln. Denn je öfter Menschen einem – beliebigen – Reiz ausgesetzt sind, desto positiver bewerten sie ihn durch die Häufigkeit des Vorkommens.

Wir reagieren positiver auf andere Menschen, wenn wir sie attraktiv finden. Die meisten Menschen haben dabei durchaus übereinstimmende Vorstellungen von den Mustern, nach denen sie die Attraktivität von Gesichtern beurteilen. Die meisten Menschen finden demnach dieselbe Art von Gesicht attraktiv. Die positive Einordnung eines Faktors führt zur Übertragung auf andere Faktoren: So werden etwa mit dem Merkmal Attraktivität auch häufig andere Eigenschaften wie „gut“ oder „klug“ verbunden. Dazu ein Beispiel der Autorin Wäis Kiani, die in ihrer Kolumne in der Zeitschrift *Amica* anschaulich schildert, was Frauen (und der Gesprächspartner) sich so alles beim Outfit denken – eben deutlich mehr, als wir auf den ersten Blick glauben: „Nein, es geht nicht um den Dresscode bei Jobs, sondern darum, sein Gegenüber grundsätzlich bei allen Gelegenheiten und für immer für sich zu gewinnen. ... Bei der Verabredung mit einem Mann mit viel Macht und wenig Zeit trug ich ein hochgeschlossenes Kleid, schwarz natürlich. Die sekundären Geschlechtsmerkmale waren mit Absicht verdeckt, damit klar war: Ich habe auch andere Talente. ... Das Kleid machte aber trotzdem deutlich: Ich bin ein Girl. Mein Rena-Lange-Kostüm hätte für das Date natürlich auch gepasst, wäre von dem mächtigen Mann aber ganz anders interpretiert worden, nämlich: Die nimmt mich sehr wichtig.“ Frau Kiani nennt das „Taktik-Dressing“. „Für den Fall, dass es mein Ziel ist, Nähe zu erzeugen und meinem Gegenüber geistige Vertrautheit zu signalisieren, erscheine ich schlicht in Jeans und Pullover.“

Wir schließen uns bevorzugt mit anderen Menschen zusammen, die in für uns wesentlichen Faktoren uns selbst entsprechen, also etwa einen vergleichbaren sozialen und demografischen Hintergrund haben wie wir. Menschen, die sich von uns in wesentlichen Faktoren stark unterscheiden, meiden wir nach Möglichkeit.

22.8 Wann wir anderen helfen

Für die Bereitschaft, anderen Menschen zu helfen, werden in der Geschichte der menschlichen Entwicklung drei Motive als prägend angesehen: die Bevorzugung von Verwandten zur Unterstützung des eigenen genetischen Pools, als Element der gegenseitigen Verpflichtung sowie als Effizienzvorteil für diejenigen Gruppen, in denen sich die Mitglieder gegenseitig helfen.

Um Hilfsbereitschaft zu erklären, gibt es einen „altruistischen" und einen „egoistischen" Theorieansatz: Der „altruistische" Ansatz postuliert, dass wir die Perspektive anderer Menschen übernehmen, mit ihnen fühlen und dementsprechend zur Hilfe bereit sind. Der „egoistische" nimmt an, dass wir uns von der Hilfe Vorteile versprechen.

Demzufolge sind Menschen dann eher bereit, anderen zu helfen, wenn der Nutzen der Hilfe größer scheint als der Aufwand dafür. Dabei sind die Dimensionen für die individuelle Messung dieses Nutzens unterschiedlich; es zählen materielle wie ideelle oder emotionale. Hilfsbereite Menschen sind oft ausgeglichener; wenn wir anderen helfen, fühlen wir uns besser, ebenso werden Schuldgefühle dadurch häufig geringer.

Wenn wir mit anderen Dingen beschäftigt sind, nehmen wir weniger gut wahr, ob jemand Hilfe benötigt. Es beeinträchtigt unsere eigene Bereitschaft zu helfen, wenn außer uns auch andere Menschen anwesend sind. Je mehr Personen dies sind, desto geringer ist unser Antrieb, selbst zu helfen. Ebenso verringern uneindeutige Situationen – Spaß oder Ernst, Freuden- oder Schmerzensschrei? – unsere Bereitschaft zu helfen. Wenn wir befürchten, nicht die richtige Art von Hilfe zu leisten, oder uns sorgen, ob wir dabei ungeschickt oder gar albern wirken, dann senkt dies eher unsere Bereitschaft zu helfen. In Situationen, in denen wir selbst in Eile sind, ignorieren wir Anzeichen bei anderen, dass sie Hilfe benötigen. In dicht besiedelten Gebieten ist die Bereitschaft zu helfen geringer, wir verlassen uns auch hier eher auf andere.

Unsere Hilfsbereitschaft hängt auch davon ab, ob es sich dabei um ein „gutes Modell“ handelt: So erhöht eine Person mit Akzeptanz unsere Bereitschaft zu helfen deutlich. Einem Hilfebedürftigen, der auf der Straße liegt, der nett gekleidet ist und sonst gepflegt aussieht, werden wir eher – auch wortwörtlich – unter die Arme greifen als einem Obdachlosen in nicht mehr so sauberen Kleidern. Ebenso unterstützen positive soziale Normen unsere Hilfsbereitschaft. Wenn Personen oder Personengruppen wenig Ansehen genießen, sinkt unsere Bereitschaft zur Hilfeleistung.

22.9 Wie aggressives Verhalten wirkt

Als Aggression wird jedes Verhalten bezeichnet, das anderen schaden soll. Ärger ist die emotionale Reaktion auf einen wahrgenommenen Angriff.

Die Häufigkeit und die Intensität von Aggression sind stark kulturabhängig. Männer zeigen in nahezu allen Studien ein höheres Niveau von Aggression. Ebenso scheinen Männer eher offen aggressiv zu werden, während Frauen bei Aggression eher zu indirekten Ausprägungen neigen. Die Ursachen für diese Unterschiede zwischen Kulturen und Geschlechtern werden in der unterschiedlichen Sozialisation vermutet.

Durch Belohnung wird Aggression gefördert. Bestrafung wirkt selten hemmend auf aggressives Verhalten. Körperliche Bestrafung von Kindern steigert deren spätere Bereitschaft zur Aggression. Modelllernen ist von großer Bedeutung für das Erlernen aggressiven Verhaltens.

Aggression entsteht auch dann, wenn wir starkes körperliches Unbehagen fühlen, zum Beispiel bei starker Hitze oder großer Kälte. Auf diffuse emotionale Signale reagieren Menschen mit Aggression gegenüber Dritten. Schwer interpretierbare Situationen werden eher durch aggressives Verhalten „gelöst“ als eindeutige Situationen.

Ob wir aggressiv reagieren, hängt von der Intensität unserer Erregung ab und von dem Charakter der begleitenden

Emotion. Wenn wir die Kontrolle über unser Verhalten verlieren, beispielsweise unter Alkoholeinfluss oder wenn wir uns erschrecken, neigen wir zu aggressivem Verhalten.

Das Vorhandensein von Waffen senkt unsere Hemmschwelle gegenüber aggressiven Handlungen.

22.10 Wie wir lernen

Einfaches Lernen geschieht durch die Verknüpfung verschiedener Stimuli. Ein an sich neutraler Stimulus wird dabei mit einem erwünschten Stimulus verbunden. Dabei zeigt sich, dass die Reaktion auf den neutralen Stimulus nach einigen Durchgängen identisch wird mit der Reaktion auf den erwünschten Stimulus. Als Erster machte der russische Physiologe und Nobelpreisträger Pawlow dazu Versuche mit einem Hund: Hinter dem Tier wurde eine Glocke angeschlagen, anschließend bekam er Fleischpulver. Hunde sondern in einer solchen Situation Speichel ab. Nach einigen Versuchsdurchgängen sonderte der Hund bereits dann Speichel ab, wenn er den Ton der Glocke hörte. Diesen Vorgang nennt man *klassische Konditionierung*. Eine solche Kopplung kann auch wieder verlernt werden. Dazu wird der Zusammenhang zwischen Reiz und Reaktion durch häufige Darbietung des einzelnen Stimulus aufgehoben, wodurch beide Stimuli voneinander gelöst werden und getrennt wahrgenommen werden.

Ein anderer Lerntyp ist das Lernen aus den Konsequenzen des Verhaltens. Wenn man feststellt, dass man für ein bestimmtes Verhalten belohnt wird, dann steigt die Wahrscheinlichkeit, dass man eben dieses Verhalten häufiger zeigt, weil man die entsprechende Belohnung erwartet. Klassische Versuche zu diesem Aspekt des Lernens führten etwa die amerikanischen Psychologen Thorndike, Watson und Skinner durch. Beispielsweise bekamen Tauben immer dann eine Belohnung, wenn sie auf eine bestimmte Taste pickten. Die Tauben pickten als Konsequenz immer häufiger auf diese bestimmte, mit der Belohnung verbundene Taste. Diesen Effekt nennt man *operantes Konditionieren*.

Wenn es darum geht, einmal erlernte, aber unerwünschte Verhaltensweisen wieder zu verlernen, so kann dies auf drei Arten geschehen: zum einen dadurch, dass man den Reiz, der die unerwünschte Reaktion auslöst, so oft darbietet, dass der Organismus ermüdet. Dies führt dazu, dass am Ende eine andere oder keine erkennbare Reaktion erfolgt. So kann die ursprüngliche Reaktion ersetzt werden. Eine andere Möglichkeit besteht darin, dass der Reiz auf einer so niedrigen Schwelle dargeboten wird, dass der Organismus nicht auf ihn reagiert. Wird dann die Intensität des Reizes langsam gesteigert, bleibt die Reaktion darauf dann ebenfalls aus. Der dritte Weg liegt darin, den Reiz dann darzubringen, wenn die unerwünschte Reaktion darauf nicht stattfinden kann. Auch hier bildet sich dann in der Folge wieder eine andere Gewohnheit.

Die Psychologen Bandura und Walters formulierten die *Theorie des Modelllernens*. Nach ihr lernen wir auch durch die Beobachtung von Modellen. Besonders gut lernen wir dann, wenn das Modell in seinem Verhalten erfolgreich ist. Noch besser lernen wir, wenn das Modell durch Status, Attraktivität oder Nähe auf uns jeweils anziehend wirkt. Dieses Verhalten werden wir dann mit höherer Wahrscheinlichkeit imitieren. Beispielsweise erlernen Schimpansen die Handhabung von Stöcken zum Plündern von Termitenbauten unter anderem dadurch, indem sie erfahrene andere Schimpansen beobachten.

DAS AUTOREN-DUO

Wir taten es doch nur für Sie. Oder: Was wollen Sie noch über uns wissen?

Reiner Neumann

Der Diplom-Psychologe ist seit Jahren als Trainer und Berater erfolgreich. Reiner Neumann arbeitet regelmäßig mit Vorständen, Geschäftsführern und Personen des öffentlichen Lebens. Er ist für Kunden aus einer breiten Palette von Unternehmen im In- und Ausland tätig, neben vielen internationalen Konzernen auch für mittelständische und kleinere Unternehmen.

Reiner Neumann war als Übersetzer für Russisch für die Bundeswehr tätig, bevor er Psychologie und Biologie studierte. Akademisch arbeitete er am Max-Planck-Institut für Bildungsforschung in Berlin und als wissenschaftlicher Mitarbeiter am Lehrstuhl für Kriminologie der Ruhr-Universität Bochum. Heute nimmt er noch einzelne Lehraufträge an Hochschulen und Business Schools wahr.

Seine Managementkompetenz gründet sich auf seiner langjährigen Berufserfahrung als Manager und als Berater, davon sechs Jahre im Ausland. Er war für den Niedersächsischen Sparkassenverband tätig, für die Siemens AG in Brüssel sowie als Leiter Personalentwicklung und Ausbildung für die Hamburg Mannheimer AG. In der Beratung arbeitete Reiner Neumann jeweils als Bereichsleiter bei Mummert & Partner und bei Kienbaum Management Consultants sowie als Vice President für die ABB Business Services in Baden/Schweiz.

Er veröffentlicht Bücher und Aufsätze zu Themen aus dem Management. Seine Arbeitssprachen sind Deutsch, Englisch und Französisch.

Kontakt: r.neumann@neumannross.de

Alexander Ross

M. Sc. (Comm.), MAS, ist Managementautor und Wirtschaftspublizist. Als Redenschreiber ist er für Geschäftsführer und DAX-Vorstände tätig und trainiert Führungskräfte für öffentliche Auftritte.

Der Wirtschafts- und Kommunikationswissenschaftler hat umfassende Erfahrung als Journalist wie als Manager. Für Unternehmen in der Schweiz, Schweden und Österreich war er als Director Communications Europe, als Marketingleiter und Berater tätig sowie für eine Stiftungshochschule für Politik in Berlin. Nach Industrielehre in der Oetker-Gruppe und Stationen bei Ford of Europe in Großbritannien arbeitete er zehn Jahre als Manager einer IT-Firmengruppe für Zeitungsverlage. Seitdem schrieb er u. a. für SPIEGEL Online, taz, Handelsblatt und Capital sowie für Die Welt, Financial Times Deutschland, Frankfurter Rundschau, Der Tagesspiegel und eineinhalb Jahre als Stammautor des politischen Magazins Cicero.

Alexander Ross ist seit 2000 regelmäßiger Dozent, unter anderem an der Berliner Journalisten-Schule des DJV und der Bundeswehr-Akademie für Information und Kommunikation. Er war bis 2008 im Vorstand des Verbands der Redenschreiber und ist gefragter Moderator und Diskutant auf Veranstaltungen in Wirtschaft, Politik und Wissenschaft.

Kontakt: a.ross@neumannross.de

Reiner Neumann und Alexander Ross trainieren gemeinsam Führungskräfte in Einzelcoachings sowie in offenen Seminaren, unter anderem für das F.A.Z.-Institut und die Deutsche Presseakademie. Zusammen veröffentlichten sie neben zahlreichen Fachartikeln bisher fünf Wirtschaftsbücher, zuletzt „Der perfekte Auftritt“ (Murmann 2004, mehr als 50 Wochen in den Bestenlisten), den „Fettnapf-Slalom für Manager“ (FAZ 2007) und „Der Macht-Code“ (2008 auch als Hörbuch).

DAS LITERATUR-VERZEICHNIS

Viele wissen mehr als zwei. Welche Quellen haben wir genutzt?

Neben den in der Folge aufgeführten Büchern und Fachartikeln haben wir, insbesondere für Beispiele, zahlreiche Artikel aus Zeitungen und Zeitschriften herangezogen. Die häufigsten der von uns genutzten Zeitungen und Zeitschriften sind die *Financial Times Deutschland*, die *Frankfurter Allgemeine Zeitung* und die *Frankfurter Allgemeine Sonntagszeitung*, *Die Welt* und *Welt am Sonntag*, das *Handelsblatt* und die *Süddeutsche Zeitung* sowie die Magazine *Cicero, Focus, Manager Magazin, Manager Seminare, Neon, Profil, Spiegel, Stern, Weltwoche* und *Wirtschaftswoche*.

Agle, B. et al.: Does CEO charisma matter? An empirical analysis of the relationships among organizational performance, environmental uncertainty, and top management team perceptions of charisma. *Academy of Management Journal*, Bd. 49, New York: 2006

Alt, J. A: Richtig argumentieren. München: 2000

Anton, K.-H.: Mit List und Tücke argumentieren. Wiesbaden: 2001

Argyle, M.: Körpersprache und Kommunikation. Paderborn: 1989

Asch, S. E.: Opinions and social pressure. *Scientific American*, 1955, Nov., S. 31–35

Aubuchon, N.: The Anatomy of Persuasion. New York: 1999

Bandura, A.: Social learning theory. Englewood Cliffs: 1977

Baron, R. A.; Byrne, D.: Social Psychology. Boston: 1977

Bate, P.: Cultural Change. München: 1997

Bateson, G.: Ökologie des Geistes. Frankfurt am Main: 1981

Bem, D. J.: Self-perception theory. In: Berkowitz, L. (Ed.): Advances in experimental social psychology. New York: 1972

Bennis, W.; Nanus, B.: Führungskräfte. Frankfurt am Main: 1992

Bosetzky, H.: Managementrolle: Mikropolitiker. In: Staehle, W. H. (Hg.): Handbuch Management. Die 24 Rollen der Führungskraft. Wiesbaden: 1991, S. 286–300

Bredemeier, K.; Neumann, R.: Nie wieder sprachlos. Zürich: 1999

Brehm, S. S.; Kassin, S.; Fein, S.: Social Psychology. Boston: 2005

Brown, S. C.; Enos, T. (Hrsg.): Defining the New Rhetorics. Newbury Park: 1993

Butler, S.: Erewhon. Frankfurt am Main: 1981

Caroll, L.: Alice im Wunderland. Frankfurt am Main: 1963

Cerwinka, G.; Schranz, G.: Die Macht des ersten Eindrucks. Frankfurt am Main: 1998

Cerwinka, G.; Schranz, G.: Die Macht der versteckten Signale. Frankfurt am Main: 1999

Cialdini, R. B.: Influence: Science and practice. Needham Heights: 2001

Daft, R. L.: Organization Theory and Design. St. Paul: 1989

Doppler, K.; Lauterburg, C.: Change Management. Frankfurt am Main: 1994

Eibl-Eibesfeldt, I.: Grundriss der vergleichenden Verhaltensforschung. Zürich: 1978

Ekman, P.; Friesen, W. V.: Unmasking the face. Englewood Cliffs: 1975

Ekman, P.; Friesen, W. V.; Ellsworth, P.: Emotion in the human face: Guidelines for research and an integration of findings. New York: 1972

Fischer, P.: Neu auf dem Chefsessel. Landsberg am Lech:1997

Festinger, L.: A theory of social comparison processes. *Human relations*, 1954, 7, S. 117–140

Franck, G.: Ökonomie der Aufmerksamkeit: Ein Entwurf. München: 1998

Franck, G.: Die neue Währung: Aufmerksamkeit. Zum Einfluss der Hochtechnik auf Zeit und Geld. *Merkur*, Nr. 486, München: 1989

Frey, S.: Die Macht des Bildes. Bern: 1999

Friedrichs, J.: Methoden empirischer Sozialforschung. Opladen: 1980

Gladwell, M.: The tipping point. London: 2001

Gladwell, M.: blink. London: 2005

Glasl, F.: Konfliktmanagement. Bern: 1990

Goffman, E.: The Presentation of Self in Everyday Life. Garden City: 1959

Gross, A.: The Rhetoric of Science. Cambridge: 1990

Greif, S.: Konzepte der Organisationspsychologie. Bern: 1983

Guirdham, M.: Interpersonal Skills at Work. London: 1995

Hofmann, L. M.; Linneweh, K.; Streich, R. S.: Erfolgsfaktor Persönlichkeit. München: 1997

Institut Mensch und Arbeit (Hrsg.): Besser führen. München: 1986

Jeary, T.: Inspire any audience. Tulsa: 1997

Jost, H. R.: Komplexitäts-Fitness. Zürich: 2000

Kelley, H. H.: Attribution in social psychology. Nebraska Symposium on Motivation, 1967, 15, S. 192–238

Klein, G.: Sources of Power. Boston: 1999

Klotzki, P.: Wie halte ich eine gute Rede? In 7 Schritten zum Publikumserfolg. München: 2004

Koestler, A.: Der Mensch – Irrläufer der Evolution. Bern: 1978

Kresse, D.; Feldmann, G.: Handbuch der Gesten. Wien: 1999

Kriz, J.: Statistik in den Sozialwissenschaften. Reinbek: 1978

Lay, R.: Manipulation durch die Sprache. Hamburg: 1980

Ledoux, J.: Das Netz der Gefühle. München: 2003

Lemmermann, H.: Lehrbuch der Rhetorik. München: 1979

Luckiesh, M.: Visual Illusions. New York: 1965

Luczak, H.: Signale aus dem Reich der Mitte. *Geo*, 11/2000, S. 136–162

Lyle, J.: Body Language. London: 1990
Martini, A.: Der kleine Martini. Zürich: 2004
Manzoni, J.-F.; Barsoux, J.-L.: The Set-Up-to-Fail Syndrome: How Bosses Create Their Own Poor Performers. *Harvard Business Review*, Boston: 3-4, 1998
Manzoni, J.-F.; Barsoux, J.-L.: Das Versager-Syndrom. München: 2003
Maywald, F.: Der Narr und das Management. München: 2000
Merton, R. K.: The self-fulfilling prophecy. *Antioch Review*, 1948, 8, S. 193–210
Mohl, A.: Der Zauberlehrling. Paderborn: 1993
Morem, S.: Gain the professional edge. Plymouth: 1997
Neumann, R.: Schlagfertig reagieren im Job. Landsberg am Lech: 2001
Neumann, R.; Ross, A.: Souverän vor Publikum. Landsberg am Lech: 2003
Neumann, R.; Ross, A: Der perfekte Auftritt. Hamburg: 2004
Neumann, R.; Ross, A.: Manager oder Messias? Führung, HR-Kommunikation und Auftritte von Spitzenmanagern. In: Doerfel, L.: Interne Kommunikation. Berlin: 2007
Obermeier, O.-P.: Die Kunst der Risikokommunikation. München: 1999
Ottmers, C.: Rhetorik. Stuttgart: 1996
Perelman, C. & Olbrects-Tyteca, L.: The New Rhetoric. Notre Dame: 1969
Peter, B.; Gerl, W.: Entspannungstraining. München: 1991
Peter, L. J.; Hull, R.: The Peter-Principle: Why things always go wrong? Morrow: 1969
Plett, H. F.: Die Aktualität der Rhetorik. München: 1996
Pörksen, U.: Plastikwörter. Die Sprache einer internationalen Diktatur. Stuttgart: 1988
Recardo, R. J. et al.: Teams. Houston: 1996
Richardson, J.: Erfolgreich kommunizieren. München: 1992
Rosenthal, R.; Jacobson, L.: Pygmalion in the classroom: teacher expectation an pupils' intellectual development. New York: 1968
Rosenzweig, P.: Der Halo-Effekt. München: 2008.
Ross, A.; Neumann, R.: Fettnapf-Slalom für Manager. Frankfurt am Main: 2007
Roth, G.: Fühlen, Denken, Handeln. Frankfurt am Main: 2003
Schneider, W.: Deutsch für Profis. Wege zu gutem Stil. München, zahlr. Auflagen

Schulz von Thun, F.: Miteinander reden: Störungen und Klärungen – Psychologie der zwischenmenschlichen Kommunikation. Hamburg: 1981

Schwertfeger, B.: Der Griff nach der Psyche. Frankfurt am Main: 1998

Schwertfeger, B.: Die Bluff-Gesellschaft. Weinheim: 2002

Seeman, H.-J. & Meier, R.: Das Prinzip Bosheit. Weinheim: 1988

Seligman, M. E. P.: Erlernte Hilflosigkeit, München: 1983

Staehle, W. H.: Management. Eine verhaltenswissenschaftliche Perspektive. 7. Aufl. München: 1995

Swann, W. Jr.: Resilient Identities: Self, relationships, and the construction of social reality. New York: 1999

Trotha, T. von: Reden professionell vorbereiten. Regensburg: 2002

Wachtel, S.: Überzeugen vor Mikrofon und Kamera. Frankfurt am Main: 1999

Watzlawick, P.: Vom Schlechten des Guten. München, Zürich: 1986

Watzlawick, P.: Wie wirklich ist die Wirklichkeit? München, Zürich: 1978

Watzlawick, P.; Beavin, J. H.; Jackson, D. D.: Menschliche Kommunikation. Bern: 1982

Weiss, L.: Erfolg trotz Ehrlichkeit. Landsberg am Lech: 2000

Wilkens, K.: Positiv denken macht krank. *Der Spiegel*, 30/2002, S. 78 f.

Wirth, G.: Stimmstörungen. Köln: 1995

Wüst, P.: Self-Branding für Manager. Zürich: 2006

Zimbardo, P.; Gerrig, R.: Psychology in life (dt. Ausgabe: Psychologie. Heidelberg: 2003)